西南民族大学西南民族研究院资助出版

文史哲研究丛刊

# 宋代进士考试与文学考论

许瑶丽　著

上海古籍出版社

**图书在版编目（CIP）数据**

宋代进士考试与文学考论／许瑶丽著. —上海：
上海古籍出版社，2015.5
　（文史哲研究丛刊）
　ISBN 978-7-5325-7568-8

　Ⅰ①宋… Ⅱ.①许… Ⅲ.①进士—科举考试—关系
—中国文学—研究—宋代 Ⅳ.①D691.46②I2

中国版本图书馆 CIP 数据核字（2015）第 057123 号

文史哲研究丛刊
# 宋代进士考试与文学考论
许瑶丽　著

上海世纪出版股份有限公司
上 海 古 籍 出 版 社　出版
（上海瑞金二路 272 号　邮政编码 200020）
　（1）网址：www. guji. com. cn
　（2）E-mail：guji1@ guji. com. cn
　（3）易文网网址：www. ewen. co
上海世纪出版股份有限公司发行中心经销
上海颛辉印刷有限公司印刷

开本 890×1240　1/32　印张 10.875　插页 2　字数 280,000
2015 年 5 月第 1 版　2015 年 5 月第 1 次印刷
印数：1—1,050
ISBN 978-7-5325-7568-8

Ⅰ·2905　定价：42.00 元

# 目　　录

# 绪　　论

## 一、研究现状

　　近年来，关于宋代科举与文学的交叉研究日益受到关注，相关的研究成果也是层出不穷，其中，专著如祝尚书先生的《宋代科举与文学考论》、《宋代科举与文学》，林岩先生的《北宋科举考试与文学》，日本学者高津孝的《科举与诗艺——宋代文学与士人社会》；论文如祝尚书先生的《北宋"太学体"新论》，朱刚先生的《"太学体"及其周边诸问题》，张兴武先生的《北宋"太学体"文风新论》，谢琰博士的《欧阳修排抑"太学体"发覆》，吕肖奂、张剑先生的《两宋科举与文学教育》、《两宋科举与家族文学》，孙福轩先生的《科举试赋：从才性之辩到朋党之争——以唐宋两代为中心的考察》，曹丽萍先生的《南宋科场文体典范——陈傅良试论研究》，陈志云先生的《科举制度与两宋江西文学》，宋娟先生的《古文运动、科举与"唐宋八大家"》，陈光锐先生的《南宋太学"乾淳体"新探》，马茂军、黄云先生的《苏轼：唐宋古文运动的解构者》以及笔者的《庆历"太学新体"新论——兼论欧阳修对庆历"太学新体"的促进》、《再论嘉祐太学体及其与"古文"的关系》等。上述研究论著从不同角度和层面对宋代之科举制度及其运作与宋代文学之间的广泛联系进行了论证，取得了可喜的成绩，并主要形成了以下一些研究成果和共识：

第一,对宋代科举考试制度的各个时期、各个科目、各个环节都进行了较深入的研究,这方面祝尚书先生的贡献良多。

第二,对宋代科举程文如律赋、经义、论的形式规则和发展变化历程有较细致的描述。祝尚书先生的关于宋代经义、南宋"乾淳体"的研究,陈光锐先生关于"乾淳体"的研究都是其中的优秀之作,笔者的博士毕业论文《宋代律赋与科举——一种文学体式的制度沉沦》也对律赋在宋代的发展及其与文学诸体的互动状况做了有益的探讨。

第三,对宋代科场文风与文学之关系做了可贵的探讨,如祝尚书先生的《论宋代时文的以古文为法》一文对南宋古文与时文的相互影响做了精彩的论证;笔者也尝试考证了北宋两次"太学体"事件与古文运动之关系。

这些研究成果和共识为宋代科举与文学研究的进一步推进奠定了基础,但也应看到,宋代科举与文学关系的研究进行到现在,大部分的研究还未真正触及科举与文学关系的深层次问题,科场与文学之间的互动模式及关键节点上的个案分析尚未进行。而且,由于一些先入为主的观念的影响,对于宋代科举与文学之间的关系纠结于优劣论,不利于此项研究的深化。具体来说,现有研究在以下方面还有待深入:

第一,宋代进士科作为国家管理人才的主要补给源,其去取的标准及价值取向的变化反映了国家的政治、文化政策。朝廷也往往把科场作为左右文风走向的主要实施场域,通过变革科场文风来指导"文"的发展。因此,国家的取士政策与文化政策如何交互影响、科场的诸多变革如何影响文风走向、文学风气的嬗变又如何借力于进士考试尚需深入探讨。

第二,尽管宋代进士考试科目总体上限于诗、赋、策、论、经义诸体,但其实际的影响却远不止于这几种文体。进士应试教育培养了有宋一代的知识群体,一定程度上影响了宋人的思维习惯、文学技法及题材趣味等。宋代诗文重才学、重技法、重学理等特点，均可从进士教育中找到根源。而对这些问题目前都还缺乏有力的研究。

第三，在宋代科举与文学的关系研究中，总体上是详北宋而略南宋。南宋时期，进士考试制度相对稳定，经义、诗赋兼取的情况下，两科之间取士是否均衡，朝廷对两科的态度如何？其分别与文学有何关联与影响都有待深考。南宋文士主观上对科场习气的厌弃与客观上科举考试对文学的影响是南宋文学的"一体两面"，远非"促退"一词可以简单界定，这尤其值得深入探讨。

## 二、宋代进士考试与文学之关系的考察维度

宋代科举与文学关系研究，本质上是文学研究跳出其固有领域，从外围制度层面探究文学发展之影响要素。钱钟书先生说："唐诗、宋诗亦非仅朝代之别，乃体格性分之殊。天下有两种人，斯分两种诗。唐诗多以丰神情韵擅长，宋诗多以筋骨思理见胜。"①人是决定文学风貌的关键因素，人的体格性分固自有别，而一代人在体格性分上的共性则多与教育有关。宋代教育从根本上讲就是科举应试教育，其中尤以进士教育影响最大。宋人袁采指出士大夫子弟的最佳选择是"为儒"，其谓：

> 士大夫之子弟，苟无世禄可守，无常产可依，而欲为仰事俯育之资，莫如为儒。其才质之美能习进士业者，上可以取科第，致富贵；次可以开门教授，以受束脩之奉。其不能习进士业者，上可以事笔札，代笺简之役；次可以习点读，为童蒙之师。如不能为儒，则医卜、星相、农圃、商贾、伎术，凡可以养生

---

① 钱钟书《谈艺录》，商务印书馆，2011年，第7页。

　　而不至于辱先者,皆可为也。①

"为儒"成为了宋人谋生的首选,虽然其最终的出路并非只有进士一途,但进士无疑是其中的最优之选,也是才质之美者方能从事的。这表明有宋一代,进入文化知识阶层的人,大体都要经历科举教育的历程。从这个意义上讲,宋代科举对宋代文化的影响是全面而深刻的。宋代进士考试与文学的关系,首先表现在宋代进士考试主体也是宋代文学的创作主体上,同时也是文学接受的主体,这是二而一的。

　　在以"崇文抑武"、"崇儒佑文"为显著特色的宋代政治文化中,由于国家对于文治的极度重视,文学往往是文化政策关注和调控的重点之一,而这种调控除了通过国家文化部门如三馆来贯彻以外,更主要和有效的途径则是科举考试,尤其是进士科考试。朝廷的文化政策总是通过科场的具体实践来贯彻,例如国家对于文学的许多调控政策均是以科举诏的形式广而告之的。在皇帝看来,科场文风的好坏与社会风尚是密切相关的,所谓"科场之文,风俗所系"②是也。因此,考察宋代文学、进士考试与国家文化政策之间的关联,以典型的科场文风、科场事件为中心,探究文学与进士考试如何在国家文化政策的统摄下密切互动,是本书研究的第一个维度。在此维度之下,笔者选取了西昆体、太学体、元祐赋和乾淳体作为考察重点,详细分析其在科场流布的政策环境、主要代表人物、文体特征及与文学风气的关联,以期提供进士考试与文学互动的事案依据。

　　宋代进士应试教育大体上以"经、史、时文"为基本内容,但因时风的不同而略有差异,如北宋初取士重学识渊博,故进士无书不

---

　　① 袁采《袁氏世范》卷中。
　　② 苏轼《上神宗缴进拟御试策》,《宋名臣奏议》卷一百十三。

读,广引僻书以为博,类书成为应举的重要工具书。宋仁宗朝及其后,国家"崇儒"政策确立,进士教育则基本上未出"经、史、时文"的范围。而三者当中,经、史为体,时文为用。穷究经史,"于义理之精微,既有所得,发之于文,亦必意趣深长,议论精确,以之应举,直余事尔"①。宋代进士不管考诗赋策论,还是经义策论,最终依据的皆是文。而考文所取一是立意,二是文辞,要想在考试中出类拔萃,只有在这两方面下功夫。因此,尽管两宋进士考试题目多出自经史,较难自立新意,但科场中仍不乏敢于自立新说,以惊考官耳目的宏论,科场指南书籍也多以立意新奇相引导。然而科场文章自出新意的空间毕竟有限,在主题基本一致的情况下,如何在文辞的形式技巧方面斗难斗巧,就成为科场更常用的策略。广引故事、琢炼语词、巧用俪偶、章法严密,都是科场文章用以制胜的法宝。这种科场文章在内容与形式上的矜难斗巧,融进了宋人的书写习惯当中。次韵诗的数次往复、好作翻案文章、务去陈言,甚至江西诗派的出现,都与时文写作奠定的习惯有关。因此,从进士应试教育的内容和科举时文写作习惯的角度探讨宋代进士考试与文学之间的深层次联系,是本书的第二个考察维度。在此维度之下,笔者选取了破体为文、时文现象、古文运动及《赋林衡鉴》一书作为考察点,分析上述宋代文学中的典型现象和事件当中,进士教育和时文写作对文学的影响,力求从文学现象的角度,说明进士考试与文学之间持续发生的某些倾向性影响。

　　当然上述两个维度并非严密的学理、逻辑视角,只是笔者探寻宋代进士考试与文学关系的两条试探性的路径,仅就宋代进士考试与文学在某些层面上的关系加以揭示。由于宋代历时三百余年,其间进士考试与文学、政治、哲学交织影响的复杂情况,非一文一书可道尽,故本书也许只是"盲人摸象"式的摸索,失误当复不

---

① 刘爚《云庄集》卷七《劝学》。

少,望学界同仁批评指正。这一课题遗留的问题,笔者还会在后续的研究中继续回答,也期待更多人参与这项研究,给出更多精彩的答案。

# 上编　宋代进士程文流风与文学

宋代程文由于其功利性特征,往往因时而变,表现为取士科目上的重心变化和为文风气上的追趋时好。两宋进士取士科目的变化,大体经历了由诗赋向策论,由策论向经义,再到经义、诗赋、论、策并重的历程。其转变大多没有清晰的时间节点,总体上看,仁宗朝是取士重心由诗赋向策论转变的时期,熙宁时由于制度变革,经义取士,兼重策、论;南宋经义、诗赋兼取,但总体上经义、策、论地位较高。南宋诗赋科目仅在高宗朝和孝宗朝初期曾一度有较高呼声,楼钥、陈傅良均是诗赋进士出身。而南宋后期,进士科地位整体下降,进士授官恩例锐减,主考官职位最低时仅由侍郎一级担任,因此诗赋进士的地位也更低。刘克庄有诗谓:"元祐赋律古,熙宁经义新。请君忙改艺,诗好误终身。"①此正反映南宋后期经义在进士科中的地位远重于诗赋。从为文风气来看,进士程文除迎合主考官的趣味以外,还需与国家的文化政策和取士的价值取向相适应。由于科场试官是临时任命,虽多出三馆两制之官员,但其文风趋向并不完全一致。而且官员们的衡文倾向除了个人因素外,也要受制于科场条制和朝廷科举取士的价值取向。因此敏锐地洞知国家取士方针是举子们追趋时好更有效和稳妥的做法,而这种追趋使得科场与朝廷之间形成了关于文风走向的互动机制,

---

① 刘克庄《后村集》卷九《跋某人诗卷》。

举子适应并迎合朝廷科举诏令,而朝廷则借科场以贯彻文化政策。由此观之,科场文风走向实际是国家文化政策的曲折反映,如宋初朝廷崇尚博识多闻,举子便无书不观、广阅类书以炫博学,表现为科场的西昆文风;仁宗朝大力"崇儒",古文以"明道"、"传道"之本职而被广泛引入科场写作,从而衍出"太学体"之流行;元祐时期,科举更张,复试诗赋,"元祐赋"随之出现,其虽非自出科场,但其紧跟国家取士政策的变化并流行于科场却是与其他科场文风一致的;孝宗朝推崇元祐学术,并数次下诏收集举子关于时政的谏言,于是出现了欲弥合"周、程、欧、苏之裂",敢议时政的"乾淳体"。而上述科场程文流风,不仅与国家文化政策息息相应,而且与彼时之文学风气亦步亦趋。因此,日本学者高津孝先生认为"北宋文学史常常是围绕科场文学的流行而展开"①,确为的论。不仅北宋如此,南宋亦如之。

---

① 高津孝《科举与诗艺——宋代文学与士人社会》,上海古籍出版社,2005 年,第36 页。

# 第一章　西昆文风在科场中的传播与影响考论
## ——以科场律赋为考察中心

　　西昆文风作为宋初风靡一时的文学风气,研究者多关注其在诗歌、四六文方面的影响,而殊少论及西昆风气与科场文章的关系,尤其是西昆文风对律赋的影响未见详论。欧阳修在论及真、仁之际的科场文风时说:"是时天下学者,杨、刘之作,号为时文,能者取科第,擅名声,以夸荣当世,未尝有道韩文者。"①欧公所言之学习杨亿、刘筠为文,其第一益处便是"取科第",可见西昆文风曾一度在科场十分流行。罗时进等的《唐宋时文考论》更明确指出:"宋初至熙宁初年的所谓时文是一个既包含贡举程试文,也包括文坛律赋、骈文创作的泛文体概念。"②那么欧阳修所言之杨、刘"时文",其中必然包括科场律诗、律赋。田况《儒林公议》亦载:"杨亿在两禁,变文章之体,刘筠、钱惟演辈皆从而效之,时号'杨、刘'。三公以新诗更相属和,极一时之丽。亿乃编而叙之,题曰《西昆酬唱集》。当时佻薄者,谓之西昆体,其它赋、颂、章、奏,虽颇伤于雕摘,然五代以来芜鄙之气,由兹尽矣。"③很明显,在田况看来,西昆体是以诗为代表,包括赋、颂、章、奏各类文体在内的一种艺术风

---

① 欧阳修《文忠集》卷七十三《记旧本韩文后》。
② 罗时进、刘鹏《唐宋时文考论》,《文艺理论研究》,2004 年第 4 期,第 67 页。
③ 田况《儒林公议》。

格。田况生于宋真宗咸平六年,卒于仁宗嘉祐六年,他的青少年时期正是西昆体风行的时期,因此他的描述应该是符合实情的。日本学者高津孝先生在他的《北宋文学之发展与太学体》一文中亦指出西昆体美学贯穿于诗、赋、文等科举考试科目[①],惜其未深入论述。故笔者不揣孤陋,拟以科场律赋为考察中心,探究西昆文风在科场流布的情况,并进而讨论科场对西昆文风的形成与传播所起的作用。

## 一、西昆文风影响科场的途径

### (一) 西昆文士多主持贡举

西昆派文士多为翰苑馆阁之臣,并有主持贡举等考试的机会,其对科场文章的影响自然不小。西昆派文人分前后两期,前期以杨亿、刘筠、钱惟演、刁衎、陈越、李维、李宗谔、刘骘、丁谓、任随、张咏、钱惟济、舒雅、晁迥、崔遵度、薛映、刘秉等十七位诗人为代表,而晏殊为后期西昆派的主要代表,因此本书以前期西昆派与晏殊为主要对象考察其主持贡举的情况(参见表1)。

据笔者粗略统计,西昆文人参加历年省试主考工作情况如下表:

**表 1:西昆文士知贡举情况**

| 知贡举时间 | 知贡举者 | 知贡举情况 | 省元/状元 |
|---|---|---|---|
| 咸平二年 | 张咏 | 同知贡举 | 孙暨/孙暨 |
| 景德二年 | 晁迥 | 同知贡举 | 刘滋/李迪 |

---

① 高津孝《科举与诗艺——宋代文学与士人社会》,上海古籍出版社,2005 年,第 30—31 页。

续表

| 知贡举时间 | 知贡举者 | 知贡举情况 | 省元/状元 |
|---|---|---|---|
| 景德四年 | 晁迥 | 知贡举 | 郑向/姚晔 |
| 大中祥符五年 | 晁迥 | 知贡举 | 佚名/徐奭 |
| 大中祥符五年 | 李维 | 同知贡举 | 同上 |
| 大中祥符八年 | 李维 | 同知贡举 | 高锦/蔡齐 |
| 大中祥符八年 | 刘筠 | 同知贡举 | 同上 |
| 天禧三年 | 钱惟演 | 知贡举 | 程戡/王整 |
| 天禧三年 | 杨亿 | 权同知贡举 | 同上 |
| 天圣二年 | 刘筠 | 知贡举 | 吴感/宋庠 |
| 天圣五年 | 刘筠 | 知贡举 | 吴育/王尧臣 |
| 天圣八年 | 晏殊 | 知贡举 | 欧阳修/王拱臣 |

注：上表中信息来源于《宋会要辑稿》、《文献通考·宋登科记》。

西昆派文人作为省试考官有十二人次，其中主考六次，同考六次，又晁迥参加了三次、刘筠参加了三次、李维两次。晁迥虽位列西昆酬唱之列，但其诗文创作的主要宗尚实为"白体"，对此张海鸥先生已有明论。因此，从时间序列来看，大中祥符以后，西昆体文士逐渐在贡举考试官中占据了主导地位，其中最为活跃的正是西昆体的三位重要代表人物杨亿、刘筠和钱惟演。

众所周知，宋代科举考试分解试（乡试）、省试（贡试）、殿试三级，还有别头试、锁厅试、制科试等，上表所列仅指科举省试、殿试的情况，西昆派文人实际参加考校的次数远比上表所列更为频繁，兹略举数例：

（景德三年七月二十九日）以应制举人所纳文卷付中书详校。初，命翰林学士晁迥等考定。（李焘《续资治通鉴长编》卷六三）

（景德三年九月）试贤良方正举人，命晁迥、杨亿、周起、朱巽为考官。（《宋会要辑稿·选举》一〇之一一一）

（大中祥符元年殿试）命翰林学士李宗谔等八人为考官。（《宋会要辑稿·选举》七之一）

（大中祥符二年六月二十六日）命翰林学士晁迥等十人为殿试服勤词学、经明行修举人考官。①（《宋会要辑稿·选举》七之一一）

（大中祥符四年十一月七日）试服勤词学、经明行修举人，命翰林学士李宗谔等为考官。（《宋会要辑稿·选举》七之一一）

（大中祥符七年八月十七日）命翰林学士王曾、知制诰钱惟演于武成王庙试经明行修、服勤词业举人。（《宋会要辑稿·选举》一九之六）

（天禧二年十一月十六日）命翰林学士钱惟演、盛度……于秘阁再考定开封府得解举人试卷。（李焘《续资治通鉴长编》卷九二）

（天禧二年十一月二十九日）命翰林学士承旨晁迥、知制诰陈尧咨于秘阁再考国子监及太常寺别试进士文卷。（李焘《续资治通鉴长编》卷九二）

（天禧三年三月九日）命翰林学士晁迥等为殿试考官，直史馆崔遵度等为覆考官。（《宋会要辑稿·选举》七之一三《亲试》）

---

① 从《宋会要辑稿·选举》（中华书局1957年版）二之六所载杨亿请假不赴琼林宴一事来看，杨亿也参加了当年的考试评卷工作。

　　（天禧四年六月二十二日）帝御崇政殿,试礼部下第特奏名举人李宗孟以下一百五十五人,内出《泽及四海诗》、《礼乐何以合天地之化论》题,命翰林学士杨亿以下充考试官。(《宋会要辑稿·选举》七之一三)

　　（天禧四年十一月十一日）中书门下言:开封府、国子监得解进士二十八人,所试到策论卷子,诏送秘阁,仰张永和等封弥卷首,送翰林学士晏殊等覆考。(《宋会要辑稿·选举》一五之四)

　　（天禧四年九月六日）命翰林学士刘筠、直龙图阁冯元于武成王庙考试诸州续解举人。(《宋会要辑稿·选举》一九之七)

　　从景德至天禧年间,大者如省试、殿试,小者如开封府、国子监发解试、制举考试及别头试,这些在京城举行的大大小小与贡举考试相关的各类考试,担任其评卷工作的多是西昆文士,他们的文学趣味和爱好,引领着科场的文风走向。所以司马光有论:"朝廷每次科场所差试官,率皆两制三馆之人,其所好尚,即成风俗。在京举人,追趋时好,易知体面,渊源渐染,文采自工。"①西昆文士借评卷的机会,传播自己的文学好尚,而试子出于中举的迫切需要,必然会追趋主司的趣味好尚,故苏轼有言:"夫科场之文,风俗所系,所收者天下莫不以为法,所弃者天下莫不以为戒。"②高津孝先生也指出:"由于有这样一些西昆派的知贡举,那么在科场上,西昆派文学风靡一时就是必然的了……可以说,西昆派的美学贯穿于诗、

---

① 马端临《文献通考》卷三十一,又见《宋会要辑稿·选举》三之三九。
② 苏轼《东坡全集》卷四十五,《拟进士对御试策并引状问》。

赋、文等科举考试科目。"①参试举人迎合考官喜好，一方面源于其追逐功名的功利心，另一方面也是宋初以来科场条制不断完善的结果。

宋太祖致力于公平取士；宋仁宗继之大幅提升取士额度，并重用文士，超常擢拔，使整个社会参与贡举的热情空前高涨；宋真宗则完善了从解试到殿试的各级考试制度，创立了糊名、誊录诸法，贡举考官们手中的权力被一步步拘限至"一纸程文"，文章成为了考官去取进士的唯一凭据，因此，"以文观才"成为考官们必修的功课。张方平曾记程戡天禧三年中举一事："天禧中，杨文公亿典礼部贡举，时推文宗，尤以藻鉴自任，考试进士精甚。见公（程戡）程文，大器赏之，遂为举首。及廷试，亦在第四，于时公（程戡）之名动天下。"②杨亿藉以"藻鉴"的依据仅只"程文"而已，从张方平的陈述来看，作为考官司的杨亿也颇以此事自矜。此时考官的趣向和爱好就成为了极其关键的因素。此后，科场中著名的"以文取士"的事件如欧阳修之痛黜刘几（辉）、苏轼之憾失李廌，皆与此制度之设置有关。"以程文定去留"，一方面极大地保证了取士的公平、客观，保障了寒士的中举权力；另一方面实际肯定了主考官在衡文趣味上的主观性，这必然导致士子对主文者的追捧。

宋初以来，贡举考官的任命逐渐形成定制，《词林典故》载："唐开元以前，贡举事则考功郎中司之，后以礼部侍郎主之，谓之知贡举。宋自太祖、太宗以来，南省（尚书省）主文多用翰林学士，如李昉、宋白等，皆学士主贡举者。"③真宗朝，从两制三馆调派知举官成为常态，因此馆阁官员们的文艺活动自然格外受到举子们的关

---

① 高津孝《北宋文学之发展与太学体》，载《科举与诗艺——宋代文学与士人社会》，上海古籍出版社，2005年，第30页。
② 张方平《乐全集》卷三十六《程公神道碑铭并序》。
③ 鄂尔泰、张廷玉《词林典故》，傅璇琮、施纯德《翰学三书》本，辽宁教育出版社，2003年。

注,像西昆酬唱这种一时翰林学士们的唱和活动及其文集的刊布,
必然会受到关注和追捧。

### (二) 西昆文士揄扬后进、编选文集

如果说主持各类科举考试还是一种被动的政治任务,那么对
后进的奖掖及编纂文集则显示了西昆文士对科场文风的主动干
预。曾巩论杨亿称其:"诱进后学,乐道人善,贤士大夫翕然宗
之。"①比如进士陈在中以《易赋》为贽,杨亿赞云:"予一见而甚骇
之也,深者厉之,坚者钻之。高者跂而望之,幽者俯而探之。汗漫
无际者,凌厉以求之;窈冥无状者,罔象以索之。隐几弥旬,恍然有
得。"②并为陈在中大作宣传,"或谈于台阁僚友,或语于场屋流
辈",使陈在中之名一时籍甚,人人争相传阅其《易赋》。

提携后学之外,编纂科场参考文集也是传播西昆文学主张的
重要途径。杨亿不但以藻鉴自任,而且对科场文风极为重视,并有
意规范、引导之。杨亿曾"手录时人所作,为《儒苑时文录》数千
篇"③,时文即为应时之文,亦科举文章的别称。杨亿亲自编集的
时文录,其被追摹的情况可以想见。此外,晏殊有《集选》二百卷,
其"大略欲续《文选》,故亦及于庾信、何逊、阴铿诸人"④,又有《类
要》一百卷,"乃所作类事之书,体例略如《北堂书钞》、《白氏六帖》,
而详赡则过之"⑤。"晁文庄公宗悫以《文选》、《续文选》、《艺文类

---

① 曾巩《隆平集》卷十三《杨亿传》。
② 杨亿《武夷新集》卷七《送进士陈在中序》。
③ 曾巩《隆平集》卷十三《杨亿传》。《玉海》卷五十四云:"杨亿集当世述作,为《笔
苑时文录》数十编。"《续资治通鉴长编》卷九十六载:"闻人有片辞可纪,必为讽诵。手集
当世之事,述为《笔苑时文录》数十编。"
④ 陈振孙《直斋书录解题》卷十五。
⑤ 《四库全书总目》卷一百三十七《〈类要〉提要》。

聚》、《初学记》、《文苑英华》、南北朝洎隋唐人文集,美字粹语,分百七十有四门,十卷,名曰《文林启秀》。"①署名刘攽的《文选类林》,"取《文选》字句可供词赋之用者,分门标目,共五百四十九类"②。这些文集大多取前人作品汇编而成,甚者将前人作品分解,单收其中能直接为辞赋写作取用的字句,分类纂集,最大可能地方便了辞赋作者的使用,"玩之发人藻思,目无遗物。动涉芳尘,如游玉田芝房"③,这与《西昆酬唱集序》所倡明的"历览遗编,研味前作,挹其芳润"的思路是一致的。为初学者选编文集的大多是文坛宿老、馆阁重臣,杨亿、晏殊为前后期西昆体的代表人物自不用多论,即如晁宗悫也是数知制诰,位至参知政事的一时闻人。从上述诸书的选文范围来看,其所选取的范文、范句,上起南北朝,下迄唐,又多以南北朝为重。南北朝文讲究对偶、声律和藻饰之美,而尤其以辞赋为甚,可以想见这些南北朝文选对于科场辞赋的影响,西昆体诗文在声律、词章方面的雕琢与此不无关系。编集类书在北宋初期既是朝廷收置南方文士的举措,也在客观上促进了社会对文化学识的崇尚,私人编集类书的现象蜂起。在西昆文士之前,宋白、吴淑等即已热衷此务。宋白"类故事千余门,号《建章集》,唐贤编集遗落者,白多攒缀之"④。而吴淑编撰的《事类赋》,更是成为举子首选的工具书,其影响及于明清。然而类书编撰的体例,决定了其对知识经典的传承是"碎片化"的,甚至是功利性的,其能在较低层次,或者说是入门阶段快速提升学习者的知识储备,却不能很好地提升综合的鉴识和思想。因此,西昆文士编撰类书、文集的举动,短期内对于改变五代以来衰陋的文气和提高学子的文化、文学素

① 王应麟《玉海》卷五十四"宋朝集选"条。
② 《四库全书总目》卷一百三十七《〈文选类林〉提要》。
③ 晁说之《景迂生集》卷十七《文林启秀序》。
④ 脱脱《宋史》卷四百三十九《宋白传》。

养,起到了极大的推动作用,使科场文章日趋规范与整饬。但同时,类书、文集固有的缺陷,加上举子的功利性动机,使得西昆文风从学习方法和思维方式上都存在着过分追求艺术形式之美的"隐疾"。

## 二、科场中的西昆风气
### ——以律赋为例

科场诗赋是宋初科场中最重要的考试科目,甚至很多时候,它是决定举子中举与否的唯一依据,因此,举子们对西昆文风的学习必然体现于科场诗赋当中,本节拟以科场律赋作为考察的中心。由于《西昆酬唱集》中的作者均无律赋传世,因此很难找到一篇足以代表西昆风格的律赋范本。但通过有关西昆体及其西昆文人的评论,我们还是能约略勾勒出具有西昆风格的律赋的特征的。

### (一) 形式精工律切

科场律赋在音韵、对仗等方面,本身即有严格的规定,在这些既定的规则之外,具有西昆风味的律赋更讲求声韵的协谐、字句的藻丽、对仗的工巧。石介《安道登茂才异等科》批评当时科场辞赋之弊云:"尝言春官氏,设官何醱醿。屑屑取于人,辞赋为程约。一字竞新奇,四声分清浊。矫矫逸雄才,动为对偶缚。恢恢晁董策,亦遭声病落。"①张方平中制举在景祐元年,此时科场中西昆余风仍盛,李觏景祐三年所作的《上宋舍人书》中提到当时西昆文风仍然很流行②。那么石介所言当是指西昆风气影响下的科场律赋的特征,其讲究声律之协谐、对仗之工稳、字句之新巧,这当是西昆体

① 石介《徂徕集》卷三《安道登茂材异等科》。
② 参见李觏《盱江集》卷二十七《上宋舍人书》。

律赋的重要特征。西昆诗人之作"精工律切"①，并且以窄韵互相竞技，杨亿就经常与友人"迭出巨题，互探难韵。……藻绣纷错，金石铿锵"②。与北宋中后期文士避讳雕章丽句不同，杨亿非常重视辞藻之美，且给予了"丽辞"很高的评价。在《群公赠行集序》中杨亿称台阁诸公送行之作："藻绣纷错，珠璧炫耀。观咸、洛之市，天下之货毕陈；入宋、鲁之邦，先王之礼尽在。"③又《两制谢赐御诗状》云："俾窥睿藻，璧月珠星之彩，既获于仰瞻；《阳春》、《白雪》之篇，仍容于属和。"④称赞从祖父杨徽之"凡游赏宴集，良辰美景，必有雕章丽句传诵人口"⑤。这些议论及观点，对于科场后学来讲无疑具有导风引流的作用。而如前文所论，当时名家编集南北朝迄唐的美字粹语供辞赋写作之用，已从方法的角度为后进习为华靡之文指出了方向，因此科场上不免"竞为浮夸靡曼之文"⑥，而"操笔之士率以藻丽为胜"⑦。

当然文辞的藻丽并非仅为美饰，它与传神的铺写是结合在一起的。《四六话》载："阮思道子昌龄丑陋吃讷，聪敏绝人，年十七八，海州试《海不扬波赋》，即席一笔而成，文不加点。其警句云：'收碣石之宿雾，敛苍梧之夕云。八月灵槎，泛寒光而静去；三山神阙，湛清影以遥连。'"⑧此赋被杨亿所称赏，谓阮昌龄

---

① 刘克庄《后村诗话》卷二。

② 杨亿《武夷新集》卷三《冬夕与诸公宴集贤梅学士西斋分得今夕何夕探得云字并序》。

③ 杨亿《武夷新集》卷七。

④ 杨亿《武夷新集》卷十七。

⑤ 杨亿《武夷新集》卷十一《故翰林侍读学士正奉大夫尚书兵部侍郎兼秘书监上柱国江陵郡开国侯食邑一千三百户食实封三百户赐紫金鱼袋赠兵部尚书杨公行状》。

⑥ 李焘《续资治通鉴长编》卷一百八。

⑦ 江少虞《宋朝事实类苑》引《杨文公谈苑》。

⑧ 王铚《四六话》卷下。

为奇才①。"海不扬波"事典出："周成王时越裳九译来贡,谓周公
曰:'天无迅风疾雨,海不扬波三年矣。'意者中国其有圣人乎?"②
"海不扬波"意指天下太平,海州解试以此为题盖有深意。从《四六
话》所录该赋警句来看,其云:在本应海潮迭起的八月,海面却静静
地倒映着远去的木筏,而海边的神殿也在水中投下清晰的影像。
杨亿的激赏当缘于阮昌龄的描写不仅很好地扣住了题目,而且其
承唐律赋善为"形似"之言,刻画出一个清幽、深邃的画面,引人入
胜。与北宋中后期律赋趋于议论说理不同,此时的律赋极具形象
之美。杨亿在给元宗道秀才的信中赞美其:"学术渊奥,才思深婉,
雅善辞赋,尤工诗什,每扣虚课寂,缘情体物,必有警策传诵人口。
左氏之笔微为富艳,相如之文长于形似,翘翘然秀出于场屋间
矣。"③也就是说,当时科场上堪称佳作的文章,应当有富艳之姿,
更要长于绘形赋物。

此外,上述两句对仗工整,尤其是后面的隔句对,有数字之
"八月"对"三山",有动静、高低对之"灵槎"与"神阙"。事实上,
讲究对仗也是西昆体律赋的重要特征。石介谓科场律赋"矫矫
逸雄才,动为对偶缚",律赋除破题、结尾及中间的发语连接词
外,都要求句子两两相对。宋代科场诗赋阅卷中有"诗赋不对"
一条,因此对仗是律赋最重要的形式特征之一。刘克庄《后村诗
话》云:"《西昆酬唱集》对偶字面虽工,而佳句可录者殊少。"杨亿
等人的诗歌具有属对工巧的特点,其文、赋亦如之。陈师道论宋
初四六文云:"国初士大夫例能四六,然用散语与故事尔。杨文
公笔力豪赡,体亦多变,而不脱唐末与五代之气。又喜用古语,

---

① 《福建通志》卷四十七:"昌龄,字大年,年十七试《海不扬波赋》,杨亿称其奇
才。咸平初进士甲科,知剑州,有异政,为张咏(太平兴国六年进士)所知,荐于朝,终
殿中丞。"

② 田锡《咸平集》卷一《上太宗论军国要机朝廷大体》。

③ 杨亿《武夷新集》卷七《送元道宗秀才序》。

以切对为工,乃进士赋体耳。"①观此可知,"喜用古语,以切对为工"正是当时科场律赋的特点,"切对"即讲究对仗的工稳、巧妙。而"喜用古语"则道出了西昆体律赋的另一特征——崇尚学识。

### (二) 内容崇古重学

杨亿好学,曾巩作《杨亿传》称:"(杨亿)于历代典章制度尤为该洽,故朝廷议论必取正焉。经传、子史、百家之学,罔不通贯。"②杨亿对学识的爱重较少偏见,除了经传、子史、百家之学外,他对浅率如《凡将》、《急就》,偏僻如稗官、虞初之说都不废弃,这也是日后反西昆体者诟病杨亿的重要原因。魏了翁《跋杨文公真迹》云:"公博极群书,自经史百氏以及于《倚马》、《急就》之文,稗官、虞初之说,旁行敷落之义,靡不该贯。今于公之裔孙绍云见公手抄唐人诗及遗教经,益知公所以用力于文者盖若此。"③的确,杨亿力学的目的很大程度上是为了"文"。石介批评科场律赋作者:"嗟哉浮薄流,不知王霸略。六经挂东壁,三史束高阁。"④如果说科场确实如石介所言,那么其责任显然不应归咎于杨亿不重视经、史之学。杨亿经、史之学渊深,这是为真宗所高度肯定的:"'亿词学无比,后学多所法则,如刘筠、宋绶、晏殊而下,比比相继。文章有正(贞)元、元和风格者,自亿始也。'(王)旦曰:'后进皆师慕亿,惟李宗谔久与之游,终不能得其鳞甲。'盖李昉词体弱,不宗尚经典故也。"⑤从宋真宗与王旦的对话中,不难看出所谓"文章有正(贞)元、元和风

---

① 陈师道《后山集》卷二十三。
② 曾巩《隆平集》卷十三《杨亿传》。
③ 魏了翁《鹤山集》卷六十三《跋杨文公真迹》。
④ 石介《徂徕集》卷三《安道登茂材异等科》。
⑤ 《续资治通鉴长编》卷八十五、《东都事略》、《九朝编年备要》等皆载为王旦言,唯曾巩《隆平集》卷十三《杨亿传》记为宋真宗言。

格",即指杨亿文章宗尚经典,与唐贞元、元和之际雅正的文学风气相仿佛。唐贞元、元和文学的雅正风气的形成,与当时提倡研习儒家经典有很大的关系。尽管西昆体很注重形式的华靡,但内容上却极重学识。杨亿给进士陈在中的信中说:"君博综文史,详练经术,词彩奋发,学植坚深,取片玉于昆岗之巅,撷华缨于文石之陛,可以俯拾,未足为难。"①在杨亿看来,坚深的文史学识是发为丽辞的前提,前者是本,而后者是末。

批评西昆体的人多指出其不近治道,不本道理,以此论西昆末流未尚不可,但用以指杨亿所提倡的文章则有不妥。曾巩尝谓杨亿:"论治道、谈世务,必稽古验今,究切利病。"②是知杨亿并非不通政务、不关心政治,相反杨亿的"清忠鲠亮"是为苏轼所称道的,相信杨亿于取士之赋不会不重其器识。宋祁尝记杨亿论王曾之《有教无类赋》、《有物混成赋》云:"自古文章,立名不必多,如王君二赋,一生衣之、食之不能尽。"③王曾乃咸平五年状元,《有物混成赋》即当年的殿试程文。王曾此二赋,后人有许多评论,《有教无类赋》推其"神龙异禀,犹嗜欲之可求;纤草何知,尚薰莸而相假"为名句④,《有物混成赋》多论其"得我之小者,散而为草木;得我之大者,聚而为山川"一句有"陶镕品物之度"⑤,堪为宰相。也就是说杨亿欣赏的是能见出作者之志的赋作。在这一点上,杨亿与真宗朝后期重器识的取士标准是一致的。欧阳修《归田录》载:"真宗好文,虽以文辞取士,然必视其器识。每御崇政赐进士及第,必召其

---

① 杨亿《武夷新集》卷七《送进士陈在中序》。
② 曾巩《隆平集》卷十三《杨亿传》。
③ 宋祁《宋景文笔记》卷上:"莒公尝言:'王沂公所试《有教无类》、《有物混成》赋二篇,在生平论著绝出,有若神助云。'杨亿大年亦云:'自古文章,立名不必多,如王君二赋,一生衣之、食之不能尽。'"
④ 曾慥《类说》卷十三。
⑤ 王得臣《麈史》卷二。

高第三四人,并列于庭,更察其形神磊落者,始赐第一人及第,或取其所试文辞有理趣者。徐奭《铸鼎象物赋》云:'足惟下正,讵闻公铼之欹倾;铉乃上居,实取王臣之威重。'遂以为第一。蔡齐《置器赋》云:'安天下于覆盂,其功可大。'遂以为第一人。"①徐奭为大中祥符五年状元,蔡齐为大中祥符八年状元,他们被取为第一人的原因,盖由于其律赋文辞与理致俱佳。

### 三、西昆风气濡染下的律赋举隅

论西昆文风对律赋的影响,最直接、有力的依据当是真宗朝中后期的科场律赋,尽管早期西昆作者的律赋今均不见,但透过后期西昆作者所作的律赋,我们仍然可以推知西昆体律赋的基本风貌。祝尚书先生指出:"夏竦、王珪,前人虽未列入'昆派',但他们受'昆体'影响很大。"②尽管此论主要是就诗歌而言,但以之论律赋亦无不妥。

夏竦(985—1051),其虽由景德二年制科出身,但于时文造诣深厚。宋初盛度称夏竦"文章有馆阁气,异日必显"③,又陈造《题夏文庄》云:"夏文庄公辞藻绚丽,自其始学即含台阁风骨,老尤雄健不衰。当圣君贪才、天下右文之时,是不容不富贵者。"④西昆风气流行之时,正当夏竦的青壮年时期,以他"材术过人"又"急于进取,喜交结"的个性而言,他的文章应该是深染西昆风气的。因此,所谓"馆阁气",即当指当时馆阁盛行的西昆文风。

夏竦《文庄集》中存律赋十一篇,与宋代大多数人中举后即不

---

　　① 欧阳修《文忠集》卷一百二十六《归田录》。
　　② 祝尚书《论后期"西昆派"》,《社会科学研究》,2002 年第 5 期,第 135 页。
　　③ 吴处厚《青箱杂记》卷五。
　　④ 陈造《江湖长翁集》卷三十一《题夏文庄》。

复染手律赋的习惯不同,夏竦集中的律赋不少都作于入官之后,比如《白云起封中赋》,借汉武帝封禅谀美宋真宗在大中祥符元年的封禅之举,《放宫人赋》记大中祥符八年春真宗放宫人一百八十四人事。此外,夏竦的律赋又多涉道教题材,如《穆天子宴王母于瑶池赋》、《吹律暖寒谷赋》、《陶侃梦飞入天门赋》、《草木为人形以助战赋》,明显系受真宗崇信道教的影响。此外《正家而天下定赋》、《政犹水火赋》、《藏冰赋》,为当时科场考题中常见的论政说理之赋。观夏竦的诸篇律赋,均有藻丽之姿,尤其是时事类、道教题材类的律赋,以刻画细腻、文辞雕琢见长,如《穆天子宴王母于瑶池赋》云:"当其碧落凝寒,余霞敛色。升绣毂于层路,会鱼轩于西极。天颜半掩,旗翻日月之光;凤髻遥分,扇侧鸾皇之翼。俄而翠华潜驻,彩袂相逢。择琼瑶之吉地,邀桃李之姱容。修城而美锦千两,供帐而轻绡万重。广乐嘉成,遍舞霓裳之曲;流霞互举,争传马瑙之钟。"①该赋通篇铺写西王母与穆天子宴见的虚无之事,其描写可谓"穷研极态",得西昆律赋重"形似"之实。从行文结构来看,八韵之间,一气呵成,浑然一体,颇有唐律赋的浑成之感。南宋郑起潜《声律关键》论律赋之体有"叙全篇"一类,其特点是"多铺叙出处本末,八韵贯通,虽不拘上下截体贴,而题字皆在其中"②。而这种构篇方式多出现在郑氏所谓的"古赋"当中,律赋之"古"者,当系唐代律赋。是知夏竦《穆天子宴王母于瑶池赋》的构篇之法源出唐律赋,这与宋初律赋师法中晚唐的特征相符。夏竦的此类体物、叙事之赋形式规整协谐,但读后除眼花缭乱、异彩纷呈的视听愉悦之外,缺乏触动心灵的力量。

　　然而观夏竦政论诸赋,其文辞理致则又别是一番气象,以《正家而天下定赋》为例,全赋374字,得科场律赋体制之正;言辞平易

---

　　① 夏竦《文庄集》卷二十三。
　　② 郑起潜《声律关键》,《续修四库全书》本。

可读而精警不足；句式在四六常规之外，还有"恭谨见嗃嗃之仪，故有孚于居极；侮慢有嘻嘻之象，盖失节于慎初"，这样"七六七六式"的长隔对，又有"差于近则失于远，正于上则平于下"这样的句内对仗；而且七言对句在三百余字的篇幅当中竟然达到了五组，这在宋律赋中是较为少见的现象，抑或是夏竦琢炼句式，在律赋中引入诗歌句式节奏的尝试。从该赋所论之理来看，也可以算得上言之成理，得事理之正。《宋史·夏竦传》谓其："资性明敏，好学，自经史百家、阴阳律历，外至佛、老之书，无不通晓。为文章，典雅藻丽。"就学识之广博来讲，夏竦与杨亿有相似之处，但杨亿笔力雄健，无施而不可，而夏竦之典雅与藻丽却不能融为一体，典雅以谓政论之赋可也，以之论体物类律赋则不可；而以"藻丽"评其体物类律赋则恰如其分也。

　　文彦博（1006—1097），天圣五年进士及第，当年知贡举者为刘筠，其年少时期正当西昆风气浓厚之时。明王世贞论其诗云："文潞公承杨、刘之后，诗学'西昆'，其妙处不减温、李。"①是知文彦博诗深受西昆风气濡染，其赋亦然。文彦博《潞公文集》收律赋达十七篇之多，李调元推重文彦博之律赋，称为宋律赋之"正则"，并谓："宋文彦博《鸿渐于陆赋》云：'翻迅羽以嗈嗈，弋人何慕；仰层峦而岌岌，阳鸟攸居。'运成语如自己出，又'将候雁以同宾，羽翮既就；与时龙而共起，鸢雀焉知。'则自然合拍，并忘其为成语也。"②"运成语"，此正是西昆体律赋的典型特征。晏殊、晁宗悫等编选美文、美字粹语之书，其影响之一就反映在律赋多用前人成语上。当然能像文彦博这样化用成语如己出的，当属西昆体律赋中的上品了，更多的人则是食古不化，"多用古人语，及广引故事以炫博学，而不

---

① 王世贞《池北偶谈》卷十四。
② 李调元《赋话》卷五。

思述事不畅"①。

## 四、"佑文"与"崇儒"：西昆与科场文风的幕后推手

西昆文风的出现，不是一群馆阁词臣的天才创意，而是与宋初社会政治、经济发展息息相关。笔者在整理宋初科举政令时发现，此间朝廷对科举和文学的导向有一个由"佑文"向"崇儒"的转变，而真宗朝正是这种转变的重要节点。关于宋初之"佑文"与"崇儒"，学界已有清楚的认识。笔者在此想要特别指出的是，西昆文风的出现正处于国家文教政策重心由"佑文"向"崇儒"转变的时期，这既可以从太宗、真宗朝关于科场的诏令中看出。雍熙二年，宋太宗下诏"国家设俊造之科，启公平之路，务要艺实，以副勤求"②，真宗景德四年则谓"国家儒学斯崇，材能是选"③，大中祥符二年称"朕恢崇儒术，博访贤能"④，从"艺实"到"儒学"，诏令中的措词已悄然显示了国家文化导向的迁转。这在时人的诗文中也有所揭示，杨亿在为章群落第所写的诗中有云："九天下诏崇儒术，好绝韦编待至公。"⑤是知，杨亿等对于"崇儒术"的政策导向有清晰的认识，这当然会反映到他的诗文创作中。

真宗甫一即位，对于太宗时期取士"泛进而骤用"的反思就开始了。除了前文述及的王禹偁提出"科举取人太易，应艰难其选"之外，孙何也通过总结唐代科举考试"失在礼部，得于制举"⑥，委婉提出应控制贡举取士规模，大开制科取人。又咸平五年，张知白

---

① 欧阳修《文忠集》卷一百三十《苏氏四六》。
② 徐松《宋会要辑稿·选举》三。
③ 徐松《宋会要辑稿·选举》三之八。
④ 徐松《宋会要辑稿·选举》一四之二〇。
⑤ 杨亿《武夷新集》卷七。
⑥ 孙何《上真宗请复设制科》，《历代名臣奏议》卷八十二。

奏议指出,进士科考试应以经史百家书为重,科场衡文应"责治道之大体,舍声病之小疵","不以广记隐奥为博学,不以善攻奇巧为能文","每至命题,不必使出于典籍之外,参以正史"①。首次提出在科举中实现"崇儒"的方法,那就是通过以经史命题来对举子所读之书进行规范和限制。此外,张知白所指的"广记隐奥"、"善攻奇巧"与西昆体的特征十分吻合,这一方面说明,科场文风是西昆体酝酿、发生的基础;另一方面,西昆文风的传播并不以《西昆酬唱集》的结集为起点,而是早已存在,这也可以解释为什么《西昆酬唱集》一出现即受到疯狂的追捧。

　　事实上,科场中由"佑文"向"崇儒"的转变在淳化三年就已经开始,此年殿试赋题为《卮言日出》,以孙何为首的进士相率扣殿槛,请求说明出处。同年,赐"新及第进士及诸科贡举人《儒行篇》各一轴,令至所,著于壁,以代座右之诫"②。此后科场考试题目渐由过去的时事、谀美向经史转向(参见表2)。而据南宋罗从彦《豫章文集》载:"太平兴国中,太宗谓宰相曰:'……进士须先通经术,遵周孔之教,亦有迭相仿效,止习浮浅文章,殊非务本之道也,当下诏切责之。'"③也就是说,在太宗朝初期,进士须通经术的要求已经存在。时至真宗朝,在更加强调经学的同时,对科场诗赋的评价也由观艺文向观器识转变。宋初科场文章贵敏速,胡旦、苏易简、王世则、梁颢、陈尧叟皆以所试先成擢上第,由是士争习浮华,尚敏速④。雍熙二年殿试,程颢以先进卷为状元,同年殿试落第,洪湛以"文采遒丽",特升为第三人。但淳化三年的钱易却因先进卷被黜,而钱易在多年后,还被苏易简赞为与李白相仿佛的人

---

① 李焘《续资治通鉴长编》卷五十三。
② 徐松《宋会要辑稿·选举》二。
③ 罗从彦《豫章文集》卷三。
④ 徐松《宋会要辑稿·选举》七之五。

物，以至太宗想要以白衣召置禁林，可见钱易文学才华是非常出众的。“钱易被黜”事件的标志性意义在于，标示了科场衡文由贵敏速向重德行器识的转变，其潜在的线索则是由“佑文”向“崇儒”的转向。然而，尽管朝廷试图扭转文化风向，但初期还仅限于空头的号召，并没有详尽的指示和可行的措施。景德四年，夏竦等人试贤良方正，其所试策题有：“六籍之存，日星为喻；百氏之说，爝火攸同。恶实尚华，实繁厥类；斫雕为朴，岂无其时？欲使薦绅之民，并宗经术；青衿之士，专习圣言。能黜异端，俟闻谠论。贡举之设，茂异斯求，爰自唐朝，独考辞赋。虽云小辨破道，壮夫耻为，然而定妍否于有司，观工拙于作者，苟或舍兹衡石，诚虑失之毫厘。将俾俊乂用章，文风丕变，其用何术，以副虚怀。”[①]众所周知，制科策题往往联系政治现实，考察应试者对于时政的处理能力。由此可知，景德年间，上述策题中涉及的“崇儒”与“科举改革”问题是施政者极为关注的。两者在这里被一起提出，说明二者实有内在关联，是一个问题的两个侧面，“崇儒”是核心目标，而科场是实施“崇儒”的主要场域。这种风气转向之初的模糊状况，也反映在科场的主考官衡文的标准上。景德二年殿试，贾边注疏引用不确，李迪犯落韵，在权衡二者去取时，主考官认为落韵失于疏忽，而对注疏的错引则是更严重的错误，因此取李而黜贾。这一去取理由说明，此时尽管科场“尊崇经术”，但仅限于谨守注疏的阶段，缺乏对经典的质疑与反思的精神。在这种情况下，科场诗赋或广引经史成语，或融铸经史，自出新语，皆是顺应朝廷文化风向的表现，西昆文风中广引故实以炫博学，也是此种导向的结果。尽管朝廷有明文“恢崇儒术”，但并未对经学各科有明显的促进。至少程戡在天禧年间，弃春秋三家之学，转而考进士的选择说明，由于进士科恩遇特隆，“崇儒”的实效在科场主要表现为进士科更重经史之学的文学传译，而非

---

① 夏竦《文庄集》卷十二。

提升诸科的地位。程戡神道碑铭记载:"公初亦传三家之学,既习通矣,而委之曰:君子惟多识前言往行以蓄其德,奚事一经,遂博综艺文。天禧中,杨文公亿典礼部贡举,时推文宗,尤以藻鉴自任,考试进士精甚。见公程文,大器赏之,遂为举首,及廷试亦在第四,于时公之名动天下。"①此事件一方面说明,由于古代信息传递不畅,所以作为举子的程戡在天禧年间仍执"多识前言往行以蓄其德"的观念,这明显滞后于此时朝廷的科场导向;另一方面,杨亿之所以对程戡之作大为器赏,应与其文章所透露出的深厚的经学修养有关。

**表2:宋初殿试诗、赋、论题目列表**

| 年代 | 诗题 | 赋题 | 论题 |
|------|------|------|------|
| 太平兴国二年 | 主圣臣贤 | 训兵练将 | |
| 太平兴国三年 | 二仪合德 | 不阵而成功 | 登讲武台观习战 |
| 太平兴国五年 | 明州进白鹦鹉 | 春雨如膏 | 文武何先 |
| 太平兴国八年 | 鹦䳵上林 | 六合为家 | 文武双兴 |
| 雍熙二年 | 烹小鲜 | 颍川贡白雉 | 玄女授兵符 |
| 端拱元年 | 冰壶 | 暑月颁冰 | |
| 端拱二年 | 五色一何鲜 | 圣人不尚贤 | 禹拜昌言 |
| 咸平三年 | 崇德报功 | 观人文以化成天下 | 为政宽猛先后 |
| 景德二年 | 德輶如毛 | 天道犹张弓 | 以八则治都鄙 |
| 大中祥符元年 | 明证定保 | 清明象天 | 盛德大业 |
| 大中祥符二年 | 神无方 | 大德曰生 | 升降者礼之末节 |
| 大中祥符四年 | 神以和来 | 礼以承天道 | 何以为大道之序 |

　　宋初古文运动一度将杨、刘时文作为对立面,以石介为代表,

---

① 张方平《乐全集》卷三十六。

其《怪说》称杨亿文章为："刬镂圣人之经,破碎圣人之言,离析圣人之意,蠹伤圣人之道。"①窃以为,石介所斥实则反映的是文教重心由"佑文"向"崇儒"转变过程初期,对经学知识的爱重,其脱胎于宋初以来的重学风气,因此其一度表现为"以儒饰文"。何以杨亿等人的文章有"刬镂"、"破碎"、"离析"及"蠹伤"之弊,皆缘于"崇儒"的方式未明,而"佑文"的余烈尚存,西昆诗文对经史的重视,其目的还在于"发为丽藻"。真宗朝进士的名称前通常会冠以"服勤词学,经明行修",从中可以清楚地看到真宗朝文化导向虽渐重儒学,但文章词学仍居重要地位的状况。故而吴渊《鹤山集原序》论西昆体有云:"始也,厌五季之菱苶,而昆体出,渐归雅醇,犹事织组,则杨、晏为之倡。"②"雅醇"与"织组"看似矛盾的两种特质共存于西昆体中,雅醇体现为对学问、器识的推崇,而"织组"则表现为文辞的华丽与对偶的精巧。此正因为"佑文"与"崇儒"二者尚未浑融,或者说"佑文"与"崇儒"还没有找到一种最佳的载体和表现形式。故欧阳修自道早年所作时文"皆穿蠹经传,移此俪彼,以为浮薄,惟恐不悦于时人,非有卓然自立之言如古人者"③。这是儒学在朝廷的强力推动下兴起,而"载道"之古文在科场尚未取得主导地位,因而此时儒学内容的文学化呈现出"穿蠹经传,移此俪彼",是一种"以儒饰文"的状态。直到大中符二年的《戒约属词浮艳令欲雕印文集转运使选文士看祥诏》才清晰地指示了"文"的正确发展方向:"夫博闻强识,岂可读非圣之书;修辞立诚,安可乖作者之制。必思教化为主,典训是师,无尚空言,当遵体要。"④尽管此诏之下达有特定的时事背景,但也深刻反映了宋初以来文教政策由"佑文"到

①　石介《徂徕石先生文集》卷三。
②　魏了翁《鹤山集》卷首载吴渊《鹤山集原序》。
③　欧阳修《文忠集》卷四十七《与荆南乐秀才书》。
④　宋真宗《诫约属辞浮艳令欲雕印文集转运使选文士看详诏》,载曾枣庄等编《全宋文》,第 6 册,第 341 页。

"佑文崇儒",再到"崇儒佑文"的历程,体现出文教政策逐渐清晰,并渐渐有章可依。因此,共同处于这一文教政策指导之下的翰苑与科场,势必互相作用、共同推动文风的转变。

西昆体在当时能取得"天下向风"的传播效果,实得益于科场的放大效应。西昆文士藉由其所掌握的取士权和文学话语权,将其所主导的文学风气以史无前例的规模传播开来,并深刻地影响了宋代文学的发展。这种巨大影响力的发生,不能不归功于科场试子对西昆文风的追逐与传播。西昆风格的律赋是宋律赋在师法唐赋基础上的第一次自成风格,虽然还明显地带有不成熟、不圆融的稚气,但由萎苶至雅醇,由风云草木到典章制度,西昆体律赋初步显示了宋初文教政策导向的成就,为宋体律赋进一步走向"典则"打下了基础。庆历中,改革派范仲淹、欧阳修等提倡的白居易、独孤绶之赋,实际也是推崇唐代贞元、元和文风,其近源似可追溯至杨亿文章之"贞元、元和风格"。不仅律赋如此,宋代古文的发展也在与科场的交融与疏离中完成了历史的蜕变,详论参本书第八章。

# 第二章 论庆历"太学新体"
## ——兼论欧阳修对"太学新体"形成之推动

北宋时期的"太学体",有庆历"太学新体"与嘉祐"太学体"之别,朱刚先生《"太学体"及其周边诸问题》一文对此已有清楚的分析。然而迄今为止,学者几乎众口一词地认定"太学体"是一种古文。对庆历"太学新体"研究最为深入的当属祝尚书先生的《北宋"太学体"新论》一文,祝先生也认定"太学新体"是指"论"一类的古文。但笔者在细读相关文献材料时发现,庆历"太学新体"所指称的对象中,应该包括科场律赋,而不是学者们通常认为的仅指策、论类古文。而且"太学新体"的形成与庆历学风有密切联系,欧阳修则直接推动了"太学新体"的形成。张方平打击"太学新体"的意义更多地限于科举范围内,而缺乏文学上的导风引流的价值。

## 一、"太学新体"主要指散化之律赋

关于"太学体"究竟指的是什么,自曾枣庄先生《北宋古文运动的曲折过程》指出嘉祐"太学体"是一种古文后,葛晓音、东英寿、祝尚书诸先生相继有文章对"太学体"作出辨析,都认同"太学体"是一种以"奇涩险怪"为主要特征的古文,并且与北宋古文运动进程联系起来,肯定了张方平、欧阳修对文风流向的引导之功①。然而朱刚先生近来研究指出,庆历"太学新体"与嘉祐"太学体"之间并无直接的承继关系,那么此前关于"太学体"就是古文的判断也应该重新审视,尤其是研究较为薄弱的庆历"太学新体"。

庆历六年二月二十八日,张方平在协助孙抃完成当年的贡举评卷工作后,即以贡院的名义上奏,请求诫励天下举人文章。在这份奏章中,张方平将当时以"怪诞诋讪"、"流荡猥烦"为特征的科场文章称为"太学新体",并简要陈述了这种文体的源流所自及具体表现。然而细读张方平的这份奏章,我们却不难发现,张方平批评的"太学新体"很明显包括了律赋、策、论三种科场文章:

> 今贡院考试诸进士,太学新体间复有之。其赋至八百字已上,而每句有十六、十八字者;论有一千二百字以上;策有置所问而妄肆胸臆,条陈他事者。②

其中,律赋被放在了首要的位置上,对其具体特征的陈述也较论、策为详,这似乎显示了律赋在"太学新体"中的代表性地位。当然北宋熙宁以前省试三场,第一场诗、赋,第二场论,第三场策,所以张方平按这样的顺序来陈述,也许并无轻重之意。但是笔者注意到,张方平在上奏中说:"朝廷恶其然也,故下诏书,丁宁诫励,而学者乐于放逸,罕能自还。"③也就是说,在张方平之前,朝廷已有诏

---

① 参见曾枣庄《北宋古文运动的曲折过程》,《文学评论》1982 年第 5 期;葛晓音《欧阳修排抑"太学体"新探》,《北京大学学报》1983 年第 5 期;东英寿《复古与创新——欧阳修散文与古文创新》,上海古籍出版社,2005 年;祝尚书《北宋"太学体"新论》,《四川大学学报》,1999 年第 3 期。

② 张方平《乐全集》卷二十《贡院请诫励天下举人文章》。张方平皇祐中曾知贡举,但此文云"复预文衡",应为庆历六年春,参见《续资治通鉴长编》卷一百五十八。

③ 张方平《乐全集》卷二十《贡院请诫励天下举人文章》。

书加以规范。的确，在庆历五年年初，朝廷应时权判贡院的杨察之请下诏"科场旧条"，"一切无易"①，将庆历新政中"精贡举"的相关举措通通废止，并对举人"诗赋即以汗漫无体为高，策论即以激讦肆意为工"提出严厉批评。李焘《续资治通鉴长编》在载录杨察该奏文后又注云："本志又于此诏后书张方平知举，请下诏戒辞赋新体。"②李焘将张方平所指斥的"太学新体"直称为"辞赋新体"，至少在他看来，当时的科场律赋是最能代表"太学新体"的，张方平批驳的也主要是律赋，而非论、策。李焘是南宋人，他的理解也许不够准确。但哲宗元祐七年范祖禹上奏亦云：

> 往时开封举人路授倡为长赋，几千言，但为浮辞，不求典要，当时能文者往往效之，得张方平摈斥而其文遂正。嘉祐初，刘几辈喜为怪僻，得欧阳修革去，而其风复雅。③

这恐怕是最早将张方平与欧阳修扭转文风事件并置的文献了。范祖禹说得非常清楚，张方平摈斥的是长赋，而开封举人路授则是写

---

① 《续资治通鉴长编》卷一百六十四隶杨察上奏于庆历八年四月，并附注称："五年三月己卯，已诏贡院所试诗赋、经义并如旧制。本志以为杨察建议，而《实录》但云上封者言新制不便，不出主名。八年四月丙子，又下诏，乃具贡院申请。贡院申请，即本志所书杨察初议也。按察本传，察权判贡院，初建此议，当五年三月，既已施行。八年四月贡院复申请，其议则实察五年所建者，但不知此时察仍判贡院，或已罢尔。今两存之。仍于此年依《实录》不出察主名。本志又于此诏后书张方平知举，请下诏戒辞赋新体。按方平以六年二月知举，本志误矣。"按杨察上奏称"今秋赋在即"，此语置于庆历五年和庆历八年皆无不妥，只是如果说此文始作于庆历八年，那么杨察似乎没有必要在文中历数庆历科举改革中诸项不是，因为庆历五年已诏科场旧条，一切无易，且庆历五年，杨察权判贡院，其条奏此事正属理所应当。故笔者以为此奏本应首上于庆历五年，而庆历八年复申前旨而已，否则张方平庆历六年的上奏中不会称："朝廷恶其然也，故下诏书，丁宁诫励，而学者乐于放逸，罕能自还。"

② 《续资治通鉴长编》卷一百六十四。

③ 《续资治通鉴长编》卷四百七十二。

作长篇律赋的代表人物,其赋的特征与张方平所指责的律赋特征亦相当一致。作为官方文书,对于本朝事实的表述应当是严谨的。而且就在张方平上书之后,"御史王平又请赋毋得过四百字"①,虽然王平的请求没有得到允许,但也足以见出律赋才是反"太学新体"者最为关注的文体。

祝尚书先生据张方平的上书,把"太学新体"的形成过程归纳为:"一是景祐元年的科举考试,这是起点;二是'尔来'的滋生蔓延;三是太学建立之后石介的作用,是'太学体'的正式出笼,也是它的极盛时期。"②并引用了景祐元年殿试之前颁布的一份诏书,其文云:

> 三月一日,贡院所试进士,除诗、赋依自来格式考定外,其策、论亦仰精研考校,如词理可采,不得遗落。赋如欲不依次押官韵者听。③

祝先生认为:"从上引三月一日的诏书可以看出,诗赋'依自来格式考定',而对策、论,似乎有所更改。殆由于此,某些士子的怪僻文风得以乘机而入,一变传统的体式,故称之为'变体'。""《积善成德论》'言切规谏,冀以感寤人主',盖它能紧密联系时事政治,改变了论题的惯有作法,故有'变体'之称。"④的确,朝廷在景祐元年殿试前强调要对策、论精研考校,但并没有对其格式要求作出变更,倒是对律赋的格式要求有所松动,允许不依次押官韵,这是非常明确,而且难得的变化。自太平兴国三年九月,宋太宗下诏"律赋平

---

① 《续资治通鉴长编》卷一百五十八。
② 祝尚书《北宋"太学体"新论》,《四川大学学报(哲社版)》,1999 年第 3 期,第72 页。
③ 《宋会要辑稿·选举》三之一七至一八。
④ 祝尚书《北宋"太学体"新论》,《四川大学学报》,1999 年第 3 期,第 73 页。

仄,依次用韵"后,考官出题必定四平四仄,而景祐元年则放松了对这一施行了五十多年的定规的执行。事实上,早在天圣五年正月朝廷已诏:"贡院将来考试进士,不得只于诗赋进退等第,今后参考策论以定优劣。"①但是,就在两年后,朝廷又有诏:"自今试人,令学士、舍人院试诗赋如旧制。"原因是:"近岁所试策论,其文汗漫难考也。"②而景祐元年又重申"兼考策论"。说明在仁宗朝前期,关于进士科考试科目的轻重轩轾是热议的话题,支持诗赋与支持策论的两股力量此消彼长,难分胜负。缘此,似不能将景祐元年张唐卿所作的《积善成德论》认定为"变体"的代表,因为他在殿试中还作了《房心为明堂赋》与《和气致祥诗》,它们亦有可能成为"变体"的代表。

又,尽管仁宗朝关于诗、赋、策、论孰重孰轻的争论日益激烈,但在科场评卷过程中,仍然遵行的是以诗赋定去留高下。庆历初,蔡襄上奏云:"臣伏见隋唐以来以进士、明经二科取士,迄今以为永制,进士虽通试诗、赋、策、论,其实去留专在诗、赋。"③去留专决于诗赋的情况直到熙宁前后才有所改变,1068 年,孙觉上奏:"近岁以来,朝廷务以经术材识收揽天下之士,有司往往阴考论、策以定去留,不专决于诗、赋。"④即便是在仁宗朝末年,有司也只能"阴考策、论以定去留",而不是公然行之⑤。以庆历二年的状元杨寘为例,晁说之将其赋与宋祁、范镇并论,称"国家之初尚诗赋,而士各

① 徐松《宋会要辑稿·选举》三之一五《科举条制》。
② 李焘《续资治通鉴长编》卷一百七。
③ 杨士奇《历代名臣奏议》卷一百六十五。
④ 杨士奇《历代名臣奏议》卷一百六十六。
⑤ 葛晓音《欧阳修排抑"太学体"新探》认为:"据《宋会要辑稿》卷一〇六四一,张方平庆历六年知贡举,王珪皇祐五年知贡举,可知从庆历到嘉祐十多年间,科场考试基本上以经义试策为主,便于述经的古文也就因此大行于世。"事实上,神宗熙宁三年以前,进士科诗、赋、策、论,虽有帖经墨义,但从来不曾考校,而且在进士四当中,诗赋仍然占据决定性位置,策的地位还并非如上文所称"科场考试基本到经义试策为主"。

精于诗赋,如宋祁、杨寘、范镇各擅体制"①。要说明的是,这里的"诗赋"特指科场诗赋,所谓"国家之初尚诗赋",即指北宋前期进士科以诗赋定去留的情况。宋祁为天圣二年的准状元②,范镇为景祐五年的省元,与杨寘一样精于科场律赋。而且《默记》载杨寘中状元的始末云:

> 庆历三年③御试进士,时晏元献为枢密使,杨察,晏婿也,时自知制诰避亲,勾当三班院。察之弟寘,时就试毕,负魁天下望。未发榜间,将先宣示两府,上十人卷子。寘因以小赋求察,问晏公已之高下焉。晏公明日入对,见寘之赋已考定第四人,出以语察。之察以报寘,而寘试罢与酒徒饮酒肆,闻之,以手击案叹曰:"不知那(哪)个卫子夺吾状元矣!"④

律赋亦称"小赋"。晏殊由于事前已知悉杨寘赋卷的内容,所以借入对的机会翻看试卷,发现该赋已考定为第四名,便立即出来告诉杨寘的哥哥杨察。可见直到庆历科举改革呼之欲出之时,殿试仍然是以律赋定等第高下而毫无松动的迹象,否则晏殊应再了解杨寘诗、论的成绩,方能得出结论。由此,我们很难想像在早前的景祐元年,殿试会以"论"之精粗来考定状元。而且,考察景祐元年诏书的措词,其云"策、论亦仰精研考校,如词理可采,不得遗落"。意在提示考校者兼顾策论,其重点在于"不得遗落",这与直接凭某人策论优异就将其考在第一是有相当距离的。又《宋史》载张唐卿:"少有学行,年十七,以书谒韩琦,琦甚器之。与黄庠、杨寘自景祐

---

① 《御选古文渊鉴》卷五十六,晁说之《元符三年(1100年)应诏封事》。

② 《宋史》卷二百八十四《宋祁传》载:"祁字子京,与兄庠同时举进士,礼部奏祁第一,庠第三。章献太后不欲以弟先兄,乃擢庠第一,而置祁第十。"

③ 应为庆历二年。

④ 王铚《默记》卷下。

以来,俱以进士为举首,有名一时。"①能与杨寘、黄庠一样,有名一时,想来其科场律赋的水平亦不俗,也有凭赋考中状元的实力。只是,宋人尤其是北宋中后期及南宋的人,往往羞于言及自己的科场程文,而其中又尤以律赋为甚,大有"悔其少作"之意,因之褒赞某人的科场律赋写得好,也不是一种妥当的做法。因此,不仅宋代律赋留存较少,就是相关的评述亦寥寥可数,与有宋三百年考赋的历史很不相称。

　　虽然在张方平上奏以前,关于诗、赋、策、论优劣的讨论已经非常热烈,但在科场的实际考校中,仍然严格遵循着诗赋取士的旧制。据《梦溪笔谈》载,欧阳修嘉祐四年是据刘几的《尧舜性之赋》将其取在第一的②。如果沈括之言不诬,那么嘉祐中进士科还主要是考察应举者的律赋,故苏轼谓:"昔祖宗之朝,崇尚辞律,则诗赋之工曲尽其巧;自嘉祐以来,以古文为贵,则策论盛行于世,而诗赋几至于熄。"③也就是说古文真正在科场中占据中心地位,还是在嘉祐以后。林岩先生也指出:"写作策论在仁宗朝的末期开始成为了士人阶层新的流行风气。"④因此可知,张方平所摈斥的"太学新体",其代表文体是律赋,而不是大家习知的论、策类古文。那么,同样是对庆历太学文风的批评,为什么杨察称"自二年以来,国子监生诗赋即以汗漫无体为高,策论即以激讦肆意为工"⑤,明确将庆历二年作为文风变改的起点,而张方平却将其上溯到景祐元

---

　　① 《宋史》卷四百四十三《孙唐卿传》。
　　② 沈括《梦溪笔谈》卷九:"是时试《尧舜性之赋》,有曰:'故得静而延年,独高五帝之寿;动而有勇,形为四罪之诛。'公大称赏,擢为第一人,及唱名,乃刘辉。人有识之者曰:'此刘几也,易名矣。'公愕然久之,因欲成就其名,小赋内有:'积安行之德,盖禀于天。'公以谓'积'近于学,改为'蕴',人莫不以公为知言。"
　　③ 苏轼《东坡后集》卷十《拟进士对御试策并引状问》。
　　④ 林岩《北宋科举考试与文学》,上海古籍出版社,2006年,第312页。
　　⑤ 李焘《续资治通鉴长编》卷一百六十四。

年呢？要解决这个问题，需要将此次事件置于庆历新政前后的大背景下来考察。

## 二、"太学新体"与庆历二年

庆历五年三月，时权判贡院的杨察上奏，历数庆历科举条制的三项不便：乡试行保举法，滋生请托之风与避责敷衍之行；省试先策论、后诗赋，致考校时难以升黜；律赋仿唐人赋体，不限联数，不限字数，致律赋汗漫无体。文末又谓："自二年以来，国子监生诗赋即以汗漫无体为高，策论即以激讦（揭发别人的隐私或短处）肆意为工，中外相传，愈远愈滥。非惟渐误后学，实恐后来省试，其合格能几何人！伏惟祖宗以来，得人不少，考较文艺，固有规程，不须变更，以长浮薄，请并如旧制。"杨察对"太学新体"特征的表述，虽然用词与张方平略有不同，但其意思完全一致。总结起来就是两点，一是汗漫无体、流荡猥烦，即所谓的"不限联数，不限句数"，"其赋至八百字已上，而每句有十六、十八字者；论有一千二百字以上"，篇幅太长，逾越规矩，此就形式而言；二是激讦、诋讪，即所谓"策论虽有问目，其间敷对，多挟他说"，"策有置所问而妄肆胸臆，条陈他事者"，此就内容而论。杨察此议实际上将当时文风的变化归过于庆历科举改革，而他所指的文风丕变的起点——庆历二年，正是庆历新政的主要人物开始活跃于京城政治舞台的时候。这与张方平称"至太学之建，直讲石介课诸生，试所业，因其所好尚，而遂成风"不同，太学建立是在庆历四年四月①，与杨察所言之二年有两年的

----

① 李焘《续资治通鉴长编》卷一百四十八："（庆历四年四月）壬子，判国子监王拱辰、田况、王洙、余靖等言：'首善当自京师，汉太学二百四十房、千八百余室、生徒三万人，唐学舍亦一千二百间。今取才养士之法盛矣，而国子监才二百楹，制度狭小，不足以容学者，请以锡庆院为太学，葺讲殿，备乘舆临幸，以潞王宫为锡庆院。'从之。"

时间差。然而笔者检索张方平《乐全集》，发现他所言之太学，其实是指国子监。张方平在李宥墓志铭序中说："再典太学考试，皆首送杨寔，寔竟廷试第一。"①杨寔为庆历二年状元，那时太学尚未建立，因此张方平此处之"太学"，实际上就是指国子监。但张方平奏状中明确指出为"太学之建，石介课诸生"，似明确指出是庆历四年。但庆历二年闰九月，应王洙之请，诏国子监生须听读满五百日，乃得解荐，改变了国子监仅为寄应之所的状况，一个月后，石介任国子监直讲。因此，将"太学之建"理解为庆历二年国子监立听读条例似乎更符合张方平的原意。否则我们很难想像，"太学新体"能在不到一年②的时间里就成燎原之势。而且，就在庆历四年十月，石介便在"众人皆欲杀"的危迫情势下离开京城，其即使入主太学，也仅只半年时间。因此要将文风丕变的责任归诸石介，恐怕于理不通。所以，杨察与张方平对"太学新体"流行时间的认识实际上还是一致的，所不同的只是张方平坐实了石介的责任，而杨察则将责任归咎于庆历科举革新。

庆历二年对于庆历党人而言确实是一个关键的时期，在这一年，富弼两度出使辽国，以强硬的态度拒绝了辽朝要求退还关南十县的无理要求，取得了对辽外交的重大胜利。范仲淹建立大顺城，巩固了对西夏的边防线。欧阳修正月任别头试考官，三月进献《拟御试应天以实不以文赋》，有勅奖谕，四月差同知礼院。而就在这年夏天，石介受杜衍的再次推荐，担任国子监直讲，开始了他近三年的国学教员的生活。而即将被仁宗任命为谏官的王素，庆历二年也正同判国子监。而关于科举变革的议论此时也已成为朝廷议

---

① 张方平《乐全集》卷三十九《朝请大夫守太子宾客判南京留守司御史台柱国平凉县开国伯食邑九百户赐紫金鱼袋陇西李公（宥）墓志铭并序》。

② 太学建立于庆历四年四月，杨察上奏时间为庆历五年三月，故前后不到一年时间。

政的焦点①。庆历二年二月,富弼上言论"省试有三长,殿试有三短"②,因诏罢殿试,虽三日后即诏复殿试如旧,但开启了贡举制度改革的先声。闰九月,应天章阁侍讲王洙之请,"诏国子监生自今须听读满五百日,乃得解荐"③。这改变了国子监此前"科场罢日,则生徒散归,讲官依席"④的散漫状态,客观上也为石介等国学教员们发挥其影响创造了条件。

此间,不仅富弼、欧阳修、蔡襄、王珪等连连上章推动科举变革⑤,就连被石介目为"妖魅'"的夏竦也有奏章,请诗、赋、策、论通考以定去留⑥。在这些奏章中,关于兴建学校,先策论、后诗赋,放松律赋的声律要求,去封弥、誊录等问题,都得到了深入的探讨。显然,这些新兴的观念不会仅仅只停留在朝堂上,那些正准备参加贡举考试的举子无疑对此是最为关注的,而举子聚集的国子监当然更是得风气之先。所以,尽管庆历科举新制在庆历四年才正式颁布,但新制的实际影响早已发生。因而,杨察认为庆历二年是国子监风气转关之时并非妄言。事实上,庆历二年欧阳修进《拟御试应天以实不以文赋》对于学风的影响,或许比石介任国子监直讲更具标志性意义。

---

①　宝元中,仁宗即以进士诗、赋、策、论先后,咨访于学士李淑,并让李淑以故事对,(参见《宋史》卷一百五十五,《续资治通鉴长编》卷一百三十五)意在寻找历史根据。是知,庆历前关于科举变革的议论已不乏其人,以至仁宗寻求变革依据。又庆历元年时为右正言、知制诰的富弼上奏论取士之道,欲复三代两汉专求行实的取士之道。

②　李焘《续资治通鉴长编》卷一百三十五。

③　李焘《续资治通鉴长编》卷一百三十七。

④　徐松《宋会要辑稿·崇儒》一之二九。

⑤　杨士奇《历代名臣奏议》卷一百六十四、一百六十五。

⑥　杨士奇《历代名臣奏议》卷一百六十四。

### 三、欧阳修对"太学新体"形成的推动

吕肖奂先生《欧阳修对奇险风格的矛盾态度——兼论其对太学体形成的影响》一文指出:"庆历时期正是'太学体'形成并逐渐兴盛的时期,欧阳修盛赞石介对太学的贡献,肯定石介的文章,加上这一时期他对奇险诗风的推崇、他的一些效仿韩、孟的诗歌创作,无疑对当时日益怪异的'太学体'(包括诗、赋、策、论)有间接甚至直接的影响,对仁宗时期(尤其是庆历年间到嘉祐初)日益兴盛的怪异思潮起到过推波助澜作用。"①吕先生论证了欧阳修早期诗风的"奇险"对庆历"太学新体"的影响,可谓别具只眼,但指认欧阳修对"太学新体",尤其是律赋的影响还有更直接的依据。

庆历二年正月,当时任集贤校理的欧阳修被差遣担任别头试考官,参加别头试的都是与知举官有亲嫌的举人,人数不太多,但任别头试考官的经历将为以后正式担任贡举考官打下基础,所以其意义也不容忽视。大概是因为刚担任过考官,对考试内容较为关注,欧阳修在获知殿试的赋题后,随即拟赋一篇并上呈仁宗皇帝。但欧阳修素来反对声律之文,天圣三年随州应举时还曾因赋落韵被黜,若无特别的因由,欧阳修如此反常之举实在让人难以理解。

关于进赋的原因,欧阳修在献赋的状文中有清楚的说明:

> 臣伏睹今月十三日御试《应天以实不以文赋》,题目初出,中外群臣皆欢然,以为至明至圣,有小心翼翼事天之意。盖自四年来,天灾频见,故陛下欲修应天以实之事。时谓出题以询

①　吕肖奂《欧阳修对奇险风格的矛盾态度——兼论其对太学体形成的影响》,载《西南民族大学学报》2005 年第 11 期。

多士，而求其直言。外议皆称，自来科场祇是考试进士文辞，但取空言，无益时事。未有人君能上思天戒，广求规谏以为试题者。此乃自有殿试以来，数百年间最美之事，独见于陛下。然臣窃虑远方贡士乍对天威，又迫三题，不能尽其说以副陛下之意。臣忝列书林，粗知文字，学浅文陋，不自揆度，谨拟御题撰成赋一首。不敢广列前事，但直言当今要务，皆陛下所欲闻者。臣闻古者圣帝明王，皆不免天降灾异，惟能修德修政，则变灾为福，永享无穷之休。臣不胜大愿。其赋一首，谨随状上进。①

欧阳修与群臣一样，通过皇帝亲拟的殿试题目，体味出了皇帝欲求直言的用心。同时又担心贡士们碍于种种原因，不能畅所欲言，辜负了皇帝的一片求言若渴之心，所以打破常规，重操旧业，拟赋一首进呈。欧阳修称自己的赋"不敢广列前事，但直言当今要务"并非虚言，试引其文中一段以证之：

若国家有阙失之政，则当频见于众灾；欲人主知戒惧之心，所以保安于万乘。臣请述当今之所为，引近事而为证。至如阳能和阴则雨降，若岁大旱，则阳不和阴而可推（去年大旱）；阴不侵阳则地静，若地频动，则阴干于阳而可知（去年河东地频动）。又如黑者阴之色，晦者阴之时，或暴风惨黑而大至，白昼晦冥而四垂（康定元年三月，黑风起，白日晦）。日食正旦，雨冰木枝（今春二月）。如此之类，皆阴之为。

为了说明阴阳不调，则天灾频起的道理，欧阳修尽举时事以证之，而且他唯恐文章不够直白，竟然在文中做起了注释，"阳不和阴"的

---

① 欧阳修《文忠集》卷七十四《进拟御试应天以实不以文赋并引状》。

表现是"去年大旱","阴干于阳"的表现为"去年河东地频动",包括康定元年三月黑风起、白日晦,今春二月的日食与冰雨都是阴盛的表现。文中类似的文句还有很多,比如,"又若西师久不利,宜究兵弊而改作;叛羌久未服,宜讲庙谋之失得","方今民疲赋敛之苦,又值饥荒之年,赀财尽于私室,苗稼尽于农田。劫掠居人,盗贼并起;流离道路,老幼相连"。其用语措词确实堪称"指陈当世阙失,言甚切至"①。传统的律赋,引经据典是其必不可少的手段,即所谓"广列前事","广列前事"可以很好地展示应试者对历史与经典等知识的掌握程度,但却容易使文章流于堆砌,从而缺乏现实关照。欧阳修则是有意识地摒弃传统的做法,"但直言当今要务",把律赋当成章奏来写。

不过令人困惑的是,欧公此赋与《文忠集》中其他十篇律赋相比,无论是内容,还是形式,都相去甚远。以欧阳修天圣八年殿试时所作的《藏珠于渊赋》为例,该赋不仅无一句及于时政,而且句式骈整,篇幅适中,押韵严格按照官韵"君子非贵,难得之物"的顺序,平仄相间用韵,是一篇典型的宋律赋。而《应天以实不以文赋》不仅全言时事,而且句式明显散化,其中不乏长达19字的对句;不按官韵顺序押韵,且有五字不见本字;篇幅较长,共730余字,比较常规的360字,多出一倍多。相较之下,欧阳修此赋可谓变之甚矣。揆以"太学新体"中律赋的特征:"其赋至八百字已上,而每句有十六、十八字者。"②欧赋可以说就是"太学新体"。欧阳修所献赋不仅大异于自己的往常之作,而且与庆历二年廷试者的风格也相去甚远。庆历二年状元杨寘所作赋今不存,但该年另一位居甲科者金君卿的律赋全文俱在,今略引数段如下:

---

① 欧阳发《先公事迹》,见《文忠集》附录卷五。
② 张方平《乐全集》卷二十《贡院请诫励天下举人文章》。

圣人考古建中，握符居上。且谓一细民之行者，当率以正；应上灵之心者，固非可妄。由是宅大顺以昭事，尽至诚而寅亮。遣伪之饰，恶真之丧。天元贵信，我乃抱诚一以相符。天道棐忱，我乃屏浮华而靡尚。

谅夫牧群灵之命，保重蓄之资。顾洪造之非远，奉一心而敢欺？志在顺纪，动皆乘彝。斥虚诬而自任，与精裸以相推。念高明之听卑，率由善应；即真纯而履信，安在文为。

是何天之所应本于诚，民之所顺在乎德。不可以矜怃干民之誉，不可以罔蔽违天之则。所以推以恫恫，奉兹钦翼。矫枉以归正，考宜而建极。对明威而凝命，务达精衷；体正观以宣猷，奚烦末饰。

得非应之以实者，顺天理以惟精；应之以文者，违天心而足明。违之则速彼谴告，顺之则享夫治平。故我悉道钦承之意，都捐矫举之名。至如宋景之言退星，不虚其应；西邻之祭受福，盖主于诚。

由是虑善乾乾，饬躬亹亹。思正直以无贰，逞浮夸而失则。岂期灵贶之鉴祐，保珍图于盛伟。简于上帝，贵其约而不贵其华；崇彼令仪，从其厚而不从其菲。①

"应天以实不以文"一语出自西汉末有名的贤相王嘉之口。汉哀帝时，息夫躬借天象言灾异，挑动干戈，针对此事，王嘉指出："臣闻动民以行不以言，应天以实不以文。下民微细，犹不可诈，况于上天神明而可欺哉？天之见异，所以敕戒人君，欲令觉悟反正，推诚行善，民心说而天意得矣。辩士见一端，或妄以意傅著星历，虚造匈奴、乌孙、西羌之难，谋动干戈，设为权变，非应天之道也。"②正如

---

① 金君卿《金氏文集》卷上《应天以实不以文赋》（推诚在天岂尚文饰）。
② 班固《汉书》卷四十五。

欧阳修献赋状引中所言,仁宗以"应天以实不以文"为题,正有"觉悟反正,推诚行善"之意,而金君卿此赋也切中题目的原意,以"推诚在天,岂尚文饰"为中心,引经史以证,反复辩说,是一篇中规中矩的科场律赋。这是一篇被取在甲等的程文,而且此文的作者金君卿以能文著称,少年时,适逢范仲淹出守饶州(今鄱阳),建州学,金君卿被"延致门馆,议论纵横,闻望卓著"①,其赋又尝被范仲淹"榜于郡庠,以为格式",是知其赋不但写得好,而且得范氏推重。从富临②对其"议论纵横"的评价来看,似亦颇有论才,染有东州党人逸气。又其集中与范仲淹、欧阳修均有唱和,四库馆臣谓其为"一代端人正士",大约此人应当算是站在庆历党人一边的人士。但金赋全文无一语及于时政,语言也较为平和,无特别尖锐的词句;句式骈整,长短适中,全文共 496 字,也比较适度;严格按官题押韵,平仄相间。与欧赋相比,风格迥然不同。这说明欧赋的写法在当时的科场中并不常见,即如受范仲淹赏识的金君卿,其赋亦大异于欧赋。

欧阳修在状词中说,写作此赋是为了向仁宗指陈时政阙失,但是作为朝廷命官,向皇帝陈词上书的机会很多,为什么偏偏要以律赋这种"于治民经国之术了不相关"③的文体来写呢? 显然欧阳修还有更深的用意在其中。宋人的律赋,通常都是作为进入仕途的敲门砖,一旦中举,便弃置不作了。但像欧阳修这样重操赋笔的在北宋还有一人,他就是王禹偁。淳化三年,谪居商州的王禹偁听说当年御试赋题为《厄言日出》,讶于题目之难,遂拟作一篇,并将早年所写的律赋挑选了九篇,编为一集,意在为后学示以门径。欧阳

---

① 参见《金氏文集》富临序,《序》谓"少颖悟,善属文,康定中文正范公出守鄱阳,延致门馆,议论纵横,闻望卓著。"按范仲淹出守鄱阳在景祐三年,守饶州十八个月,故金君卿受学于范氏当在景祐三四年间,富临序误记。

② 富临,秘书监富严长子,富弼的堂兄弟,《中吴纪闻》称其"饱学能文,终池阳守"。

③ 杨士奇《历代名臣奏议》卷一百六十五,蔡襄奏文。

修作为朝臣,不用常规的奏议来表达对时政的意见,而是以律赋来表达,就是要给举子们做出榜样,希望他们力去空言浮辞,大胆写出自己对时事的看法,写出经世致用之文。苏轼在熙宁三年亦有相似的举动①,他于殿试前拟策一篇进呈神宗皇帝,意在"开示四方"。既然是为举子做榜样,其文必当符合当时的考校规范。但是欧阳修此赋若用当时科举程文标准来评判的话,必置被黜之列。然而就是这样一篇极不合规范的赋,居然得到了仁宗皇帝的奖谕。这实在有些令人费解,莫非欧阳修的这篇"变体"律赋反映了庆历律赋变革的呼声,是为庆历科举革新导乎先路?

关于这一点,我们只要将庆历科举新制中有关律赋形式的描述与欧阳修所献之赋进行比照就很清楚了。庆历科举新制的具体条例,《宋会要辑稿》所载最为详尽,尽管在赋的不考式、抹式、点式中,庆历新制对赋仍有声韵、对偶、字数、文理方面的琐细要求,似乎无异于景德科举条制,但其中一条补充说明却显示了庆历科举新制对律赋评判标准的重要改变:

> 旧制,以赋声病偶切之类,立为考试式。举人程试一字偶犯,便遭降等。至使才学博识之士,临文拘忌,俯就规检,美辞善意,郁而不伸。如唐白居易《性习相近远赋》、独孤绶《放驯象赋》,皆当时南省所试,其对偶之外,自有意义可观,非如今时,拘检太甚。今后进士,依自来所试赋格外,特许依仿唐人

---

① 苏轼《拟进士对御试策并引状问》谓:"今始以策取士,而士之在甲科者多以谄谀得之,天下观望,谁敢不然。臣恐自今已往,相师成风,虽直言之科,亦无敢以直言进者。风俗一变,不可复返。正人衰微,则国随之,非复诗、赋、策、论迭兴迭废之比也。是以不胜愤懑,退而拟进士对御试策一道,学术浅陋,不能尽知当世之切务,直载所闻。上将以推广圣言,庶有补于万一,下将以开示四方,使知陛下本不讳恶切直之言。风俗虽坏,犹可以少救。"

赋体。①

也就是说，庆历新制既允许按旧规则写作律赋，也允许依仿唐人赋体写作。"唐人赋体"范围非常宽泛，且唐代律赋发展在各个时期特征亦各自不同。不过，庆历科举条制所谓"唐人赋体"是指以白居易、独孤绶等为代表的中唐律赋。此外《续资治通鉴长编》记载神宗与王安石的一段对话，也谈到了"唐人赋体"及其代表作品。"（神宗熙宁九年五月）上（宋神宗）又论范仲淹欲修学校贡举法，乃教人以唐人赋体《动静交相养赋》为法，假使作得《动静交相养赋》，不知何用？"②在神宗眼里，白居易的《动静交相养赋》正是庆历革新者所树立的律赋范本。白居易的《性习相近远赋》今不传，而《动静交相养赋》与独孤绶《放驯象赋》则全文俱在。此两赋从形式方面来看，首先，白赋不以八韵为常，更勿论平仄相间了，独孤绶赋虽八韵，却不以平仄相间为序。这主要是由于唐律赋限韵的规则尚无定制，唐代试赋限韵的具体情况在洪迈《容斋随笔·续笔》卷十三"试赋用韵"条有详细说明。其二，文字平易流畅，无一处明显的藻饰或拼凑之语。其三，对偶以散化的长句对为特色，并大量运用虚词，将散句的精神蕴藏在长对句当中，如："所以动之为用，在气为春，在鸟为飞，在舟为楫，在弩为机。不有动也，静将畴依？所以静之为用，在虫为蛰，在水为止，在门为键，在轮为柅。不有静也，动奚资始？"李调元《赋话》评此赋云："通篇局阵整齐，两两相比，此调自乐天创为之。"③尽管邝健行先生指出，类似这样的长句对在代宗大历十二年杨系的科举程文中已出现，但显然宋人认为此类长对句最有代表性的还是白居易。欧阳修《应天以实不以文赋》中

----

① 徐松《宋会要辑稿·选举》三之二四至二九《科举条制》。
② 李焘《续资治通鉴长编》卷二百七十五。
③ 李调元《赋话》卷二《新话二》。

亦有三十八字的长联,如:"至如阳能和阴则雨降,若岁大旱,则阳不和阴而可推;阴不侵阳则地静,若地频动,则阴干于阳而可知。"①尽管白居易、独孤绶的律赋在形式规则方面较宋律赋宽松,但句式的骈整,篇幅的大小还是合度的,倒是欧阳修的献赋在散化程度、篇幅、声律规则等方面"变本加厉",可谓"青出于蓝而胜于蓝"。

而在内容方面,欧赋颠覆了律赋但为"空言之文"的陈说,以"讽谏"精神支起律赋的脊梁。汉大赋有"劝百讽一"、"曲终奏雅"的传统,但效果上往往是"不讽反劝"。欧阳修在《应天以实不以文赋》的结尾处写道"赋者,古人规谏之文"②,将规谏作为赋体的基本功能,这种解释可以算得上是对班固"赋者,古诗之流也"的一种创造性误读。将欧赋与韩琦、庞籍在景祐四年沂州、并州地震后所作的奏章③并读,欧赋简直就是一篇有韵之奏疏。不论欧阳修对律赋的大胆改造对于律赋而言是福是祸,在庆历政治革新脚步渐近时,这样的改造对于激发举子的参政热情、鼓励敢言直谏的精神还是极有作用的。欧阳修的献赋由于得到了仁宗的嘉奖,使得这样一种新颖的变体律赋获得了合法性。事实也证明了这种不拘声律规则、不拘篇幅的律赋很快在京城的举子中流行开来,形成了"太学新体"之弊。值得注意的是,欧公写作《应天以实不以文赋》时,石介还在山东,太学也还没有建立。因此,如果要追究"太学新体"的责任人,恐怕欧阳修不该漏掉。

---

① 欧阳修《文忠集》卷七十四《拟御试应天以实不以文赋》。

② 同上。

③ 韩琦与庞籍的上疏都引用了"动民以行不以言,应天以实不以文"之语,参见《历代名臣奏议》卷二百九十九。

## 四、对张方平奏本的再认识

尽管张方平打击"太学新体"的做法,后人多认为其有党同伐异的政治目的,甚而认为张方平所言完全不足凭信①,但是综合杨察与张方平二人对"太学新体"的陈述,笔者发现张方平对"太学新体"形成过程及特征的表述不但是有依据的,而且是客观、深刻的。解读张方平对"太学新体"的描述,有助于我们从另一方面去认识庆历时期的思想与风气。

诚然,诋毁石介是打击范仲淹集团的重要手段,但如果张方平所言皆为"诋毁"之辞,那也很难起到打击的作用。今天当我们站在庆历党争之外,不妨抛开主观立场,从当时双方的攻讦中还原一些真相。正如前文所言,杨察庆历五年的上奏,其攻击庆历新政的意图非常明显。但张方平的上奏则一方面将"太学新体"的源头上溯到景祐元年,指出其发展的三阶段,同时明确将石介作为主要责任人,并且只字不提庆历科举新制对"太学新体"形成的作用,这实际是淡化了对庆历诸公如范仲淹、欧阳修等人的指责,较杨察的奏议要厚道得多。张方平早年受知于范仲淹,范仲淹曾举荐他掌经略安抚都部署司书记,称其"富于文学,复有才用"②,《避暑录话》谓:"张安道与欧公素不相能。"③苏象先《丞相魏公谭训》亦云:"张安道雅不喜石介,以为狂谲盗名,所以与欧、范不足,至目以奸

---

① 朱刚先生《"太学体"及其周边诸问题》认为:"在庆历党争中,诋毁石介、苏舜钦这类个性鲜明的人,是打击范仲淹集团的重要手段,正如元祐党争中诋毁秦观是打击苏轼集团的常用手段。所以张方平的诋毁是不足为凭的。"

② 范仲淹《范文正集》卷十八《举张方平充经略掌书记状》。

③ 叶梦得《避暑录话》卷下。

邪。"①然而,看庆历六年欧阳修与张方平之间的诗歌唱酬②,二人情谊似并没有因为张方平批评石介、打击"太学新体"而受到影响。而且欧阳修庆历五年被贬知滁州,还有赖张方平从中周旋③。所以张方平对"太学新体"的排抑,似应排除党争之嫌。固然,张方平这样做可以避免"搬起石头砸自己的脚",因为他也是庆历四年科举新制联名上奏者之一。但不能否认,找石介这样的小角色"顶罪",实际也降低了排抑"太学新体"事件的规格,有息事宁人的效果。而庆历八年贡院再次用杨察初议诫励天下学子,表明直到庆历八年,保守派仍然没有停止对庆历党人的攻击,这也从一个侧面证明了张方平实际是在回护庆历党人。

而且张方平对"太学新体"形成过程的表述,较杨察的说法更符合历史的真实。如祝先生所论,景祐元年状元张唐卿以"变体"擢高第,是将"东州逸党"的习气引入科举程文中,但这只是现象,其深层次的原因,则是由于在西昆风气渐渐走向衰落时,以东州逸党为代表的新兴士人群体以复古放逸相标榜:"他们的诗风任气使才,遒举豪放,不屑墨守陈规旧律,是对五代诗风及昆体的反拨。"④这种风气当然也在科举文章中表现出来。张唐卿取高第是一次重要转折,打破了此前得高第者尽为国子监、开封府解送之人的惯例,代表着新兴士人阶层所追崇的放逸风气首次由边缘步入了中心。张方平将"太学新体"的起点确定在景祐元年是非常客观的,而张方平之所以能如此准确地为"太学新体"把脉,其原因在于张方平早年也是放逸诗风的代表人物。他景祐前往来于山东,与

---

① 苏象先《丞相魏公谭训》卷六。

② 张方平《乐全集》卷四《酬欧阳舍人寄题醉翁亭诗》,欧阳修作《醉翁亭诗》在庆历六年春夏间,张方平请诫励举子文章在六年二月,足见欧阳修与张方平之间并未因打击太学新体而产生矛盾。

③《乐全集》附录《张方平行状》,张方平对于庆历时期的谏官王素也颇有援助之谊。

④ 秦寰明《试论北宋仁宗朝前期的士风与诗风》,见《求索》1993 年第 3 期。

刘潜、李冠、石曼卿、范讽等东州逸党中人往来甚密①,故知之深,言之确。

从景祐元年到庆历初的十余年时间是"太学新体"的成长期,由于张唐卿以变体得高等,其文章也自然被应举者传效一时。宋代中举者的科场程文往往受时人追捧,吴处厚就编有《三元衡鉴》广收科场程文。《湘山野录》载僧秘演谓欧阳修:"公岂不记作省元时,庸人竞摹新赋,叫于通衢,复更名呼云:两文来买欧阳省元赋。"②想来张唐卿的文章应该也大量被传读,其影响自如张方平所言:"后进传效,皆忘素习,尔来文格,日失其旧,各出新意,相胜为奇。"这种受到鼓励的文风能够愈来愈流行,还得益于庆历前后上下思变的大气候。一方面,以范仲淹为代表的富有进取精神和社会责任感的士人进入权力中心③;另一方面,朝廷关于整饬科举文风的要求日益明确。天圣七年正月诏:"国家稽古御图,设科取士,务求时隽,以助化源。而褒博之流,习尚为弊,观其著撰,多涉浮华。或磔裂陈言,或会粹小说,好奇者遂成于谲怪,矜巧者专事于雕镌。流宕若兹,雅正何在。属方开于贡部,宜申儆于词场,当念文章所宗,必以理实为要。探典经之旨趣,究作者之楷模,用复温纯,无陷媮薄。庶有补于国教,期增阐于儒风,咨尔多方,咸体朕意。"④同年五月再诏:"朕试天下之士,以言观其趣向。而比来流风之敝,至于荟萃小说,磔裂前言,竞为浮夸靡蔓之文,无益治道,非所以望于诸生也。礼部其申饬学者,务明先圣之道,以称朕意焉。"⑤两诏所指之"荟萃小说,磔裂前言",正是"西昆体"末流的典型特征。当然西昆文风的扫荡也是有一个过程的,景祐三年,李觏

---

① 秦寰明《试论北宋仁宗朝前期的士风与诗风》,《求索》1993年第3期。

② 释文莹《湘山野录》卷下。

③ 秦寰明《试论北宋仁宗朝前期的士风与诗风》,《求索》1993年第3期,第85页。

④ 徐松《宋会要辑稿·选举》三之一六至一七。

⑤ 李焘《续资治通鉴长编》卷一百八。

《上宋舍人书》尚云："不意天宇之广，颓风未绝。近年以来，新进之士重为其所扇动，不求经术而摭小说以为新，不思理道而专雕镂以为丽。句千言万，莫辨首尾。览之若游于都市，但见其晨而合，夜而散，纷纷藉藉，不知其何氏也。远近传习，四方一体。有司以备官之故，姑用泛取，琐辞谬举，无如之何。圣人之门，将复榛芜矣。所幸明后在阼，贤臣在位，慨然兴念，思遏其波。凡曰有识，孰不抃慰。然询于舆人，则佥谓执事与禁掖数公，谋救斯弊，用心最切。至觏僻远之民也，获闻是语，信之不疑。"①所谓"颓风未绝"显然是指"西昆体"在景祐初还有一定的影响，不过朝廷上下要阻抑这种西昆风气的决心和措施是坚定而明确的，所以连边鄙人士亦"信之不疑"。在对西昆文风进行排抑的同时，东州士人的豁达放逸的文风在举人中流行开来。在当时代表这股放逸风气的有"张方平、石延年、刘潜、李冠、范讽、石介、杜默等，而欧、苏、梅也多少染有此风"，"在他们的生活和创作的逸态中，蕴含着这批新进士人意欲超越旧的时代规范的开拓精神。"②这种精神也可以从杨察、张方平、欧阳修等人的相关陈述中体味出来，杨察指"太学新体""策论即以激讦肆意为工"，用到了"肆意"一词，张方平则谓"策论置所问而妄肆胸臆，条陈他事"，"学者乐于放逸，罕能自还"，用到了"妄肆胸臆"、"放逸"，而欧阳修等上奏谓"其诗赋之未能自肆者杂用今体"③，将写作唐体律赋称为"能自肆"，又庆历四年朝廷诏云"宜许仿唐体，使驰骋于其间"④，用"驰骋"。无论是"肆意"，还是"放逸"、"驰骋"，都传达出一种不受束缚、自由自在的意味，反映了庆历时期新兴士人积极奋发的精神状态。这种放逸之风在科场文章

① 李觏《盱江集》卷二十七《上宋舍人书》。

② 秦寰明《试论北宋仁宗朝前期的士风与诗风》，《求索》1993 年第 3 期。

③ 欧阳修《文忠集》卷一百四《详定贡举条状》一作《议科场奏状》。

④ 李焘《续资治通鉴长编》卷一百四十七。

中的体现,就是张方平等所言之"汗漫无体"、"激讦肆意"。具体来
讲,造成这种情况的原因,一方面是由于赋破除了声律束缚,更吸
收了古文的一些特征,这是律赋形式上的变革所致;另一方面,庆
历前后,整个社会充满了思变求治的进取精神,士人对政权的认同
感大大加强,讽议精神复苏,反映在文章上就是"文以载道"的济世
思想的活跃。士人更多地关注政治实务,并在文章中表达对现实
的看法,从而出现如张方平所言之"策论置所问而妄肆胸臆,条陈
他事",这是思想革新的成果。也就是说,"太学新体"在内容和形
式上都带有庆历新政的深刻烙印。

　　欧阳修庆历二年献上《拟御试应天以实不以文赋》,在形式和内
容两方面为新体律赋开了风气,而石介则在国学里将"赋者,规谏之
文也"的思想贯彻到教学当中。《湘山野录》载:"石守道介,康定中主
盟上庠,酷愤时文之弊,力振古道,时庠序号为全盛之际。仁宗孟夏
銮舆有玉津钬麦之幸,道由上庠。守道前数日于首善堂出题曰《诸
生请皇帝幸国学赋》,糊名定优劣,中有一赋云:'今国家始建十亲之
宅,新封八大之王。'盖是年造十王宫,封八大王元俨为荆王之事也。
守道晨兴鸣鼓于堂,集诸生谓之曰:'此辈鼓箧游上庠,提笔场屋,稍
或出落,尚腾谤有司,悲哉吾道之衰也。如此是物,宜遽去,不尔则
鼓其姓名,挞以惩其谬。'时引退者数十人。"[1]仁宗幸玉津园钬麦事
在庆历四年四月壬申,此时是国学最为兴旺的时候,庆历科举新制
刚刚颁布,国家正当用人之际,正需要敢于说真话、干实事的人才,
作为庆历新政的积极维护者,石介当然不会容留那些喜为谀词的
学生。国学里对举子谀美之文的打击,势必导致国子监生向直言
时弊、针砭现实的方向突进,以迎合石介与当政者的喜好。然而直
言过甚,难免产生偏颇,其末流走到肆意攻讦的程度也是必然的。
因此张方平追究石介的责任还是站得住脚的。

---

　　① 释文莹《湘山野录》卷中。

　　张方平排抑太学新体的行为容易被视为杨察的同道而归入党争的范畴,但客观地讲,庆历新政的草草收场,除了党派间的攻讦外,其自身存在的问题亦不容忽视。范仲淹在改革之初曾不无忧虑地说:"革弊于久安,非朝夕可能也。"①《续资治通鉴长编》论庆历新政指出:"然规摹阔大,论者以为难行。及按察使多所举劾,人心不自安;任子恩薄,磨勘法密,侥幸者不便;于是谤毁寖盛,而朋党之论,滋不可解。"②一方面,变法触动了一些权势人物的既得利益,招致谤毁;另一方面,新法本身太过理想化,缺乏现实执行力也是重要原因。就以庆历科举新制来说,毕竟如何论定"今体赋"与"唐人赋体"之间的等第高下就是考官无法处理的问题,另外,新制中被废除的糊名制度依然被石介应用于日常教学当中,足见糊名自有其无法取代的重要作用。

## 五、余　论

　　因为张方平对石介的批评,学者对其多有贬词,但如果对比一下欧阳修在庆历新政时期与嘉祐、治平间的观点,则不免对张方平的横被苛责表示同情。对于庆历时期的学风,欧阳修在嘉祐元年的《议新学状》中有深刻的反思,他说:"夫人之材行,若不因临事而见,则守常循理,无异众人。苟欲异众,则必为迂僻奇怪以取德行之名,而高谈虚论以求材识之誉,前日庆历之学,其弊是也。"③欧阳修也承认庆历时期的学风有偏激之处。而在治平元年,有人因科场进士多东南之人,上请更改科场条制,欧阳修上奏反对,称:"窃以国家取士之制,比于前世,最号至公。盖累圣留心,讲求曲

---

　　① 李焘《续资治通鉴长编》卷一百四十三。

　　② 李焘《续资治通鉴长编》卷一百五十。

　　③ 欧阳修《文忠集》卷一百一十二。

尽,以谓王者无外,天下一家,故不问东西南北之人,尽聚诸路贡士,混合为一,而惟才是择。又糊名、誊录而考之,使主司莫知为何方之人、谁氏之子,不得有所憎爱厚薄于其中。故议者谓国家科场之制,虽未复古法,而便于今世,其无情如造化,至公如权衡,祖宗以来不可易之制也。《传》曰:'无作聪明乱旧章。'又曰:'利不百者不变法。'今言事之臣偶见一端,即议更改,此臣所以区区欲为陛下守祖宗之法也。"①将此语对比欧阳修在庆历中对糊名誊录制的批评及力主变革的态度,不禁莞尔,欧阳修也不免因时事不同而讲前后抵牾的话。张方平打击"太学新体"的动机也许没有那么纯粹,但在十多年后,欧阳修与张方平的意见居然有一致之处。此足以说明张方平排抑"太学新体"并不那么可憎。

而对于石介,不仅欧阳修不完全支持其言行②,就连苏轼也指责石介为"迂阔矫诞之士"③,不可施之于政事之间,其在国子监的高调处事被人树为箭靶亦在情理当中。

张方平所指斥的"太学新体"主要是庆历党人欲图改变律赋拘检过甚的毛病而导致的矫枉过正。张方平对"太学新体"的排抑主要体现的还是一个考官的立场,他所黜落的也只是那些"尤诞漫不合程试者",其影响主要还是在科举文章范围内。而于当年殿试后所上的这份奏折,某种意义上更像一份评卷补充说明,一方面引朝廷诏敕弹压被黜落的举子,另一方面告知将来的应试者知循常道。毕竟宋代举子讼告考官的事件屡有发生,张方平恐怕也有这方面的忧虑。张方平对"太学新体"的指责,会导致举子回复到骈词俪句、"但为空言"的旧习当中,因为以取科第为目标的举子,在意的总是考官的口味,而不是文章、器识的高下。所以张方平排抑"太

---

① 欧阳修《文忠集》卷一百十三《论逐路取人劄子(治平元年)》。

② 参见祝尚书《北宋"太学体"新探》,第76页。

③ 苏轼《议学校贡举状》。

学新体"，客观上阻抑了古文的"载道"、"济世"精神在科举文章中的发扬，其对宋代古文运动发展的影响是间接的、负面的。

而正如前文所论，嘉祐四年欧阳修尚且不免凭律赋将刘辉擢在第一，那么嘉祐二年欧阳修所打击的"奇涩险怪"的文风未尝不体现于律赋当中，必竟刘辉的律赋在北宋律赋史上是有一席之地的，王铚通论北宋律赋发展历程时说："赋之兴，远矣，唐天宝十二载，始诏举人策问外，试诗赋各一首，自此八韵律赋始盛。……至二宋兄弟，始以雄才奥学，一变山川草木、人情物态，归于礼乐刑政、典章文物，发为朝廷气象，其规模闳达深远矣。继以滕、郑、吴处厚、刘辉，工致纤悉备具，发露天地之藏，造化殆无余巧。其檃栝声律，至此可谓诗赋之集大成者。"①称之为"诗赋之集大成者"，其评价不可谓不高。而且据朱刚先生所论，嘉祐"太学体""本身包含着比欧公学术更为前行的东西"即"性命之理"。那么此时的举子一样可以在律赋中大谈性理，因为自景祐五年起"试举人，非国子监见行经书，毋得出题"。律赋题皆自经书中来，非常方便举人发挥性命之理。从某种意义上说，律赋题出经、子典籍促成了宋人喜谈性理的风气。当然要更确切地论定嘉祐"太学体"的具体对象，还需更有力的证据。而讨论"太学新体"、"太学体"与古文运动之间的关系，其实质是一个关于宋代科举与文学的关系问题，这需要更全面、深入地了解宋代科举制度的发展历程、与此历程相伴随的社会思想、风气，以及士人对科举程文的态度等方面。南宋人对科举文章就异常鄙视，个人书写中唯恐脱略不尽科场习气，学者评论文章优劣也多有此方面的考量，所以此时的科举与文学之间就是一种负相关的关系。只有把科举与文学之间的诸种影响因素进行综合的研判，才能更准确地揭示两者之间的关系。

---

① 王铚《四六话序》。

# 第三章　嘉祐"太学体"及其与"古文"的关系

关于北宋"太学体"的研究,继 20 世纪 80 年代初曾枣庄、葛晓音诸先生著论认为"太学体"是一种古文之后,近年来该项研究又有重大推进。祝尚书先生的《北宋"太学体"新论》一文辨明了"太学体"自"景祐变体"至"太学新体"再至"太学体"的发展演变过程。朱刚先生《"太学体"及其周边诸问题》一文则一方面指出前人对石介应对嘉祐"太学体"负责的指责是不符合事实的,另一方面更指出对嘉祐"太学体"的排抑可能缘于欧阳修与新兴儒学的代表如程颐等在学术见解上的分歧①。张兴武先生《北宋"太学体"文风新论》则指出"太学体"并非古文,而是流行于学校与科场之间的应试文,其文体范围包括"赋"、"策"和"论","太学体"文章的艺术表征乃是"庆历之学"的学风特点在文章写作中的必然反映,并且认为"太学体"根本不可能成为欧阳修诗文革新的主要对象②。谢琰博士的《欧阳修排抑"太学体"发覆》从政治史的角度指出"欧阳修排抑'太学体',主要目的不在文体革新,而是借此打击轻薄举子'妄议时事'的政治习气"③。笔者也曾撰文参与讨论,指出庆历"太学

---

① 朱刚《"太学体"及其周边诸问题》,《文学遗产》,2007 年第 5 期。

② 张兴武《北宋"太学体"文风新论》,《文学评论》,2008 年第 6 期。

③ 谢琰《欧阳修排抑"太学体"发覆》,《安庆师范学院学报(社会科学版)》,2008 年第 10 期。

新体"反映的是以律赋为代表的科场文章的流弊,而非学界通常认为的"古文"的流弊,此外,欧阳修在庆历二年所作的《应天以实不以文赋》直接推动了庆历"太学新体"的形成①。

就以上研究成果来看,近来的研究纠正了过去认为"太学体"是一种古文的偏颇,一定程度上揭示了庆历"太学新体"与嘉祐"太学体"的区别与联系,并对"太学体"文风的形成原因及欧阳修排抑"太学体"的动机作了多角度的剖析,这无疑对宋代"太学体"的研究是一大推进。然而,对于北宋"太学体"的研究,以下几个问题似乎仍然有待辨明:

第一,欧阳修排抑嘉祐"太学体"的动机究竟是怎样的?在排抑"太学体"之外,当时还有什么样的社会、政治、学术背景促成了此次文风整顿事件?作为前后两次排抑"太学体"的当事人,他在事件当中的态度有何承续与转变?

第二,嘉祐"太学体"之"怪谲"有什么样的形成脉络?其具体表现侧重于形式还是内容?

第三,嘉祐"太学体"与古文之间究竟是怎样的关系?对于排抑"太学体"的意义,究竟是古人夸大了,还是今人轻估了?

基于上述问题,笔者拟再作探求,以就教于方家。

## 一、欧阳修排抑"太学体"的动因

朱刚先生认为排抑"太学体"事件隐含了新旧儒学学术观念的冲突,但其所举程颐落第之事,理由似乎并不充分。首先,程颐嘉祐二年前后才来到京城,对于由来已久的太学风气在短时间内恐怕难有施为,因为在程颐来到之前,刘几已经"累为国学第一人",

---

① 许瑶丽《庆历"太学新体"新论——兼论欧阳修对庆历"太学新体"的促进》,《四川师范大学学报》,2008 年第 6 期。

其文风早已形成。其次，如果欧阳修意在打压新兴的儒学，那么嘉祐二年程颢、朱光庭、吕大均、朱长文等一批新儒学代表的登第又怎么解释？第三，朱刚先生也没有很好地说明刘几之文与程颐之学术之间有什么实际的联系，仅以刘几的"奇异之行"似不能说明他的文章就包含了"比欧公学术更前行的因素"。而如前文所引，张兴武先生与谢琰博士认为"太学体"不足以成为欧阳修诗文革新的主要对象，欧公的主要目的也不在文体革新，兹论虽新，却又失之武断。笔者以为，欧阳修排抑"太学体"乃是源于对邀誉矫激的学风的不满，更是对太学文风背离翰苑馆阁期待的纠正，与排抑行为相配合的还有其禁怀挟与删编"九经"等举措。

## （一）打压"太学文风"是排抑行为的主要目的

沈括在记载嘉祐四年欧公欲再黜刘几时称："复数年，公为御试考官，而几在庭。公曰：'除恶务本，今必痛斥轻薄子，以除文章之害。'"①可见"除文章之害"是欧阳修排抑"太学体"的根本目的。论者或谓此为沈括的小说家言，关于欧阳修是否有意于文体革新，也许欧公本人在省试阅卷期间的诗歌更有说服力，在《喜定号和禹玉内翰》一诗中，欧阳修写道："但喜真才得，宁虞横议攻。欲知儒学盛，首善本三雍。"②毫无疑问，得真才是作为贡举主考官的欧阳修的首要任务。但是"以文取士"的客观现实决定了"选文"即"选人"，以文取士，文就是士之才德的全部去取凭据。"文章之变与政通"③，如果文章有弊，即人才有玷，廓清文弊即是明确取士的标准。在这里，廓清文弊与为国选材是一个问题的两面。笔者注意

---

① 沈括《梦溪笔谈》，辽宁教育出版社，1997年，卷九"人事一"。
② 欧阳修《文忠集》卷十二《喜定号和禹玉内翰》。
③ 《宋史》卷一百五十五《选举一》载张方平上书。

到，欧阳修对于发榜之后群议汹汹的结果是早有预见的，故有"宁
虞横议攻"之言，此亦反证欧阳修是有意于惩文弊，且对犯众怒的
后果有清醒的认识和充分的思想准备。"三雍"指明堂、灵台和辟
雍，据《北史》载："蔡邕、卢植亦以为明堂、灵台、辟雍、太学同实异
名。邕云：'明堂者，取其宗祀之清貌，则谓之清庙；取其正室，则曰
太室；取其堂，则曰明堂；取其四门之学，则曰太学；取其周水圜如
璧，则曰辟雍，其实一也。'"①也就是说，"三雍"即指太学，那么"欲
知儒学盛，首善本三雍"已清楚地表明了欧阳修想要整顿的正是
"太学"的学风。

### （二）邀誉矫激的学风是排抑行为发生的大背景

在排抑嘉祐"太学体"的前一年（实际间隔不足一年），欧阳修
针对一些朝臣提出立新学、施行"德行官人"之制的提议，上陈了
《议（新）学状》，从中我们可以略知嘉祐时期的学风，尤其是京城太
学的文风，其所指"立新学"之"六不可"如下：

　　既以文学取士，又欲以德行官人，且速取之欤，则真伪之
情未辨。是朝廷本欲以学劝人修德行，反以利诱人为矫伪，此
其不可一也。若迟取之欤，待其众察徐考而渐进，则文辞之士
先已中于甲科，而德行之人尚未登于内舍，此其不可二也。且
今入学之人皆四方之游士，赍其一身而来，乌合群处，非如古
人在家在学，自少至长，亲戚朋友，邻里乡党，众察徐考其行实
也。不过取于同舍一时之毁誉，而决于学官数人之品藻尔。
然则同学之人，蹈利争进，爱憎之论必分朋党。昔东汉之俗尚
名节，而党人之祸及天下，其始起于处士之横议而相訾也，此

---

① 《北史》卷七十二。

其不可三也。夫人之材行,若不因临事而见,则守常循理,无异众人。苟欲异众,则必为迂僻奇怪以取德行之名,而高谈虚论以求材识之誉,前日庆历之学,其弊是也,此其不可四也。今若外方专以文学贡士,而京师独以德行取人,则实行素履著于乡曲,而守道丘园之士皆反见遗,此其不可五也。近者朝廷患四方之士寓京师者多,而不知其士行,遂严其法,使各归于乡里,今又反使来聚于京师,云欲考其德行,若不用四方之士,止取京师之士,则又示人以不广,此其不可六也。

在上述"六不可"的理由当中,第三、四两条可以说是嘉祐学风的真实写照。对誉望的重视源于对此前科举取士中"文不顾行"现象的反拨,而刘几则是虔诚地践行着知行合一的典型代表。文献记载中关于刘几的种种近乎"不情"的行为举止,大概正是源于这样的社会背景。此时对誉望的重视在科举取士中确乎在发生着作用,苏轼在中第后给欧阳修的谢启中自谓:"家居碌碌,无所称道。及来京师,久不知名。"这则从侧面反映了当时京城里誉望的高低与中第与否之间的深刻联系。而李焘在记载欧阳修排抑"太学体"事件的结果时称"时所推誉皆不在选"①,则从反面说明欧阳修排抑"太学体"乃故意在与京城里负誉自骄的风气对抗。第四点虽就庆历学风而言,而其所指实乃在当下。所谓"迂僻奇怪以取德行之名"者,刘几辈也;而"高谈虚论"之言,则"周公伻图,禹操畚锸,傅说负版筑,来筑太平之基"者也。这些在欧阳修看来都是"执后儒之偏说,事无用之空言",观"天地轧,万物茁,圣人发"之语,正是欧阳修所指责的"思混沌于古初,以无形为至道"②的典型,"主上收精藏明于冕旒之下"则为空洞的谀美之辞,而"周公伻图,禹操畚

---

① 李焘《续资治通鉴长编》卷一百八十五。
② 欧阳修《文忠集》卷六十六《与张秀才第二书》。

锸,傅说负版筑,来筑太平之基"则是"务奇言以自高",连学理上的价值也是虚无的,对现实政治治理来讲毫无价值。欧阳修所推重的是"议论精于物理而善识权变,文章不为空言而期于有用"①,科场中需要的是"经世致用"之文,而非空言性理的高论,"太学体"中隐伏的理学化倾向大约也是欧公深为忌讳的一点。苏轼在《谢欧阳内翰书》中写道:"士大夫不深明天子之心,用意过当,求深者或至于迂,务奇者怪僻而不可读。"②显然,苏轼认为"太学体"之过在于对朝廷旨意理解有偏差,走向了求深务奇的极端,这种求之过深,大概就是反映了儒学义理化的趋向。这种过于求深务奇的认识会导致行为的极端化。孙复的《春秋尊王发微》一书就被常秩讥为"商鞅之法",意指其过于严苛,不过是书生之见,缺乏实践推广价值。此外所谓"高谈虚论"可能还有脱离实际的含义,笔者注意到,沈括在记载排抑"太学体"事件时说,欧阳修在给刘几的论下了"大纰缪"的评语后,又戏续之:"秀才刺,试官刷。"欧公之戏语,一方面说明其对刘几在论体文中竟使韵深为反感,另一方面一个"刺"字还是隐微透露了刘几之论的讥刺倾向。诚如诸学者所论,无论是庆历"太学新体",还是嘉祐"太学体",在内容上都有语涉讥刺的弊病。这不仅是庆历学风所致,也是由于青年学子人生阅历较少,且自负才学,不免以理想化的标准来批判社会。刘几就尝作过《石井联句》,他在《序》中痛斥道:"今之处高位者……持禄养高,不兴毫利,不去民瘼……居官宇,食月粟,费廪钱,役公隶,慊然尚以为不足也。乃鱼猎财赂,螴蠹脂血,皇皇然惟义是弃……"③从其序文来看,刘几对当时官场的批评是十分严厉的,甚而是有些言过其实的。这些都是欧阳修所反对的。

---

① 欧阳修《文忠集》卷一百十《荐布衣苏洵状》(嘉祐元年)。
② 苏轼《东坡全集》卷七十五《谢欧阳内翰书》。
③ 刘几《石井联句序》。

### （三）广引学者入驻太学是排抑行为的先声

嘉祐元年，赵概、欧阳修等十余人联名举荐梅尧臣任国子监直讲，其后欧阳修等在主持贡举考试时又聘梅尧臣作为省试评卷的小试官，苏轼的文章就是被梅尧臣首先发现的。嘉祐四年省试，梅尧臣又担任南省考试试卷的监印官。梅尧臣在嘉祐年间由一介平民到深度介入国家最高级别的人才选拔工作，其晋升的速度是比较超常的。其实梅尧臣的经历只是欧公嘉祐中整顿学风的一系列举措中的一个代表罢了。

考察庆历末到至和初的六七年里，国子监学官里并没有"三先生"的影子，石介庆历二年任国子监直讲，庆历四年离开，随后不久去世。孙复庆历三年为国子监直讲，庆历七年去职，至和中复为国子监直讲①。胡瑗则在太学建立"后十余年始来居太学"②，计其时当在至和年间。因此葛晓音先生认为"太学体"乃是"宋初三先生"在太学复古过当造成的③说法显然站不住脚。笔者以为，至和中孙复、胡瑗、李觏、陈烈等先后任国子监、太学教官，正是欧阳修意欲整肃太学学风的举措之一。梅尧臣任国子监直讲为欧阳修等所荐，已如上文所述。对孙复、胡瑗，欧阳修也是相当尊敬，欧集中有《国子监直讲青州千乘县主簿孙复可大理评事制》、《孙复可秘书省校书郎国子监直讲制》、《举留胡瑗管勾太学状》，又欧阳修尝为孙复、胡瑗作墓表，是知欧阳修对孙、胡作为国学长官的工作是认可的，甚而是大力支持的。

嘉祐初的六七年时间，不仅太学没有三先生的存在，而且此间

① 欧阳修《文忠集》卷二十七《孙明复先生墓志铭并序》。
② 欧阳修《文忠集》卷二十五《胡先生墓表》。
③ 葛晓音《欧阳修排抑"太学体"新探》，《北京大学学报》，1983 年第 5 期，第 62 页。

国子监的风气似乎背离了馆阁诸老的期望,这可以从郑獬对发解试官的不逊之辞看出来。"郑毅夫(獬)自负时名,国子监以第五人送,意甚不平,谢主司启事有'李广事业,自谓无双;杜牧文章,止得第五'之句,又云:'骐骥已老,甘驽马以先之;巨鳌不灵,因顽石之在上。'"①国子监发解试官通常在馆阁官员中选任,太学生对考官的评鉴不以为然,正说明在太学与馆阁翰院之间,至少在对于文章高下是非的认识上有了分歧,从郑獬的表现来看,此时的太学生对于馆阁翰院的权威性表示了质疑。可以想见,郑獬取状元之衔对于太学后进们所产生的暗示效应就是太学风气取得了胜利,从而加速"太学体"文风的蔓延。如果说庆历六年张方平排抑"太学新体"的行为有较强的政治目的的话,那么欧阳修排抑嘉祐"太学体"则反映的是翰院学士们对国子监、太学风气的主动规范。"太学体",从其命名来讲,既可谓与京城以外的地方的风气相对,亦可指与翰院馆阁风气相对。"太学体"很可能是指某种背离了翰苑馆阁风气的新文风。欧阳修曾谓:"先朝杨、刘风采,耸动天下,至今使人倾想。"②其对当年馆阁词臣文风影响及于四方是十分欣羡的。然而嘉祐前后的翰苑与太学之间却是互不认可、暗中较劲③的状况,显然是新任翰林学士欧阳修不能无视的。

## (四) 禁怀挟、删编《九经正义》是排抑事件的延伸

嘉祐二年欧阳修知贡举前上《翰苑条约举人怀挟文字札子》,要求"乞立定巡捕官赏格及怀挟人责罚刑名,添入贡院新定条

---

① 沈括《梦溪笔谈》卷九。

② 刘克庄《后村先生大全集》卷一百七十四。

③ 除上述郑獬对国学发解官的不屑之外,即使是对其有知遇之恩的刘敞,郑獬也还是不完全认可其对他的评价。

制"①,而在当年的科试中,欧阳修就严格执行了这一新规定。李焘在记录排抑嘉祐"太学体"事件时云:"仍严禁挟书者……然文体自是亦少变。"排抑"太学体"与禁挟书在李焘看来是同等性质的举动,那就是整顿学风。

嘉祐五年,欧阳修又上《删去〈九经正义〉中谶纬札子》,指出"士之所本,在乎'六经'",然而现行之"九经"注疏"所载既博,所择不精,多引谶纬之书,以相杂乱,怪奇诡僻,所谓非圣之书,异乎正义之名也。臣欲乞特诏名儒学官悉取'九经'之疏,删去谶纬之文,使学者不为怪异之言惑乱"②。此札虽于嘉祐五年奏上,但亦与排抑"太学体"相关联,意在从国学的教科书方面剔除可能导致举子文章怪谲的因素。

## 二、嘉祐"太学体"之"怪谲"探本

论及嘉祐"太学体"的特征,大家习知的是"险怪奇涩"③、"怪险"④、"怪僻"⑤、"怪诞"、"僻涩"⑥、"奇僻"⑦等,综合起来看,"险怪"与"僻涩"是其核心的特征。然而这种险怪僻涩具体体现为文章的内容,还是形式? 有一些什么具体表现? 至今仍然不够清晰。苏轼熙宁五年在杭州监试时作诗忆及嘉祐二年的文风说:"缅怀嘉祐初,文格变已甚。千金破全璧,百衲收寸锦。调和椒桂酽,咀嚼

① 欧阳修《文忠集》卷一百十一。
② 欧阳修《文忠集》卷一百十二《论删去〈九经正义〉中谶纬札子》。
③ 徐乾学《资治通鉴后编》卷六十五。
④ 沈括《梦溪笔谈》。
⑤ 吴充《欧阳公行状》。
⑥ 欧阳发《先公事迹》,载《欧阳文忠公文集·附录》卷五。
⑦ 李焘《续资治通鉴长编》卷一百八十五。

沙砾磈。广眉成半额,学步归踔踬。……却顾老钝躯,顽朴谢雕锼。"①作为排抑"太学体"事件的亲历者,苏轼认为"太学体"的主要弊病在于过分雕锼,失于支离,不够通俗、流畅,其所指主要在其形式特征。这种评价与李焘称"太学体""钩章棘句,寖失浑淳"是一致的。也就是说,"太学体"的突出弊病在于形式的僻涩。兹以"太学体"的代表文句为例做一分析:

> 天地轧,万物茁,圣人发。(刘几《刑赏忠厚之至论》
> 主上收精藏明于冕旒之下。(萧稷《易简得天下之理》
> 狼子豹孙,林林逐逐。
> 周公伻图,禹操畚锸,傅说负版筑,来筑太平之基。

笔者以为第一、三两例主要体现了形式的怪涩,第二、四两例主要体现了内容的怪诞。正如前文所论,欧阳修排抑"太学体"主要打压的文类是论、策,其意在提升论、策在贡举考试中的地位,这也可以从上述文本皆来自于论这一情况看出。论、策从文体的归属来讲应为散体文,但在实际的考试中,举子往往喜欢用对仗,使文章趋于骈整,这从宋人各家别集中所收论、策可以清楚地看到。而刘几之"天地轧,万物茁,圣人发"句,其主要问题不仅在于对仗的使用有违散体之"随言短长",还在于其末字皆押韵,犯了"散文忌律"的常规。更重要的是句中三个动词的使用,"轧"、"茁"、"发"原本有更通俗易懂的表达方式如"开"、"盛"、"出"等,刘几所用三字太生僻。这种语言的搭配实在异于常规,在欧阳修看来太陌生、太拗口、太僻涩,是典型的"太学体"文章。"狼子豹孙,林林逐逐"意出李商隐"狼子豹孙,竞于跳走"之句,但"林林逐逐"造语生僻,虽声韵上更趋和谐,但意思却让人费解。因此,过分雕琢,追求新奇,是

---

① 苏轼《东坡全集》卷三《监试呈诸试官》。

太学体在形式上的突出特征，表现为追求用词用字的力避陈熟，却因过于生僻而显得滞涩，失去了语言的线性流畅感。

郑獬夸赞吴处厚诗云："想其挥扫时，天匠无雕镂。倒下百箧珠，滑走不可收。"①精于雕镂显然是一种值得赞美的才华。此语与李贺赞韩愈"笔补造化天无功"颇为相似，都对人工的技艺保持着敬重。而嘉祐中的欧阳修却正在致力开启一种新的文章风格，即自然之文，而深受父亲苏洵"风行水上涣"文章观念影响的苏轼，其文章正是欧公试图推行的自然之文的范本。与之相对，如郑獬、吴处厚、刘几等汲汲于一联一句的精雕细琢，则表现出一种落入窠臼的狭隘。然而这种狭隘的形成却要从"太学"的环境和科举的要求中来寻找原因。

以科场律赋写作为例，对一联一句的精讲精求能提升全文的价值。皇祐四年，吴处厚参加国子监的解试，做《律设大法赋》，得第一名，当时枢密邵元、翰林贾黯、密直蔡杭、修注江休复为考官。江休复尤其器重吴处厚，试后他问吴处厚："满场程试皆使萧何，惟足下使'萧规'对'汉约'，足见其追琢细腻。又所问春秋策，对答详备。及赋押秋荼之密，用唐宗赦受缣事，诸君皆不见。云只有'秦法繁于秋荼，密于凝脂'，然则君何出？"吴处厚回答说："《文选·策秀才文》有'解秋荼之密网'，'唐宗赦受缣'事出杜佑《通典》，《唐书》即入载。"江休复又云："满场使'次骨'皆作'刺骨'对'凝脂'，惟足下用《杜周传》作'次骨'，又对'吹毛'，只这亦堪作解元。"②在江、吴二人的对话中，其中心话题是典故的使用问题，首先，善使事者不仅要选用恰当的故事，而且要有自己的加工琢磨，如用"萧规"对"汉约"，就较直接用"萧何"更见追琢之功；其次，用典还要力避陈熟，尽量选用那些常人思量不及的典故，如吴处厚用"唐宗赦受

---

① 郑獬《郧溪集》卷二十四《答吴伯固》。
② 吴处厚《青箱杂记》卷二。

缣"事。第三,对于典故表述中有异同字的情况,要尽可能选择能使对仗更加工稳的典事的出处,如吴处厚用《杜周传》之"次骨"以对"吹毛",与其他举子之"刺骨"对"凝脂"相比,的确是工拙高下立见。律赋中"广引前事"的作法在皇祐中发展为"巧引前事",凡事、凡语不仅要求必有出处,而且要避免平平道来,需精于琢磨。

这段轶事载于吴处厚《青箱杂记》中,可见吴氏本人对这段往事也是很自得的。而且笔者注意到,作为考官的江休复之谓"惟足下用《杜周传》作'次骨',又对'吹毛',只这亦堪作解元",其中暗含了当时科场评阅律赋的标准,或则说当时律赋写作所崇尚的东西。江休复之评语与滕甫之"心服"于郑獬,其思路逻辑是一致的,即语句、字词的细部琢炼可以提升全文的价值。这种以细节品鉴代替文章综合评价的风气,对于科场举子是有导向作用的。而这种误导产生的后果,或者与嘉祐二年欧阳修试图纠正的"险怪"文风不无关系。即使是嘉祐四年欧阳修作为殿试试官,也不免因刘几赋中的警句:"故得静而延年,独高五帝之寿;动而有勇,形为四罪之诛。"而大加称赏,并将其擢在第一,而欧阳修改"积"为"蕴"的行为,说明他也没有逃脱以片言只句取与的偏狭。

王铚《四六话》论仁宗朝律赋极盛所举之作者,除宋祁、宋庠之外,还提到了滕甫、郑獬、吴处厚、刘几①四人,称其"櫽栝声律""可谓诗赋之集大成者",评价相当高。此四人均为国子监解送的举子,而且其中滕甫、郑獬、吴处厚三人为皇祐五年中举进士,刘几虽为嘉祐四年状元,而其在国学中的名气却早在嘉祐二年前就已形成,王铚举此四人似有意说明宋律赋的最高成就形成于皇祐年间的国子学当中。《四库全书总目·〈四六话〉提要》云:"故(王)铚之所论,亦但较胜负于一联一字之间,至周必大等承其余波,转加细密。终宋之世,惟以隶事切合为工,组织繁碎,而文格日卑,皆铚等

_____

① 刘辉初名刘几,为方便论述,本书除引文外,其余均称"刘几"。

之论导之也。"①这是王铚《四六话》论文的特点，也是郑獬、吴处厚、刘几等能被王铚举为宋律赋集大成者的重要原因。以郑、滕、吴、刘为代表的仁宗朝后期律赋更讲求字句的琢炼，论证说理更加新巧警策。他们的律赋对于赋题的体贴论证不再停留在恰当的用事、平平的论述，而是深入到字、词、句的追琢，以求达到新警的表达效果。在仁宗朝后期，律赋中的析理立论追求精警、细微，并在字句的琢炼上精益求精，达到了后人难以企及的程度。而这样的行文风格也蔓延至其他的科场文章中。

李焘《续资治通鉴长编》述嘉祐二年之事时云："仁宗嘉祐二年春正月癸未，翰林学士欧阳修权知贡举。先是进士益相习于奇僻，钩章棘句，寖失浑淳。修深疾之，遂痛加裁抑，仍严禁挟书者。及试榜出，时所推誉皆不在选。"②李焘所用"钩章棘句"一词最早出现在韩愈《贞曜先生墓志铭》中，其云："及其为诗，刿目鉥心，刃迎缕解；钩章棘句，掐擢胃肾；神施鬼设，间见层出。"③罗大经称韩愈此语言孟郊写诗"得之艰难"④。是知"钩章棘句"是指写作时精心构思，反复琢磨，由于过分讲求新警，而导致文章不够"浑淳"，与前文所言之赋中用事、用字讲求琢炼是一致的，究其根本仍是过于雕琢。

如果再参考南宋孝宗朝科场的情况，也许刘几程文"怪僻"原因就更易于理解了。孝宗淳熙十四年（1187），洪迈在完成当年的贡举考试工作后上书指陈举子程文中的弊病，其中一点是：

> 至其程文，则或失之支离，或堕于怪僻。考之今式，赋限

---

① 《四库全书总目》卷一百九十五。
② 李焘《续资治通鉴长编》卷一百八十五。
③ 韩愈《昌黎文集》卷二十九。
④ 罗大经《鹤林玉露》卷十六。

三百六十字,论限五百字。今经义、策论一道,有至三十言,赋散句之长者至十五六字一篇,一篇计五六百言。寸晷之下,唯务贪多,累牍连篇,无由精好。所谓怪僻者,如曰定见,曰力量,曰料想,曰分量,曰自集(某)中来,曰定向,曰意见,曰形见,曰气象,曰体统,曰锢心,及心心有主、喙喙争鸣、一蹴可到、盥手可致之类,皆异端鄙俗文辞。止缘迂儒曲学,偶以中选,故递相蹈袭,恬不知悟。①

　　洪迈所言之"怪僻"主要指用语之怪,其所举之例较嘉祐"太学体"的怪僻语要丰富得多,其实以之与欧阳发所说之"狼子豹孙,林林逐逐","周公伾图,禹操畚锸,傅说负版筑,来筑太平之基"②并置,淳熙程文之怪僻有过之而无不及。更重要的是洪迈所指出的怪僻成风的原因:"偶以中选,故递相蹈袭。"这与前文所言之试官的衡文倾向对举子文风的影响其实是一个意思。因此,笔者以为,刘几等程文中的"怪僻"形成的原因与洪迈所言相似,乃由于试官对于一句一联工巧特甚者的关注,导致了举子在细节上追琢而走入极端。科场程文要求在相同的题目,相同的主题,甚至是相同的知识背景下写出不同的作品,其留给作者的发挥空间被限制在语言技巧的竞技上。加上太学这种众人聚学的环境,要想决胜千里,恐怕也只有求奇求新了。

　　固然,"太学体"在形式上表现为过度的雕镂造成的怪僻、生涩,那么是否这就是欧阳修反对"太学体"的全部理由呢?显然还不是,"太学体"在内容上的性理化与过分的讥议时事也是欧阳修反对的,关于这一点,朱刚先生、谢琰博士已有详论,兹不引述。

--------

① 徐松《宋会要辑稿·选举》五之一〇至一一。
② 欧阳发《先公事迹》,载《欧阳文忠公文集》附录卷五。

## 三、排抑"太学体"意在"古文"

### (一) 排抑中隐含的"重策论,轻诗赋"趋向

从北宋科举制度的发展来看,尽管庆历革新中欧阳修、宋祁等人曾制定了"先策论,后诗赋"的取士新制,但未经实施,旋即废罢。在此后的科场考试中,诗赋,尤其是赋依然是决定进士去取的主要科目。因此,当欧阳修在外任十余年后,重掌科举,当年的主张更显示出实施的紧迫性,不过此时的欧阳修没有采取制度变革的激烈方式,而是在贡举取士中重策论、轻诗赋,以期从实质上改变风气,来达到优化选材手段的目的。这一点可以从以下三个方面得到证实:

第一,欧阳修用以黜落刘几的依据是其论"文理纰缪",这在客观上打破了此前以诗赋定去留的常规。而且欧阳修借此黜落的是"累为国学第一人"的刘几,刘几被王铚推为仁宗朝律赋集大成者,其所作律赋在元祐时期还被朝廷选作范文推广。这样一位本应是科场大赢家的人物,却被主考官以"大纰缪"的评语给黜落了,可以想见此举对扭转科场重诗赋、轻策论的惯例会是怎样巨大的冲击。

第二,据《梦溪笔谈》关于苏轼中举的曲折内幕的记载,他是在律赋已被考官认定为黜落的情况下,因梅尧臣对其《刑赏忠厚之至论》的激赏,而破例被拔在第四的。梅尧臣此举有两大违规之处,第一,仁宗朝科场按"诗赋、论、策"三场顺序实行逐场过落之制,而在实际的考校中,诗赋往往是决定去取的主要科目。然而梅尧臣在明知苏轼之赋因"落韵"这样的硬伤已沦为"不考"的情况下,仍然将其置于进士甲科,是公然的"违规"。第二,苏轼论中写到:"当尧之时,皋陶为士,将杀人,皋陶曰杀之三,尧曰宥之三,故天下畏皋陶执法之坚,而乐尧用刑之宽。"梅尧臣服其用事允当,却苦于不

知出处,及当面问之,苏轼却答"想当然尔",梅尧臣"大骇"。梅尧臣之"大骇"应该隐含了"违规"取士的后怕,因为按北宋科场程文的考式,"误用事"为"不考式"之一,而苏轼不仅是"误用事",而且是明知故犯,生造典故,蒙骗考官,其情节恐怕更为甚之。梅尧臣作为小试官,何以明知故犯地大力推崇苏轼之"论",这背后如果没有欧阳修"策论重于诗赋"的评阅"潜规则",恐怕梅公还不敢如此擅专。

第三,从孙觉在熙宁元年的上奏来看,其云:"近岁以来,朝廷务以经术材识收揽天下之士,有司往往阴考论、策以定去留,不专决于诗、赋。"①可见,在欧阳修之后,敢于阴违科制,以论、策定去留已蔚成风气。所以苏轼谓:"昔祖宗之朝,崇尚辞律,则诗赋之工曲尽其巧;自嘉祐以来,以古文为贵,则策论盛行于世,而诗赋几至于熄。"②苏轼将诗赋与策论在科举中地位的转换节点认定在"嘉祐以来",正是道出了欧阳修对于风气转关的决定性作用。苏轼是嘉祐二年排抑"太学体"事件的直接受益人,并与欧阳修等人有密切的交往,因此他对嘉祐"太学体"事件的理解应该更准确、更直接。

当然,欧阳修能够在此次贡举衡文中屡屡违反祖宗旧制,还在于欧阳修此时的地位。在受命权知礼部贡举时,宋仁宗亲书"文儒"二字赐与欧阳修,可见对其寄望厚深,或者对其打压浮薄学风有所授意亦未可知。但从试后举子群嘲聚骂,却丝毫未损欧阳修的地位来看,仁宗的信任与支持应该是起到了重要作用的,否则如谢琰博士所论,在"嘉祐初年的政局只能是忠奸交替、议论纷纭、集体亢奋而又一事无成"③的情况下,欧阳修违规取士的行为早就被

---

① 杨士奇《历代名臣奏议》,卷一百六十五。
② 苏轼《东坡文集》,中华书局,1986 年,第 301 页。
③ 谢琰《欧阳修排抑"太学体"发覆》,《安庆师范学院学报》,2008 年第 10 期。

攻击得体无完肤了。尽管科场论、策,并不能代表"古文",但其形制与"古文"更近,更便于体现"古道"是不容置疑的。提升论策在取士中的分量,其实是此次排抑"太学体"事件的一个重要成果,事实也证明,嘉祐成为了科场风气转关的重要节点。

### (二)"太学体"古文弊端之显现——以郑獬科场程文为例

祝尚书、张兴武先生都认为北宋庆历"太学新体"与嘉祐"太学体"是前后相承的,但其间具体怎样联系却未明示。沈括《梦溪笔谈》载嘉祐二年"太学体"事件甚详,其云:"嘉祐中士人刘几,累为国学第一人,骤为怪险之语,学者翕然效之,遂成风俗。"①沈括认为以刘几为代表的"太学体"风气乃刘几个人求险求怪所致。而李焘在记载该事件时却称:"先是进士益相习于奇僻,钩章棘句,寖失浑淳。"②显然"太学体"的形成并非刘几之"骤为"所至,而是有一个逐渐发展形成的过程。同时既然前后两次排抑"太学体"在对象、参与人物及取得的效果上都有较大差异,那么在文风的具体表现上也应该有所区别。这种区别应该从离嘉祐时期最近的皇祐年间来探源,不仅因为皇祐五年是嘉祐二年前最近的一次科举考试,而且皇祐五年以前的六七年时间,正是"太学"学官"不明"的时期,"太学体"的形成可能与此种状况有关。

据刘几行履,他游学八年,在国子监停留的时间很长,此间,他至少经历过皇祐五年的科举考试,因而他也应该知道国子监中一位狂放轻肆的人物郑獬。与刘几一样,郑獬也曾受到过考官针对性的打压,因为郑獬在国子监获解之后,曾在谢得解的书启中出语不逊,而皇祐五年,殿试的考官恰好是国子监的发解试官,为惩郑

---

① 沈括《梦溪笔谈》,辽宁教育出版社,1997年,卷九"人事一"。
② 李焘《续资治通鉴长编》卷一百八十五。

獬之不逊，"有试业似獬者枉遭斥逐，既而发考卷，则獬乃第一人及第"①。也就是说在欧阳修之前，对国子监名流的打压就已经有之，只不过两次打压的重点有所不同而已。在程文中有"试业似獬者"被斥逐的事实说明，郑獬不仅引领轻躁的士风，而且文章也受人追捧，并形成了可辨识的特征，因此考官得以凭文章风格来黜落举子。沈括《梦溪笔谈》将郑獬侥幸逃过黜落之事与欧阳修排抑"太学体"事件并书，似有所指。在沈括看来两次事件是有关联的，至少表明两件事情的性质是相类似的。郑獬、刘几均为国子监的风云人物，他们的文章代表着国子监的流行风尚，且都遭遇了主考官的阻击。

在今存的郑獬《郧溪集》中，他的科场文章并未收录，因此郑獬的文章是否已开嘉祐"太学体"之风气，我们已经找不到直接的证据。但从郑獬与同榜进士间的诗书往来中，我们仍可找出一些蛛丝马迹。与郑獬同时登高科的还有滕达道、吴处厚、韦骧、汪辅之、刘孜等人，他们也都曾是国子监的翘楚。吴处厚素有能赋声，曾编集《三元衡鉴》，又有《赋评》一卷。滕达道是皇祐五年的探花，其文深得胡瑗、宋祁的爱赏。韦骧"少以辞赋知名，王安石最称其《借箸赋》……骧别有赋二十卷"②。汪辅之"在场屋，能作赋，略与郑毅夫（獬）、滕达道（甫）齐名"③。刘孜乃刘敞的弟弟，诗文亦属一流。他们对于诗文之"怪"、"奇"似乎都颇为推崇。郑獬在《答吴伯固（处厚）》诗中称赞吴诗："初读颇怪骇，如录万鬼囚。笔墨又劲绝，涌纸花光流。"④又称："汪子（汪辅之）文章何伟奇，如观天子乘舆仪。怛然暴见殊惊疑，舌拄上腭两目痴。"⑤无论是广引典故的"怪

---

① 参见沈括《梦溪笔谈》卷九。
② 《四库全书总目》卷一百五十三《〈钱塘集〉提要》。
③ 叶梦得《石林诗话》卷上。
④ 郑獬《郧溪集》卷二十四《答吴伯固》。
⑤ 郑獬《郧溪集》卷二十五《还汪正夫山阳小集》。

骇",还是令人惊疑的"伟奇",郑獬都是诚心推服的,"怪"与"奇"在这批皇祐末进士的交流语境中是有特殊价值的审美标准。郑獬等以"怪"、"奇"为尚的一批举人荣登高科,对于国子监后进的示范作用可以想见。刘几与郑獬、吴处厚一样,也是国子监的翘楚,常常得第一。刘几为险怪之语而能令学者向风,正说明刘几之险怪语是为国子监学官所肯定的,否则以追求功名为目的的举子不会"翕然效之"。因此说"太学体"的形成其来非"骤",至少皇祐年间的进士群体中已经开始以"怪"、"奇"相推重,而且在欧公排抑"太学体"之后,这群人的观点和趣味仍然没有太大改变。

"太学体"作为流行于科场诸体文章中的一种求新求奇的写作风气,非"古文"所特有,这已经成为共识。但张兴武先生认为"'太学体'并非'古文',它绝不可能与骈俪'时文'一起成为欧阳修诗文革新的主要对象"①,却失之武断。如前文所论,欧阳修排抑"太学体"有意于提升论策在科举考试中的地位,因而其所力排的皆是论、策中有"太学体"文风的程文,所以尽管"太学体"并非仅指"古文"而言,但欧阳修意在打压"古文"写作中的"太学体"风气却是事实。

写作古文在仁宗朝中后期已渐渐成为风气,苏轼所云"大者镂之金石,以传久远,小者转相摹写,号称古文。纷纷肆行,莫之或禁"的情况,说明嘉祐前后写作古文的风气已经相当浓厚。李贵师兄已指出,天圣"尊韩"是由古道而古文,最后及于古诗,从皇祐五年的进士群体来看,师法韩愈已由文及诗,郑獬称吴伯固的诗"相搏如风雷,直与效愈侔"②,又赞汪辅之"长篇短篇倾珠玑,题说论序及赋诗。篇虽不同皆有归,要之孔子韩退之"③。称某人诗直追

---

① 张兴武《北宋"太学体"文风新论》,《文学评论》2008 年第 6 期。
② 郑獬《郧溪集》卷二十四《答吴伯固》。
③ 郑獬《郧溪集》卷二十五《还汪正夫山阳小集》。

韩愈是一种很高的褒赞,说明诗文学韩几成学界共识,至少在皇祐五年的进士圈子里,这是一种共识。

如果进一步了解郑獬殿试第一的曲折经历,或许嘉祐"古文"写作中的"怪涩"风气的形成脉胳会更清晰。皇祐五年,郑獬能廷试摘桂有赖于刘敞的力排众议,在《刘舍人书》中郑獬写道:"乃者某以进士较试于天子廷下,是时阁下以文章论议被选为考试官,得某之卷,独以为可冠群进士。诸公或难之,而阁下争曰:此文似皇甫湜,今朝廷用文取士,为朝廷得一皇甫湜,岂不善也?于是诸公不能夺,而竟处为第一。"①刘敞以郑獬文似皇甫湜将其置于第一,而这个理由竟使其余诸考官无以为辩,这再次说明此时文章写作中崇韩、学韩是一种共识。皇甫湜文章以"奇"称,而且皇甫湜对文章之"奇"有明确的追求,他认为:"意新则异于常,异于常则怪矣;词高则出于众,出于众则奇矣。"②"使文奇而理正,是尤难也。"③此外,皇甫湜认为诗赋亦文章,反对李翱轻视诗赋的观点。刘敞以皇甫湜作比,显然是指郑獬的文章有"奇"气,并对这种"奇"做了极大的肯定。众所周知,进士高科的科场程文一定会成为后进士子追慕的对象,加上刘敞的评语被士大夫籍籍传道,可以想见这种为文之"奇"将会被强调和夸大,从而逐渐走入极端,并引致了欧阳修的大力排抑。

但是仅有郑獬一个人以"奇"文取状元,也许还不足为据。当年殿试第三名的滕甫在文章写作上亦有"奇"气。关于此人与郑獬殿试作赋还有一段轶事,陈振孙《直斋书录解题》载:"时(郑)獬与滕甫俱有场屋声,甫赋首曰:'大礼必简,圜丘自然。'自谓人莫能

---

① 郑獬《郧溪集》卷十四《刘舍人书》。
② 皇甫湜《皇甫持正集》卷四《答李生第一书》。
③ 皇甫湜《皇甫持正集》卷四《答李生第二书》。

及,獬但倒一字,曰:'礼大必简,圜丘自然。'甫闻之大服,果居其次云。"①是知二人文章水平相当,风格相近。龚明之《中吴纪闻》载滕甫:"九岁能赋诗,敏捷过人。范文正之父为诸舅,见而奇之,教以为文。文正为乡郡,而安定胡先生居于郡学,公往从之,门人以千数,第其文常为首。举进士,试于廷,宋景文公奇其文,擢为第三。以声韵不中程黜之。其后八年,复中第三。"②滕甫乃范仲淹的表弟,他的文章不仅得到过范仲淹的指导,而且受学于胡瑗,文常称首,最重要的是得到了当时的大文豪宋祁的赏识。正如曾枣庄先生所论,宋祁是古文"生涩"风格的代表,得到宋祁的爱赏,至少说明滕文与宋祁之文一样,很讲求琢炼、生新。他的高科中第与郑獬的"奇"文取胜,加上皇祐五年那一群以"怪奇"相推重的进士,如韦骧、汪辅之、刘孜等的中举,追求"奇"的风气必然更加浓厚,而不得要领者求之过深便很容易陷入"怪僻"、"奇涩"的极端。

　　而且当我们细细品味郑獬写给刘敞的书信时,我们不但能更清楚地看到文章之"奇"的追求,还能清楚地看到"太学体"与古文的深刻联系。对于刘敞称自己文章似皇甫湜的评价,郑獬回应说:"在韩退之之门下,用文章雄立于一世者,独李翱、皇甫湜、张籍耳,然翱之文尚质而少工,湜之文务实而不肆,张籍歌行乃胜于诗,至于他文不少见计,亦在歌诗下,使之质而工,奇而肆,则退之作也。如某者望退之之门不知几百千里,则安敢望似皇甫湜邪?"③笔者注意到,郑獬对皇甫湜的评价为"务实而不肆",这种说法与通常对皇甫湜的评价大相径庭。且如前文所引,皇甫湜对自己"好奇"的追求毫不讳言。而郑獬却称皇甫湜"务实而不肆",这可能有两种原因,也许在郑獬看来,皇甫湜之文已不足称奇,因为在"奇"的追求

---

① 陈振孙《直斋书录解题》卷一十七《郧溪集》解题。
② 龚明之《中吴纪闻》卷二。
③ 郑獬《郧溪集》卷十四《刘舍人书》。

上，此时的国学举子们早已超越了皇甫湜的水平。或者郑獬对自己的文章自视甚高，并不认同刘敞的评价，而期与韩愈文章比侔。郑獬所认为的文章的最高境界是"质而工，奇而肆"，"奇"显然是他追求的目标之一，同时"质而工"者也被认为是文章高格，这不免让人费解。但如果结合郑獬"礼大必简，圜丘自然"，及刘几"天地轧，万物茁，圣人发"之句，便能看到从"质而工"至"质而涩"的演化过程。无论是皇甫湜，还是韩愈，"奇"都是他们看重的文章要素，周裕锴在《从工艺的文章到自然的文章》一文指出韩愈"虽然在一定程度上颠覆了贵族华丽的趣味，却仍然保持着视文章为工艺制作的镌刻精神，只不过这些工艺品多了几分险怪和荒诞"①。这种"奇"的实现在科场举子那里，更多的不是来自胸襟、视野，而是来自"工艺制作"，如果说韩愈的文章已带着几分险怪与荒诞的话，那么学韩而不得其法的举子们则只能走向"太学体"的"怪涩"。

## 四、余 论

尽管"太学体"并不仅指"古文"而言，但欧阳修有意借排抑"太学体"来纠正古文写作中的不良风气，这是可以肯定的。排抑"太学体"客观上提升了古文的地位，此后科场中策论的地位逐渐胜过诗赋，并在熙宁初正式取代诗赋的地位。而且在嘉祐二年中举的外地举子中，产生了一大批北宋古文运动的中流砥柱，如苏轼、苏辙、曾巩等，他们所代表的"简而有法，流畅自然"的散文最终取代了雕琢之文，开启了文章审美的新境界。张兴武先生认为"欧阳修知贡举，文体为之一变"的说法过分夸大了该事案对文学发展历程

---

① 周裕锴《从工艺的文章到自然的文章——关于两则谚语的另类解读》，未发稿，第3页。

的影响①,笔者亦认同此说,而且宋代的李焘在记载该事件时也仅说"文体自是亦少变"②,这或许是史家实事求是的表述。《朱子语类》载朱熹与学生论及此事云:"问:欧阳公当时变文体,亦是上之人主张? 曰:渠是变其诡怪,但此等事亦须平日先有服人方可舜功。"③的确,嘉祐排抑"太学体"是官方意旨与欧阳修个人影响力共同促成的,这也可从苏轼中举后给欧阳修的谢启中看出,其云:"伏惟内翰执事,天之所付以收拾先王之遗文,天下之所待以觉悟学者。恭承王命,亲执文柄,意其必得天下之奇士以塞明诏。"④笔者观嘉祐二年后的数次科举考试,考官分别有刘敞、王珪、范镇等,他们不仅与欧阳修声息相通、观念相近,而且对于朝廷的愿望也是极其清楚的。因此,相信他们对欧公衡文标准的贯彻,对于文风的改变也起到了重要的作用。

欧阳修作为北宋前后两次"太学体"事件的重要当事人,庆历时期是"太学体"的推动者,嘉祐年间却转而成为"太学体"的打压人,这其间似有矛盾之处。这固然有欧阳修思想观念转变的因素,但也有一致性,那就是对具有真才实干人才的渴求。庆历年间,亲自示范以奏疏方法写律赋,目的在于改造律赋,使之能真正体现写作者的政治才识。嘉祐年间,弃赋重论,追求自然、通脱之文,乃是实现"先论策,后诗赋"的科举改革之初衷,以期能从论策中直接发现有治理才能的人。正如朱刚先生所说,刘几、程颐的文章里有着比欧公学术更为前行的东西。然而这些内容在欧阳修看来却不免带着一些迂阔无用、消极远世的气息,所以从为国选材的立场出发,阻抑这股风气也属理所应当的事。综上,无论是推动,还是阻

---

① 张兴武《北宋"太学体"文风新论》,《文学评论》,2008 年第 6 期。
② 李焘《续资治通鉴长编》卷一百八十五。
③《朱子语类》卷一百九。
④ 苏轼《东坡全集》卷七十五《谢欧阳内翰书》。

抑,欧阳修始终坚持的是科举应该为国选材,这一终极目的始终未曾改变。而且这种对于科场文章的基本态度,也被苏轼很好地继承了下来。熙宁三年,时为直史馆判官的苏轼,鉴于殿试策文"不能推原上意,皆以得失为虑,不敢指陈阙政,而阿谀顺旨者,又率据上第"的情况,作同御题策文一篇上呈,以开示四言,救风俗之坠。而其在元祐年间所作的诸篇律赋,也同样体现了与欧一脉相承的经世致用、针砭现实的理念。

# 第四章 论"元祐赋":以苏门文士为中心

沈松勤先生在《论"元祐学术"与"元祐叙事"》一文中指出:"'元祐学术'的最初内涵是元祐时期实施的'诗赋经术兼将(取)之制';以'诗赋'为元祐学术的概念,在绍圣元年业已形成。"①也就是说绍述新党所严禁的"元祐学术"中,除学界常常论及的诗学、史学、经学和制度外,科场律诗赋也是元祐学术的重要组成部分,值得关注,而目前相关研究似尚阙如。

正如沈松勤先生所指出的,科场律诗赋是最早被指认为"元祐学术"的内容,但当时却并没有专门的"元祐赋"之称谓。南宋初恢复诗赋经义兼考之制,"元祐赋"之称随即出现。南宋初范浚在《答姚令声书》中提到有人盗其名以散鬻赋集的事,其云:"得足下去月尾书,辞意良勤,系念雪释,旷然以喜。然寒温问外,首及妄人假仆姓名,和元祐赋锓板散鬻。……然似闻所和赋无一语可读者,审尔则不待家至人谕,苟一寓目必洞其妄。"②从范浚的书信来看,书商所刻赋集包含了假借范浚之名的伪和赋与"元祐赋",范浚约于绍兴二十年前后去世③,那么上述律赋集的刊刻显然是在南宋初的

---

① 沈松勤《论"元祐学术"与"元祐叙事"》,载《中华文史论丛》,2007年第4期,第210页。

② 范浚《香溪集》卷十八《答姚令声书》。

③ 据陈岩肖绍兴三十一年所作《香溪集序》称:"余方累于世故,从官远方,漂流异乡,及归,而先生殁已十年。"由此推知范浚去世在绍兴二十年前后。

绍兴前期或中期。此时科场行诗赋、经义兼取之制,所以律赋集的市场需求很大,加上朝廷对元祐学术的爱赏,追崇"元祐赋"也就不难理解了。"元祐赋"这一称谓在这里出现并非偶然,在南宋文献中,尤其是官方文献中,"元祐赋"还经常出现,并且与吴处厚所编之《三元衡鉴》并列。宋宁宗庆元五年,礼部尚书黄由等言:"窃见向来臣僚奏请,凡书坊雕印时文,必须经监学官看详。比年所刊,醇疵相半,未足尽为楷则。策复拘于近制,不许刊行①。""乞将今来省试前二十名三场程文,并送国子监校定,如词采议论委皆纯正,可为矜式,即付板行。仍乞检会陈说所奏,将三元、元祐衡鉴赋,绍兴前后论粹,《攫犀》《拔象》策,同加参订,拔其尤者,并付刊行。使四方学者知所适从,由是追还古风,咸资时用。"②黄由一方面请求将近来省试前列者之程文付板刊行,另一方面又请求刊刻前人赋、论、策,其中律赋之楷模为《三元元祐衡鉴赋》。这句话的断句有两种可能,一是如前所示,一是"三元、元祐、衡鉴赋"。但如果用后一种断句,则时序有问题,范仲淹之《赋林衡鉴》远早于三元、元祐赋。检陈说原奏议为:"臣早游庠序,犹及见先生长者,尝言举子辞赋固不敢望如《三都》,得如三元、元祐赋足矣。"③故笔者以为,当以第一种断句为是。由此可以确定的是"元祐赋"是有别于《三元衡鉴》的律赋群类,这种区别既可能是时段上的区别,也可能包含风格上的区别。

对于诗之"元祐体"早有定义,《沧浪诗话》谓"'元祐体'(苏、

　　①《宋会要辑稿·选举》五之一一:"(孝宗淳熙十四年)五月九日,右谏议大夫陈价言:'近者充员典举,备阅诸路赋题。其间一时发策,莫非边防急切之务,流传所至,为害甚大。乞自今内外场屋,凡事涉边防利害机密,不许发为问目。严立法禁止,遵令依旧式,泛问古今,诚非小补。伏见今来约束,除经义、诗赋许印行外,其余策论并令禁止。所有论卷,自来不涉时事,乞许赐颁布行。'从之。"
　　② 徐松《宋会要辑稿·选举》五之二一至二二。
　　③ 同上。

黄、陈诸公）"，意指苏轼、黄庭坚、陈师道等人之诗为元祐诗体的代表，而元祐律赋是否也自成风格、自有理论，能区别于其他时段的律赋作品？元祐赋的形成有什么样的背景？元祐赋具体有哪些代表作？这正是下文拟探究的问题。

## 一、"元祐更化"："元祐赋"形成的契机

自熙宁四年，礼部试进士罢诗赋，以经学、论、策试进士，加上王安石《三经新义》和《字说》在科场的独尊地位的奠立，造成了出题难避重复、考校难辨真伪高下、举子闻见浅陋、文格卑弱等弊病。哲宗继位，高太后主政，恢复祖宗旧制成为了元祐时期政治活动的主调，恢复诗赋取士就是其中的重要内容之一。元祐元年二月，刘挚上章建议进士添试诗赋，主张"经义以观其学，诗赋以观其文，论以观其识，策以观其才"①。同年十一月，朝廷下诏令群臣议"立经义、辞赋两科"之事。元祐二年十一月，进士科考试科目正式确定为经义、诗赋、论、策四科，以四场通定去留高下，并自元祐五年秋施行。元祐三年九月又下诏各级官员详议殿试用三题法。所谓"三题"是指殿试时所试的赋、诗、论三种文体。宋初殿试常用此三科，熙丰时期殿试改为试策。元祐八年二月，诏"御试举人，复赋、诗、论三题"。应该说，在元祐时期，无论是在发解试、省试，还是殿试中，诗赋在进士科考试中的地位得到了全面恢复。然而在恢复和实施的过程中，各种意见的对立和党派的交锋仍然充斥其中。

首先有来自新党对改制的攻讦，比如元祐三年苏轼主持省试考校，监察御使赵挺之风闻言事称："今闻外议，以为苏轼主文，意在矫革，若见引用《新义》，决欲黜落。请礼部贡院将举人引用新经

---

① 龚延明、祖慧《宋登科记考》，江苏教育出版社，2009年，第410页。

与注疏文理通行考校。"①其次,在旧党内部也存在着不同的立场和意见。刘挚虽主张恢复诗赋,但前提是经义要保留,且占有首重的位置。司马光、吕公著并不主张恢复诗赋,而只是要求廓清王安石在科场的影响。上官均则竭力反对诗赋取士,并对《贡举条制》以诗赋定去留,以经义定高下提出质疑。即使是苏辙也从政治稳定的角度出发,建议改科之事元祐五年后再议。不仅如此,在关于贡举考试的诸多细节上,旧党内部也存在尖锐对立,司马光倡立"经明行修科",建议朝官以上保任举人为经明行修科,以别于无举主者,享有省试落第仍可参加殿试的特权。而苏轼则指出"累奏举名,已是滥恩,而经明行修,尤是弊法"②。

　　为了推进和确保诗赋在进士科中的地位,苏轼屡屡上章建言,与对立意见据理力争,争取诗赋取士之制的完善与稳固。首先,针对礼部提出的分差经义、诗赋试官的奏状,苏轼上《乞不分差经义诗赋试官》,认为"经义、诗赋等是文词"、"凡差试官,务在有词学者而已",鲜明地表达了自己"以文取士"的主张。其次,对于经义兼诗赋进士与不兼诗赋进士的发解额各占五分的诏议,时在杭州知州任上的苏轼根据自己所掌握的天下举子追趋诗赋的现实,说明各取五分之非宜。再有,关于诗赋的出题范围,《元祐贡举敕》规定"诸诗、赋、论题,于子、史书出,唯不得于《老》、《庄子》出"。苏轼认为"止得于子、史书出,所取者狭"。并建议诗赋、论题许于《九经》、《孝经》、《论语》、子、史及其注中杂出。苏轼此举看似并不重要,其实背后隐藏着主试诗赋一派逐渐以诗赋取代经义的意图,如果律赋的题目同样出自经籍,那么经义就不再有独占的领域。苏轼的上述意见都得到了采纳,惜乎很快哲宗亲政,元祐时期好不容易恢复起来的诗赋、经义兼取之制被取消,该制度也仅仅实施了两次,

---

① 李焘《续资治通鉴长编》卷四百八。
② 苏轼《东坡全集》卷五十四《放榜后论贡举合行事件》。

分别是元祐五年和元祐八年。

因此，元祐时期，贡举复科虽有天下举子向风，但主张诗赋取士的进程却是一波三折、矛盾重重。面对来自新党和旧党部分同僚的攻讦和质疑，作为复科主将的苏轼除了在朝廷上与政见不同者据理力争外，还身体力行地参与到写作与推动律诗赋发展的具体行动中。正因为如此，我们才能够理解为什么苏轼文集中所存律赋多作于元祐时期，作为贡举考试中因赋落韵险被黜落的人，苏轼此前对科场律诗赋不乏批评，但他却在元祐时期成了诗赋取士制度的捍卫者。

## 二、"元祐赋"之作者、作品及格调

### （一）赋可以群：元祐赋作者群考论

据前文所述，元祐年间真正获得施行的进士诗赋考试只有元祐五年和元祐八年两次，而殿试则一直沿用神宗朝试策的旧制。因此，如果"元祐赋"与《三元衡鉴》一样，选取科场拔萃者的程文，则可供选择的作品就相当有限，加上刚恢复诗赋科目，律赋的创作水平未必能很快提升，因此选集元祐科场得隽者的程文似乎不可能得到南宋人的青睐。那么"元祐赋"之"元祐"显然就不仅仅是一个时间的概念，而更可能是与元祐诗学一样，指特定群体在元祐时期写作的律赋作品。

尽管绍述以后新党将司马光、苏轼等的学术统统斥为"元祐学术"而禁毁之，但在元祐时期，元祐党人内部对于诗赋取士的意见实际上分歧是很大的，司马光、吕公著等人是反对诗赋取士的，即使是上奏请添试诗赋的刘挚，其本意也是要行诗赋、经义兼取之制，只有以苏轼为首的蜀党人士才是真正彻底拥护全面恢复诗赋取士的。今天能够看到的元祐时期的律赋作品也主要出自蜀党成员,而作品最多的正是苏轼。苏轼文集中的七篇律赋,除《浊醪有妙理赋》作于被贬黄州期间外,其余六篇均为元祐期间所作,这些律赋的具体内容将在下一节中讨论,兹暂不深入。苏轼元祐期间不但自作律赋,而且令门人共作律赋,专门记录元祐时期苏门文士言行的《师友谈记》载:"东坡先生近令门人辈作《人不易物赋》,或戏作一联曰:'伏其几而袭其裳,岂为孔子;学其书而戴其帽,未是苏公。'"①"人不易物"语出《尚书》,是典型的律赋题目。是知苏轼元祐期间对门人的教育中包括了律赋写作。黄庭坚在答曹荀龙的书信中也说:"作赋要读左氏、前汉,其佳句善字皆当经心,略知某处可用,则下笔时源源而来矣。"②这显然也是讲律赋作法,黄庭坚不言读经、子,而独言多读史书,其意大概在于克服此前经义进士不知史的问题,而且元祐贡举新制要求诗赋论题从子、史书出,因此强调读史也有应试的考虑。

　　苏轼、黄庭坚在元祐间突然关注和研究赋的作法,并非偶然,苏轼不仅是这一主张的倡导者,更是身体力行者。他亲自写作律赋、讨论律赋作法并指导门人写作律赋。此间,他对秦观文章的推崇与此也不无关系。《师友谈记》载:

　　　　廌谓少游曰:"比见东坡言:少游文章如美玉无瑕,又琢磨之功殆未有出其右者。"少游曰:"某少时用意作文,讲贯已成,诚如所谕。点检不破,不畏磨难,然自以平弱为愧。邢和叔尝曰:"子之文铢两不差,非秤上秤来,乃等子上等来也。"廌曰:"人之文章,阔达者失之太疏,谨严者失之太弱,少游之文词虽华而气古,事备而意高,如钟鼎然,其体质规模,质重而简易,

---

　　① 李廌《师友谈记》。
　　② (清)田雯《古欢堂集》卷二十一"佳句善字"。今黄庭坚《山谷集》中不见此语,或为佚文。

其刻画篆文,则后之铸师莫能仿佛,宜乎东坡称之为天下奇作也,非过言矣。"

秦少游论赋至悉,曲尽其妙,盖少时用心于赋甚勤而专,常记前人所作一二篇,至今不忘也。

从秦观自道文章何以如此的原因中,我们不难看出,早年为应科举而专意作赋,是形成其精致细腻文风的关键。而且一向崇尚自然成文的苏轼,竟然夸赞为文的"琢磨之功",这不免让人费解。但是当把这一行为放在苏轼为恢复诗赋取士之制所做的诸多努力中,疑问就涣然冰释了。

在元祐时期,苏轼不但倡导复试诗赋,而且大力推动律诗赋的写作。元祐三年十二月二十八日,宋哲宗"御延和殿,奏范镇新乐。时西夏方遣使款延州塞,故进士作《延和殿奏新乐赋》及《款塞来享》诗"①。苏轼集中有《延和殿奏新乐赋》与《款塞来享》诗,与前引元祐三年进士所作赋题完全一样,当是为响应这一活动而作。此时正当《贡举条制》已颁而尚存疑议的阶段,苏轼此举正是欲以文坛领袖的身份号召举子勤习诗赋,其意义不容忽视。黄庭坚《山谷集》中不仅有与进士献诗同题的《款塞来享》诗,还有《岁寒知松柏》、《东观读未见书》、《被褐怀珠玉》、《效进士作观成都石经诗》四首效进士诗,苏轼亦有《次韵黄鲁直效进士作岁寒知松柏诗》。黄庭坚还在给侄子的信中劝导道:"赋自是中郎父子旧业,更须留意作五言六韵诗,若能此物,取青紫如拾芥耳。老舅往常作六七篇,尝见之否? 或未见,当漫寄大体,作省题诗尤当用老杜句法,将有鼻孔者,便知是好诗也。"②所谓五言六韵诗即省题诗,从黄庭坚所述能作省题诗,"取青紫如拾芥"来看,元祐时期,省题诗的地位较

① 查慎行《苏诗补注》卷三十《款塞来享》注。
② 黄庭坚《山谷集·外集》卷十《与洪驹父书六首》。

之宋初专以律赋进退时已大为提升,黄庭坚本人就作了六七篇作为侄子辈学习的模板,更重要的是,黄庭坚还认为省题诗宜用杜甫的句法。上述诗作皆为五言六联的科场省题诗,其中至少有两首诗苏、黄二人有同题之作,这说明一方面在恢复诗赋取士的艰难过程中,苏、黄想以自己躬身参与写作进士体诗来支持诗赋取士制度;另一方面,苏、黄以诗赋盛名来做有些"小儿科"的进士体诗,其实也是想对举子们有所引导,"效"中有"导",以期让科场诗赋更有价值和意义。细读上述诗作,除了切题及颂美与一般进士体诗相类外,苏、黄在诗中大量化用典故,且文思流畅,实为举子们树立了科场律诗写作的高格。事实上,早在元丰六年,黄庭坚作《食笋》诗寄苏轼,就在序中说道:"太和诸生,窘于用韵,而先生次其韵。"①明确表示请苏轼唱和的目的在于为诸生用韵作一示范。元丰六年,黄庭坚时为太和知县,在进士科尚未复试诗赋之时,黄庭坚已在太和诸生的教学中提倡诗赋教育,这实为诗赋的复兴做好了准备。故政和元年,新党攻击元祐复科之举谓:"神宗皇帝以声律偶对之文,雕虫篆刻,不足以发辉圣人之余蕴,遂罢诗赋,崇经术。元祐中,曲学陋儒自售其私,请以诗赋取士,仍争为篇章,更相酬唱,欲鼓天下之众而从之。"②据此益知"元祐赋"之作者群当为以苏、黄为首的元祐文士。

另外,从贡举的传统来看,科场拔萃者的赋作往往是人们传效的对象。元祐六年省元为邹起,状元为马涓。邹起未闻有文集,而马涓有文集,且隶名元祐党籍。《资治通鉴后编》载:"(崇宁初)诏苏洵、苏轼、苏辙、黄庭坚、张耒、晁补之、秦观、马涓文集、范祖禹《唐鉴》、范镇《东斋记事》、刘攽《诗话》、僧文莹《湘山野录》等,印板

① 孙奕《示儿编》卷二十二。
② 徐松《宋会要辑稿·选举》四之七。

悉行焚毁。"①那么马涓文集能够列在秦观之后被焚毁,说明其文在当时亦有相当的影响力。马涓作为恢复诗赋取士的第一个状元,相信他的律赋有很多的追崇者,把马涓列入元祐赋作者范围应该是成立的。

综上所述,笔者认为"元祐赋"不仅仅是指元祐时期的律赋,而且是指主要以苏门文士为中心的,支持诗赋取士者的律赋作品,或许还包括此期间的科场拔萃者的程文。

### (二) 苏轼的元祐赋:律赋之创调

宋代律赋创作数量空前,而存世之作却寥寥可数,元祐律赋亦不例外。尽管如前所述,苏轼、黄庭坚都有意识地教导子弟、门人写作律赋,当时所作之赋亦当不少,但由于宋人编集、选集时律赋往往弃而不收,因此今存苏轼元祐时期所作的六篇律赋就成为了认识元祐赋的难得文本。元祐律赋的命题已如前文所述,元祐八年以前,题自子、史出,元祐八年后因苏轼之请,扩展为从《九经》、《孝经》、《论语》、子、史及其注中出题。而苏轼律赋或以时事命题,或以古题言时事,一一皆有为而作,与科场程文之"但为空言"迥然不同。创作上具有更强的主动性、自觉性,较之其他应试之作有更明确的现实指向,笔者借用诗歌阐释的术语,将这种"现实指向"称为"本事"。正因为苏轼作于元祐年间的六篇律赋,皆有现实针对性,苏轼律赋之本事追寻便有了可能,而且准确的本事的还原有利于更准确地了解作者的本意,这也是宋人诗歌阐释思路之一。故笔者拟结合元祐时期的时事、政治背景解读苏轼律赋之"本义",从而更进一步认识元祐赋的独特之处。

---

① 徐乾学《资治通鉴后编》卷九十五。

### 1.《复改科赋》

这是一篇以元祐二年恢复诗赋取士事件为题的律赋。苏轼以律赋这种科场文体来表达他对诗赋取士的支持，实在是别有一番用意的。苏轼其实早年并不擅长律赋，他参加嘉祐二年省试时还差一点因赋被黜，幸得梅圣俞发现其论作得特出，才被欧阳修破例矜拔①。在苏轼参加嘉祐元年的秋试后，他在《谢秋赋试官启》中写道："惟其所以治民者，固不本于学，而其所以为学者，亦无施于民。游庠校者忘朝廷，读法律者捐诗赋，场屋后进挟声技以相夸，王公大人顾雕虫而自笑。"②苏轼指出科试内容与政事互不相干的情况，对于诗赋徒有声律之巧实有怨意。但在熙宁中，当王安石变进士科之诗赋为经义时，苏轼却起而为诗赋取士申言，力论诗赋不当废除，苏轼指出诗赋、策论实际与政事皆不相关，但经由诗赋考试而来的名臣不可胜数，而且律赋有声病对偶，所以易于考校。这些议论显然与其早年应举时的观点已经颇不相同，或者有欧阳修的影响在其中。而元祐四年苏轼更以天下学子争作诗赋③来维护诗赋取士制度。

恢复诗赋取士之制是在元祐二年十一月，苏轼《复改科赋》应当作于此后不久。在《复改科赋》中可以很清楚地看到苏轼在历次奏议中表达的观点，如"探经义之渊源，是非纷若；考辞章之声律，去取昭然"，"彼文辞汛滥也，无所统纪；此声律切当也，有所指归。巧拙由一字之可见，美恶混千人而莫违"，言诗赋有声律易于去取；"祖宗百年而用此，号曰得人；朝廷一旦而革之，不胜其弊"，与刘挚元祐元年上书中的"场屋之间，虽群辈百千而混用一律，主司临之，珉玉朱紫，困于眩惑"，"诗赋之有声律法度，其是非工拙一披卷而

---

① 参见叶梦得《石林燕语》卷八所载"苏子瞻自在场屋"条。
② 苏轼《东坡全集》卷七十《谢秋赋试官启》。
③ 苏轼《东坡全集》卷五十六《乞诗赋经义各以分数取人将来只许诗赋兼经状》。

尽得之也"，"自唐以来至于今日，名臣钜人致君安民，功业轩天地者，磊落相望，不可一二数，而皆出于诗赋，则诗赋亦何负于天下"诸语相对读，真如律赋版的奏议。而"新天子兮继体承乾，老相国兮更张孰先"则是指哲宗继位，文彦博主持恢复诗赋取士的事件。文彦博在庆历中已任同平章军国事，元祐元年复为平章军国事，所以苏轼称其为"老相国"。从苏轼称文彦博引领"更张"之事，可以确知文彦博实际上是元祐恢复诗赋取士一派的"首席代表"。苏轼这种直接以律赋写时事的做法，除了欧阳修庆历二年所作之《应天以实不以文赋》以外，的确很少见到如此作品，这一点应该也是深受欧阳修影响。事实上苏轼在科举方面的主张、行事与欧阳修一致之处不止于此。熙宁三年，殿试首次改为试策，苏轼鉴于进士有得失之虑，不能畅所欲言，所以进呈《拟进士对御试策》，这种做法与欧阳修庆历二年之举如出一辙，所以苏轼在科举方面的主张里也往往有欧阳修的影子。

2.《延和殿奏新乐赋》

元祐三年，范镇献新乐，查慎行补注苏诗引《东坡杂记》云："元祐三年十二月二十八日，上御延和殿，奏范镇新乐。时西夏方遣使款延州塞，故进士作《延和殿奏新乐赋》及《款塞来享诗》。"[1]朝廷制礼作乐是社会政治太平无事的一种表征，而制新乐则更是朝廷大事，据《续资治通鉴长编》载，北宋朝奏新乐还有景祐二年、皇祐四年。元祐三年范镇奏新乐的同时，又逢西夏遣使款延州塞，表明边鄙安宁，因此进士作《延和殿奏新乐赋》及《款塞来享诗》以歌颂升平，润色鸿业。苏轼之《延和殿奏新乐赋》正是与进士献赋同时而作。另外苏轼还有和黄庭坚效进士体所作的两首诗，其中一首即为《款塞来享》，这说明苏轼赋进士体诗在黄庭坚之后，因此很可能黄庭坚也参与了此次同题共赋的活动。这次奏新乐事引起的赓

---

[1] 查慎行《苏诗补注》卷三十《款塞来享》注。

和还波及到了全国，至少远在苏州的朱长文为此也专门作了一篇《乐在人和不在音赋》，其云："幸逢圣代之缉熙，继有名臣之咨度。撰太府之尺以为之度，累上党之黍以为之籥。……上方乘百年之极治，而集六圣之睿谟，臣请告成于箫勺。"①是知其赋亦为元祐三年奏新乐事而作。朱赋不仅内容与苏轼赋同，而且风格亦近，李调元谓："朱长文《乐在人和不在音赋》寓议论于排偶之中，亦是坡公一派。"②元祐三年范镇献新乐事件还影响到了元祐六年的科举考试，据朱弁《曲洧旧闻》记载，元祐六年贡举③赋题为《乐调四时和》，与范镇献新乐相关。

苏轼《延和殿奏新乐赋》破题即点明事件由来："皇帝践阼之三载也，治道旁达，王功告成。御延和之高拱，奏元祐之新声。"④奏新乐的时间、地点、缘由皆在其中。这与众多律赋仅为经、史的复述与推演不同，此赋由现实事件引起，所述、所论亦皆有现实意义，这为律赋与现实之间建立了一种反映与被反映的关系，在某种意义上是为律赋带来了一线生机，不管是谀美，还是讽谏，至少它是指向现实的。任何一种艺术门类，一旦丧失了现实这一土壤，是很难长久存活的。这或者也是苏轼期待律赋的，所以才会躬身作赋。在赋中，苏轼除了颂美皇帝有德、盛世当前以外，对范镇也给予了很高的评价，谓其"傥非夔旷之徒，孰能正一代之乐"，并且希望因新乐之制，而"治功日新"、"号令皆发而中节"。

---

① 朱长文《乐甫余稿》卷八《乐在人和不在音赋》。

② 李调元《赋话》卷五。

③ 朱弁《曲洧旧闻》云："时蜀公方献新乐，诏于延和殿按试。（王）诰意廷试必问乐，凡古今乐事无不经意者。逮试日所得赋题乃《乐调四时和》也。是岁始预正奏名，遂于马涓榜下赐第。"按，王诰在马涓榜下赐第，则其中举当在元祐六年。而范镇献新乐在元祐三年十二月，距元祐六年取士有两年多的间隔，似不能称"方献新乐"，而且元祐期间殿试一直试策，并未曾试诗、赋、论，则王诰何得以"廷试"得赋题云云。朱弁或将省试题目误作了殿试题目。

④ 陈元龙《历代赋汇》卷九十。

### 3.《通其变使民不倦赋》

"通其变使民不倦"语出《周易·系辞》，其文云："神农氏没，黄帝、尧、舜氏作。通其变使民不倦，神而化之使民宜之。易，穷则变，变则通，通则久，是以自天佑之，吉无不利。"①"变"是自古以来不变之理，在元祐时期，旧党将新法尽废的背景下，苏轼以此语命题盖有深意也。

苏轼虽然反对熙宁变法中的一些措施，但并非不顾是非，一概否定，至少对于王安石推行的"免役法"，苏轼认为还是于民有利的。所以在元丰八年十二月，苏轼上《论给田募役状》，指募役法（也称免役法）有四利二弊，但可"设法以防二弊，而先帝之法决不可废"②，其立场非常明确。但元祐元年二月，司马光提出免役法有五害，请求废除免役法，恢复差役法。为此苏轼在上书宋哲宗的同时，还同司马光进行了面对面的争论，重申"惟役法一事，未可轻议"③。然而司马光执意将新法尽废，苏轼对此极为愤慨，在《通其变使民不倦赋》中，苏轼表达了自己对变革的通达观点。他认为自古至今，制度有因有革，以"有适于民用"为原则，苟适于民则当应变作制。而那种开历史倒车者如"王莽之复井田"、"房管之用车战"，只能滋惑生弊。而"制器者皆出于先圣，泥古者盖生于腐儒"④之句，不免令人联想到司马光之唯旧制是复的偏激，苏轼此语可谓寄慨遥深⑤。

---

① 苏轼《东坡易传》卷八。

② 苏轼《东坡全集》卷五十二《论给田募役状》。

③ 苏轼《东坡全集》卷五十三《辩试馆职策问札子二首》之二（元祐二年）。

④ 陈元龙《历代赋汇》卷四十三。

⑤ 浦铣《复小斋赋话》论东坡《通其变使民不倦赋》末段云："'制器者皆出于先圣，泥古者盖出于俗儒。王莽之复井田，世滋以惑；房官之用车战，从病其拘。'盖隐斥荆公新法之不便民也。"浦铣此说显误，苏轼所举王莽、房官之例均为复古、泥古之事例，而王安石则是变古者，当然不会是苏轼在此赋中所斥之人。

4.《六事廉为本赋》、《明君可与为忠言赋》、《三法求民情赋》

"六事廉为本",题出《周礼》郑笺,其云:"弊群吏之治,一曰廉善,二曰廉能,三曰廉敬,四曰廉正,五曰廉灋,六曰廉辨。"①其意为评价官吏的治理才能,可以从六个方面来看。郑玄笺曰:"六者以廉为本,善其行谓之善,善其事谓之能。"②郑玄认为六个方面都有一个共同的考察点即"廉",故谓"六事廉为本"。台湾学人石樱樱论苏轼《六事廉为本赋》引元祐七年苏轼《谢除两职守礼部尚书表》为哲宗提出做皇帝应该注意的"六事":"一曰慈,二曰俭,三曰勤,四曰慎,五曰诚,六曰明。"指出:"苏轼以慈、俭、勤、慎、诚及明劝谏哲宗为君应省之道,至于百官为吏者,则更应引六事自省,以廉洁为首善。"③笔者以为苏轼该赋无论从语典的出处来看,还是从内容来看,都是在教育哲宗如何管理、评价官吏,而非直接对官吏提出廉治的要求。苏轼元祐年间数次担任哲宗的侍读,对于年少的哲宗的引导、教育是其律赋写作的动机之一,大概也是寓教于乐的一种方式。

《明君可与为忠言赋》与《三法求民情赋》从内容来看,也是苏轼写给哲宗皇帝看的。在元祐时期,虽然王安石新法被废,新党人物也多被远谪或废罢,但朝廷上却并不和谐。正如前文所说,元祐元年苏轼与司马光在政事堂的争论就为两人之间的矛盾埋下了伏笔。元祐党人内部之间的分裂与观点的分歧,在诗赋取士与经义取士的争论中可以略见一斑。司马光主张继续经义取士,只是不用再拘守王安石《三经新义》。而文彦博、苏轼、刘挚等则坚持诗赋取士与经义取士并行,并有逐渐以诗赋取士取代经义取士的倾向。

---

① 佚名《周礼集说》卷二。
② 同上。
③ 詹杭伦《唐宋赋学研究》,中国社会科学出版社、华龄出版社,2006 年(第二版),第 306 页。

在整个元祐期间，这种争斗或隐或显地贯穿始终。元祐元年有司马光、上官均与刘挚之奏议针锋相对，元祐三年有彭汝砺、李常、盛陶、翟思、赵挺之、王彭年等对诗赋取士的反击，直到元祐七年还有姚勔上奏请求诗赋、经义分别取人。在这种纷纷扰扰的争议当中，年幼的哲宗皇帝要做到明辨是非的确非常不容易。苏轼《明君可与为忠言赋》教导哲宗要"虚己以求，览群心于止水；昌言而告，恃至信于平衡"，"审逊志之非道，知拂心之谓忠"。而这样的告诫，也只有苏轼这样位极人臣者能如此表达，李调元《赋话》谓："宋苏轼《明君可与为忠言赋》'苟非开怀用善，若转丸之易从；则投人以言，有按剑之莫测'，又'有汉宣之贤，充国得尽破羌之计；有魏明之察，许允获申选吏之公'，横说、坚说，透快绝伦，抵一篇史论读。所谓偶语而有单行之势者，律赋之别调也。"①以赋为论既是苏轼赋的特色，也是其高格，难以模仿，因为这当中可循的方法少，而需积累的德行、知识多。

　　《三法求民情赋》题出《周礼》："三法者，求民情，断民中，而施上服下服之罪。"②三法指三刺、三宥、三赦，意谓刑法要宽简得中。苏轼一向反对严刑御民，在哲宗初继位时，苏轼即代吕公著上《论治道二首》，其二即为《刑政》，其论指出宋朝刑法繁多，多若牛毛，使执法者详于小而略于大，"民者国之本，而刑者民之贼"③，要治民就应当临下以简，御众以宽。元祐三年之《转对条上三事状》，其二亦云："凡为天下国家，当爱惜名器，慎重刑罚。"④这些思想也是苏轼希望宋哲宗能够认识到的，在《三法求民情赋》中，苏轼再次表达了刑法要宽严适度的观点。

---

① 李调元《赋话》卷五。
② 汉郑玄注、唐陆德明音义、贾公彦疏，《周礼注疏》卷三十五。
③ 苏轼《东坡全集》卷六十六《代吕申公上初即位论治道二首》之二《刑政》。
④ 苏轼《东坡全集》卷五十五《转对条上三事状》。

苏轼之律赋,在嘉祐时期宋律赋全面繁荣的情况下,是处于被黜之列的。但是在元祐时期,苏轼律赋却以其不够精严的声律对偶和紧密联系时政的致用精神引领元祐律赋潮流,尤其是后者,为律赋注入了生机,将律赋从缺乏现实根基的经、史大义的祖述当中"解救"出来,展示了一种新的祖述经典的方式。宋律赋受人诟病的一大弊病就是脱离现实,空疏无用。苏轼早年也曾批评律赋与政事无关,大概正因为如此,当元祐时期苏轼有机会以自己的方式来写作并引领律赋发展的时候,他便义无反顾地将时政的内容纳入律赋当中,以改变律赋不切实用的弊病。这不免让人联想到欧阳修在庆历二年所作的《拟御试应天以实不以文赋》之切直①。当然也应该看到,欧阳修、苏轼身份的特殊性,他们在"理论联系实际"方面所达到的程度,并非人人可学。因为律赋的主要作者是科场举子,作为科场举子就不可避免地有得失之虑,因此很难做到像苏轼那样指陈时政之阙,毫无顾忌地表达自己的政治见解。

## (三) 秦观赋论:曲尽其妙

宋代赋格类书籍虽多,但其作者多无闻于史。如前提到的宋祁有《赋诀》、吴处厚有《赋评》,却都已散佚,惟秦观论赋数语赖《师友谈记》而得独传,成为今人了解元祐赋的重要文献。诚如马东瑶所论:"如果说庆历时期是体现宋诗基本精神与特点的创作实践期,元祐时期则因在自觉的理论总结的基础上继续将诗歌创作推向成熟而成为宋诗发展的最高峰。作为元祐诗坛的主力,苏轼与六君子正是通过'交流'而体现出理论总结的自觉性与诗歌创作上有意识地互相推动,并且这种自觉意识普遍地存在于对诗、词、文

① 许瑶丽《庆历"太学新体"新论——兼论欧阳修对庆历"太学新体"的促进》,《四川师范大学学报》,2009 年第 6 期。

以及文体本色论等问题的相互沟通与探讨中。"①此期关于科场律赋创作的理论总结突出体现在苏门文士的交流中,尤其是秦观的论赋诸语,堪称典范。

秦观生于皇祐元年(1049),由于少时喜读兵书,在 24 岁那年,虽当时进士科已改试经义,但秦观还是以律赋的体式写作了《郭子仪单骑见虏赋》,表达其对有勇有谋的英雄人物的敬重。《郭子仪单骑见虏赋》既作于熙宁五年(1072),那么当属嘉祐、治平赋风格,不宜用以讨论元祐赋。然而秦观论律赋作法诸语却发表于元祐时期②,元祐三年,秦观曾担任太学博士,这些写赋的方法应该也是其教学内容的精彩总结。

《师友谈记》载秦观论赋语共十条,分别涉及了律赋的结构、用事、琢句、押韵及律赋的价值评判等问题。徐培均先生、张丽华博士分别撰文就这些赋论对秦观诗词创作的影响作了较深入的分析③,但对秦观赋论与宋代律赋,尤其是与元祐赋之间的关系却未及深讨。

1. 结构论

关于律赋的结构,唐人《赋谱》已有讨论,不过《赋谱》仅指出赋分四段:头、项、腹、尾,而腹中更分为五,实际上也就是八段。对于八段之间的承接关系,《赋谱》没有讨论。自唐末到北宋末,其间赋格间有新作,秦观之论可以算作是宋人对于律赋结构认识的总结与深化。其云:

> 凡小赋,如人之元首,而破题二句乃其眉,惟贵气貌,有以

---

① 马东瑶《苏门六君子研究》,北京大学出版社,2005 年,第 7 页。

②《四库全书总目·〈师友谈记〉提要》:"书中称哲宗为'今上',盖作于元祐中。"

③ 参见徐培均《试论秦观的赋作赋论及其与词的关系》,《中国韵文学刊》,1997年第 2 期;张丽华《秦观赋论与诗词创作》,《中国矿业大学学报》(社科版),2004 年第3 期。

动人。故先择事之至精至当者先用之，使观之便知妙用。然后第二韵探原题意之所从来，须便用议论。第三韵方立议论，明其旨趣。第四韵结断其说以明题，意思全备。第五韵或引事，或反说。第七韵反说，或要终立义。第八韵卒章，尤要好意思尔。

宋律赋重议论，而元祐赋尤甚。秦观所论律赋八韵之职任，其实就是一篇结撰精巧的议论文的结构。前四韵从点题、探原题意之从来，到立议论、结断其说，构成一个简单的论证过程。而第五、六、七韵引事进行正、反论证，则在前述论证的基础上进行强化。第八韵作为全文的总结，既要唤醒题意，更要引人深思、耐人寻味。祝尚书先生《论宋代科举时文的程序化》引南宋郑起潜《声律关键》对八韵结构的论说，证明宋律赋的程序化，实际上秦观之论律赋结构已肇其端。

### 2. 用事法

秦观论律赋用事语有四条，其文如下：

赋中用事，唯要处置，才见题便类聚事实，看紧慢分布在八韵中。如事多者，便须精择其可用者用之，可以不用者弃之。不必惑于多，爱留之，徒为累耳。如事少者，须于合用先占下，别处要用者不可那掇。

赋中用事，如天然全其对属亲确者，固为上。如长短不等，对属不的者，须别自用其语而裁剪之，不可全务古语，而有疵病也。譬如以金为器，一则无缝而甚陋，一则有缝而甚佳。然则与其无缝而陋，不若有缝而佳也。有缝而佳，且犹贵之，无缝而佳，则可知矣。

凡赋句全藉牵合而成，其初两事甚不相俦，以言贯穿之，便可为吾所用。此炼句之工也。

> 赋中用事，直须主客分明，当取一君二民之义。借如六字句中，两字最紧，即须用四字为客，两字为主。其为客者必须协顺宾从，成就其主，使于句中焕然明白，不可使主客纷然也。

在秦观的论述中，包含了典故的选择、典故的追琢、用事中主次的安排、句中轻重字的处理等，可谓使事不厌其精。四条当中第一条似无可多论，众人皆知之理。由于宋律赋多自经、子、史中出题，且指明出处，而所限之韵又往往是题意的揭示，所以作者用于审题的时间并不多，如果常常练习，几乎可以做到一望题目而知其意旨何在。所以才会有秦观之"才见题便类聚事实"之说，类聚典故成了律赋写作的第一步。

第二、三条讲典故的具体使用，律赋作者必须善用典故，不能像"预制板"一样堆上去，而是要进行"切割"、"打磨"，还要"粘合"。"切割"即秦观所谓之"裁剪"，为了使句子能对仗工整，必须对典故进行适当的加工。"打磨"即"有缝而佳"与"无缝而陋"之间的揆度，好的用事须不拘牵于典故的原意，在用事中融入作者对事典的认识与评价，做到"事为我用"，从而表现作者突过他人的见解。例如同样是东晋张翰因思乡不仕的故典，王赟作诗云："吴江秋水灌平湖，水阔烟深恨有余。因想季鹰当日事，归来未必为莼鲈。"表达对张翰不仕原因的怀疑，而苏轼则谓："浮世功名食与眠，季鹰真得水中仙。不须更说知几早，直为鲈鱼也自贤。"[①]把张翰因思家乡鲈鱼肥美而弃官不仕的行为视为隐遁之举，其意味又较王赟更高一着。也就是说，典故是固定不变的，但由于使用者的态度和立意不同，观察的角度不同，就会变幻出新的意味来。这就是苏轼所说的方法，也即是所谓的"点铁成金"。李调元总结宋人律赋善用事时，举例说："无名氏《帝王之道出万全赋》云：一举朔庭空，窦宪受

---

① 龚明之《中吴纪闻》卷三。

成于汉室。三箭天山定,薛侯禀命于唐宗。此两事乃人臣,非帝王也,斡旋灵妙,便能点铁成金。"①从常理来看,两事皆为人臣之事,与题目中的"帝王之道"不相称,但由于作者巧妙运用,把帝王在背后所起的作用点化出来,很好地拱卫了"帝王之道出万全"这个主旨。而不相关的两事,而能藉言语牵合,则更是用事的至高境界,《宋稗类钞》载:"黄致一初进科场,方十三岁,出《腐草为萤赋》题,未审有何事迹,同场皆以其童年忽之,漫告之曰:'萤则有若所谓聚萤读书,草则若所谓青青河畔草,又若所谓君子之德风,小人之德草,皆可用也。'致一乃用此为一隔句曰:'昔年河畔,尝叨君子之风;今日囊中,复照圣人之典。'遂发解。"②初看几事完全没有关联,但由于黄致一巧于点化,遂使几个旧事联系在一起,且意思通达,毫无拼凑之感,这正是秦观"全藉牵合"之说的最佳范例。

第四条则涉及了用事当中轻重、主次的权衡使用。宋律赋中用典包括事典与语典,语典的使用较事典更为频繁,而事典的使用也往往取其最能传达其精神、内容的几个字或词,而不全叙其事,因此会出现一句中有几个典故的情况。几个典故并置,须注意主次的安排。

### 3. 声律论

律赋之声律是其区别于其他文体的重要特征,而且也是律赋写作中的难点,所以往往有"举人程试一字偶犯,便遭降等"的情况。

> 赋中工夫不厌子细,先寻事以押官韵,及先作诸隔句。凡押官韵须是稳熟浏亮,使人读之不觉牵强,如和人诗,不似和诗也。

---

① 李调元《赋话》卷五。
② 潘永因《宋稗类钞》卷五。

> 赋家句脉,自与杂文不同。杂文语句,或长或短,一在于人。至于赋则一言一字,必要声律。凡所言语,须当用意,屈折研磨,须令协于调格,然后用之。不协律,义理虽是,无益也。

"稳熟浏亮"是秦观对押韵的基本要求,而"协于调格"则是对语言的要求。郑起潜谓:"赋谓之声律,取其可歌也,或有平侧不协者,又非也。"①讲究平仄协谐是律赋区别于四六文的重要特征。稳熟浏亮和协于调格都服从于"和谐"的总体要求。这种"和谐"的押韵使律赋有超越于八韵限制的自在感,这正是一种很高的境界,如同和诗,而若己作,毫不牵强。清代浦铣谓:"东坡小赋极流丽,畅所欲言,而韵自从之。所谓'万斛泉源,不择地涌出'者,亦可见其一斑。"②苏轼律赋这种畅所欲言而韵自从之的状态,正是秦观所谓的"稳熟浏亮"的境界。

### 4. 价值论

尽管秦观对于律赋写作颇有心得,其赋作也得到了时人的肯定,但他本人对于律赋却是轻视的③,其云:

> 今赋乃江左文章雕敝之余风,非汉赋之比也。国朝前辈多循唐格,文冗事迁,独宋、范、滕、郑数公,得名于世。至于嘉祐之末,治平之间,赋格始备。废二十余年而复用,当时之风未易得也已。
>
> 赋之说虽工巧如此,要之是何等文字? 膺曰:观少游之说,作赋正如填歌曲尔。少游曰:诚然,夫作曲虽文章卓越,而

---

① 郑起潜《声律关键》。
② 浦铣《复小斋赋话》,见《历代赋话校证》,上海古籍出版社,2007年,第381页。
③ 参见彭国忠《试论秦观的词学观》,http://www.qinguan.net/article_13.html。

不协于律,其声不和。作赋何用好文章,只以智巧钉饳为偶俪而已,若论为文,非可同日语也。朝廷用此格以取人,而士欲合其格,不可奈何尔。

秦观的这种思想实际上曲折地反映了元祐时期,虽然恢复诗赋取士之制,虽然作为文坛宗主的苏轼大力创作律赋,但观念领域中"经尊赋卑"的思想仍然困扰着律赋创作。《伊洛渊源录》载:"马涓巨济状元及第,为秦州签判,初呼状元,吕进伯为帅,谓之曰:'状元云者,及第未除官也。既为判官,不可曰状元也。'巨济愧谢,进伯又谓巨济曰:'科举之学既无用,修身为己之学其勉之。'时谢良佐显道作州学教授,显道为伊川程氏之学,进伯每屈车骑,同巨济过之。谢显道为讲《论语》,进伯正襟肃容听之,曰:'圣人言行在焉,吾不敢不肃。'又数以公事按牍委巨济详覆,且曰:'修身为己之学不可后,为政治民其可不知?'巨济自以为得师,后立朝为台官有声,每叹曰:'吕公教我之恩也。'"①马涓为元祐六年状元,初入吕大忠幕府,对于自己进士第一的身份颇为自矜,而吕氏则诲以"科举之学既无用,修身为己之学其勉之",这实际反映了元祐党人内部的诗赋经义之争。即使是元祐初上奏请求复试诗赋的刘挚,其训子孙仍谓:"士当以器识为先,一号为文人,无足观矣。"②《哲宗实录》谓:"(刘)挚乞添诗赋,非不用经术也。"③这也许才是刘挚元祐元年上书时的真实意图。所以在元祐时期真正拥护用诗赋取代经义者实在是少数人,因此作为苏门四学士之一的秦观也不免持"赋卑"之见。

　　秦观论律赋诸语虽然就技巧而论,确乎是精益求精,显示了北

---

① 朱熹《伊洛渊源录》卷八。
② 朱熹《宋名臣言行录后集》卷十二。
③ 李焘《续资治通鉴长编》卷三百六十八"哲宗元祐元年闰二月"注引。

宋律赋向精深发展的趋向。但与苏轼的律赋创作实践相比,秦观之津津乐道于律赋之技不免有失本之嫌,所以一席谈之后,秦观以对律赋的批评作结。技巧固然是为文所必需,但徒有技巧则与匠人无异。如果以秦观律赋之精巧形式加上苏轼律赋之言之有物,元祐律赋应该会取得更高的成就,但可惜诗赋取士之制匆匆上马,又随即废罢,因此元祐律赋的佳作没能像北宋前期那样来自科场,而是来自诗赋取士的倡导者苏轼及其周围的学者。

### 三、"元祐赋"的特点:游行自得、拙中见巧

黄𬿇注《山谷集》引蜀本诗集注云:"三篇(《岁寒知松柏》、《东观读未见书》、《被褐怀珠玉》)未必同时所作,然皆效进士体,以教儿侄。"①苏、黄写作效进士体诗主要目的是为了教育子侄、学生,但由于他们是在有相当人生阅历与诗文创作经验的基础上,再来写作这种科场诗赋,他们在遵守科场诗赋程式的同时,一定会给科场诗赋带来不一样的东西,其中也必定包含了他们对于科场诗赋的期待。如前文所述黄庭坚对洪氏兄弟所言之事,是一个熟知科场风向的行内人士的内部消息。为了对抗新党所行之经义取士,文彦博、苏轼等扛起了"诗赋"这面旗帜,而作为欧阳修传人的苏轼,在继承文统方面一定会继续发扬古文写作传统。如何让古文和诗赋取士统一起来,这并不是一个新的命题,此前范仲淹、欧阳修已经做出了榜样。因此,苏轼在元祐时期所主导的诗赋取士,已经不是宋初的诗赋取士的重复,而是北宋中期科场诗赋变革的继续。所以,我们将看到,苏轼及其师友群体在元祐时期重作科场诗赋,其目的在于改造科场诗赋、引导进士诗赋发展的方向,如融汇策论风格和手法,所谓以策论手段施之帖括者也。观苏轼元祐六

---

① 《山谷集·山谷年谱》卷二十五。

赋,其的确较其他时期赋作有明显的区别,这种不同可以概括为以下四个方面:

### (一)主题以论政为主,内容更贴近现实

这与此前嘉祐、治平时期科场律赋主题趋于性命话题不同。以苏轼后期所作六篇律赋为例,其题目分别为《延和殿奏新乐赋》、《通其变使民不倦赋》、《三法求民情赋》、《六事廉为本赋》、《明君可与为忠言赋》、《复改科赋》,其中《延和殿奏新乐赋》、《复改科赋》为时事题赋,《通其变使民不倦赋》、《三法求民情赋》、《六事廉为本赋》、《明君可与为忠言赋》为经史旧题,陈元龙《历代赋汇》将以上六赋中除《延和殿奏新乐赋》以外的五篇通通归入"治道类"。另外,从元祐期间立为赋格的几篇赋作也可以见出元祐赋在主题方面的倾向。《无锡县志》载:"元祐间尚辞赋,朝廷常以林希《佚道使民》、沈初《周以宗强》、刘辉《尧舜性仁》、陈之方《恤民深者向其乐》、江衍《王道正则百川理》赋五篇颁天下为格。"①这五篇赋范,除《尧舜性仁赋》外,其余诸篇皆论治道,而《尧舜性仁赋》可能由于其曾为欧阳修所重,所以在选。

由于元祐赋在主题上以政论为主,所以表现方式上也体现为以议论为主。李调元谓苏轼《通其变使民不倦赋》、《三法求民情赋》、《六事廉为本赋》三赋"以策论手段施之帖括,纵横排奡,仍以议论胜人"②,浦铣《复小斋赋话》指出:"东坡《黠鼠赋》:'人能碎千金之璧,不能无失声于破釜;能搏猛虎,不能无变色于蜂虿。'二语

---

① 《无锡县志》卷三上。
② 李调元《赋话》。

乃东坡少年《夏侯泰初论》也。"①苏轼十岁时,曾作《夏侯太初论》,
而浦铣所引之句不仅见于《黠鼠赋》,而且还在《颜乐亭诗并叙》②
中出现,字词都不差,此可见议论之辞在苏轼的文章当中是无施而
不可的,更何况在本以议论见长的宋律赋当中。如前文所引秦观
论赋之结构,一篇律赋至少从第三韵到第七韵都是在议论,也就是
说元祐时期作者对于律赋中议论手法的运用是极为认可的。这本
身也构成了元祐赋的突出特征。

## (二) 语言上易道易晓,句式上以骈运散

读苏轼、秦观的律赋最直观的感受就是语言的易道易晓,完全
没有典型宋律赋那种束手束脚、不得畅快的感觉。这种感觉的得
来首先缘于其律赋语言的平易晓畅。以苏轼赋为例,通篇找不到
一个奇字、难字,皆如日常口语般习见。宋祁是宋体律赋的代表人
物,以其《德车结旌赋》为例,其第三韵有"缨就焕然,绝摇摇之曳
影;鸾声哜尔,收子子之流英",两句之中,"摇摇"、"鸾声"、"子子"
皆出自《诗经》,而"曳影"、"哜尔"等又非口语中习用。所以尽管其
用字精审,但却难有流畅易晓的效果。而苏轼赋虽亦用前人陈语,
却使人浑然不觉,如自己出,比如《通其变使民不倦赋》有:"五材天
生而并用,或因或革;百姓日用而不知,以歌以抃。"其中"百姓日用
而不知"乃《周易·系辞》中的原文,虽为原文,置于句中却天然对
属,明白如话。有些经籍的原话较为板滞,但经苏轼稍加改造,便
流利自然了,比如《明君可与为忠言赋》末韵之"《诗》不云乎,哲人
顺德之行,可以受话言之告",此语典的原文为"其维哲人,告之话

---

① 清浦铣著,何新文、路成文校证《历代赋话校证(附复小斋赋话)》,上海古籍出版
社,2007 年,第 372 页。
② 苏轼《东坡全集》卷十八。

言,顺德之行"①,两相对比,苏赋用语之特点便不言自明了。

　　此外苏轼赋擅长以散行之气运骈偶之词,虚词的大量运用及散句的加入既调节了语言节奏,又使文句更流畅,有游行自得之妙,如《通其变使民不倦赋》第七韵有"昔之然,今或以否;昔之有,今或以无",这一隔句对,每句只有两个字不同,整个长句只有"今"、"昔"两个实词。类似于这样的同构对句在苏轼律赋中有很多,如:

　　　　或靖功而不懈,或正直而不随。(《六事廉为本赋》)
　　　　五辞以原其诚伪,五声以观其否臧。(《三法求民情赋》)
　　　　或过失而冒罪,或遗忘而无伦。或顽而不识,或冤而未伸。(《三法求民情赋》)
　　　　如地也,草木之有盛衰;如天也,日星之有晦现。皆利也,孰识其所以为利;皆变也,孰诘其所以制变。(《通其变使民不倦赋》)

　　苏轼似乎在有意识地避免工巧的对仗,而特意使用如此众多的同构对句,而且上举第二例,以"诚伪"对"否臧"明显不工,如果出于押韵的考虑,那么苏轼本可以颠倒"诚伪"二字,但苏轼没有这样做,大概由于"伪诚"太过生硬了。苏轼这种宁可对仗不工,也要保证语言的自然流利的做法成为了元祐赋的一大特点。秦观《郭子仪单骑见虏赋》有:"金石至坚也,以诚可动;天地至大也,以诚可闻。"正是以拙为巧,以营造散行之气。当然秦观的律赋中这种同构对句出现的频率要少一些,因为秦观有场屋得失之虑,而苏轼则无之,所以在解放心与手方面,苏轼显然要比秦观走得更远。

---

　　①《诗经·大雅·荡之什》。

### （三）典故的运用更出神入化

　　律赋讲究用典，仁宗朝时期的律赋名家在用典上都极讲究，比如前述吴处厚使"萧规"对"汉约"。苏轼律赋也讲究用典，只是与前人在典故上的堆砌、雕琢不同，苏轼更擅于用自己的语言来表述典故，使之与文意天然契合。例如其《明君可与为忠言赋》有："苟非开怀用善，若转丸之易从；则投人以言，有按剑之莫测。""转丸"事典出自《孟子》赵歧注，其云："先圣王推不忍害人之心，以行不忍伤民之政，以是治天下易于转丸于掌上也。""按剑"事出《史记·邹阳列传》，邹阳上梁孝王书有云："臣闻明月之珠、夜光之璧，以暗投人于道路，人无不按剑相眄者，何则？ 无因而至前也。"①此两事，苏轼袭其意而不用其原文，尤其是后一事，原典为投人以珠、璧，而苏轼巧改一字变为"投人以言"，从而更好地服务于"明君能受忠告"这一主题。这样的用典实际上与诗歌用典之"水中著盐"的效果是一样的。这种用典的方法正是秦观论律赋写法所云之"赋中用事，如天然全其对属亲确者，固为上。如长短不等，对属不的者，须别自用其语而裁剪之，不可全务古语，而有疵病也。譬如以金为器，一则无缝而甚陋，一则有缝而甚佳。然则与其无缝而陋，不若有缝而佳也。有缝而佳，且犹贵之，无缝而佳，则可知矣"②。上引苏轼用"按剑"事正与秦观所论相合。"全务古语"固然可以使文章获得一种典雅的效果，但过多地袭用古语，又会牵制自己的正常表达。苏轼、秦观的律赋在这一点上较前人更通达，他们追求表达上的语意连贯、流畅，胜于追求文辞上的雅正，这大概也是苏轼"辞达说"在律赋中的体现。

---

　　① 《史记》卷八十三《邹阳列传》。

　　② 李廌《师友谈记》。

### （四）声律规则趋于宽松

元祐二年十一月朝廷在宣布进士科兼考经义、诗赋的同时，下诏立诗赋格式。但是大约三年后，太学博士孙谔根据修习诗赋中遇到的两难问题上请详定，其中除"韵有一字一义而两音者"、"字有合用而私相传为当避者"、"又有韵合押，而礼部韵或不收者"诸项系对《礼部韵略》的补充外，还涉及了诗赋格式的争议，如"准贡举条赋初入韵许用邻韵引，亦有声相近而非邻韵者"①，比如："王曾《有物混成赋》第四韵云：'小不隐乎纤芥，大不充于寰海。'芥字在去声，海字在上声，系隔韵。郑獬《严父莫大于配天赋》第八韵云：'故王者藩饰圭币以罄乎外，躬耨粢盛以尽乎内。'即非邻韵而皆声相协。"孙谔举了王曾、郑獬的科场程文为例，说明前朝在取士的时候并没有完全遵守贡举条式中对诗赋格式的规定。另外还有"赋有用字平侧不同，如'储思'者"，比如"黄庠《天子外屏赋》第六韵入韵云'游蠛濩以储思，俨清光而齐泰'作平声使。又章楶《恭默思道赋》第五韵隔句云'不敢康宁，第藏神而储思；克自抑畏，将继道以追踪'，作侧声使。"②黄庠为景祐元年的省元，《宋史》称章楶"试礼部第一"③，而两人对"储思"二字的使用却互不相同，这导致举子对于上述情况的困惑，所以孙谔乞请依旧许用。孙谔的上请经礼部看详，结论是"依孙谔等所乞，于贡举格式内添入"。也就是说，以上两种违反律赋格式的情况被获准行用，这至少说明元祐时期对于律赋格式商榷的余地增大。而实际运作中确实对律赋的格式要求有所松动，在《礼部韵略》中，"岐"字收在五支、六脂、七之韵

---

① 丁度等《附释文互注礼部韵略》附《贡举条式》。
② 同上。
③《宋史》卷三百二十八《章楶传》。

内,意为山名,而"歧"乃歧路之"歧",但元祐间太学试《博习不与师说赋》,取在第一的沈回,其小赋押"惧惑多歧"①,算是逸韵,却被忽略。元祐八年三月有诏殿试"其杂犯举人未得黜落,别作一项闻奏"②,这在此前是闻所未闻的,表现了朝廷在律赋声律规则方面的让步。即使苏轼的律赋,李调元在赞赏其纵横自如之外,也不免遗憾于苏赋"率易处亦多,鲜有通篇完善者"③。而与苏轼律赋风格相类的朱长文,其律赋《乐在人和不在音赋》,不但有如"乐出于和,而还以审政之和;音生于乐,而复以导民之乐"这样的句子,而且"缉熙"一词在该赋中出现了两次,这在之前的律赋写作中是大忌。而朱长文写作此赋时,正担任苏州州学的教官,因此可以想见,举子在这样的师范之下,其律赋格律之疏。所以元祐七年四月姚勔称"窃见学者自复诗赋以来,于今五六年,颇未有能工者"④,如果仅从律赋格律的严密性方面而言或非虚言。然而格律的松动恰恰成就了元祐律赋游行自得的独特风格。

　　"元祐赋"的出现是基于元祐时期特殊的政治文化背景。苏轼对诗赋取士制度的坚决维护与亲身写作律赋的行为,加上门下学人及广大仰慕者在太学及州学的分布较广,从而影响了元祐律赋的风貌。同时由于在诗赋取士制度推行的同时,对于诗赋取士的批评也从未停止,所以"元祐赋"在律赋遭受批评最多的方面如声律之拘、空疏无用、对偶束缚等都较此前有所改变,表现为律赋在结构上虽不如前人之精巧,但在以律赋关注时事,引策论手法入赋及行文的散化及格律的宽疏上体现出独特的风格。"元祐赋"与典型的宋体律赋相比,显为别调,但它的出现既是元祐特殊的历史背

---

① 丁度等《附释文互注礼部韵略》附《贡举条式》。
② 徐松《宋会要辑稿·选举》八之三七《亲试杂录》。
③ 李调元《赋话》。
④ 李焘《续资治通鉴长编》卷四百七十二。

景造就的,同时也是苏轼有意识继承范仲淹、欧阳修、宋祁等在庆历年间所拟科举改革目标的结果。尽管庆历革新归于失败,但革新派身上强烈的济世精神却未曾稍衰,这表现为欧阳修对嘉祐科场谲怪文风的阻抑。本质上讲,欧阳修的排抑之举,实际是阻止了儒学中消极远世、空谈性理的趋向在科场蔓延。因此,某种意义上讲,古文元素的融入、济世致用精神的贯注,"元祐赋"实现了欧阳修对于科场文体改造的理想。

## 四、"元祐赋"与"元祐学术"

哲宗亲政,绍述新党重新柄政,元祐时期的制度、思想被指为"元祐学术"而遭到禁废。绍圣二年,朝廷在宏词科考试科目赋的考校格式中规定:"赋如唐人《斩白蛇》、《幽兰》、《渥洼马》。"①如前文所引,元祐中立为赋格的五篇律赋全为本朝人作品,且大多为论政之作,而绍圣二年所立之律赋范本却全是唐人作品,且均为咏物、咏史之作。这种差异绝不是律赋审美趣味上的分歧,而是政治见解上的对立。苏轼用自己的创作所表明的律赋经世致用的观念显然是为新党所不容的,所以哪怕是在宏词科这么一个不太重要的取士项目中,新党也要将元祐学术的影响清除干净。由此不难看出,"元祐赋"这一名称与元祐诗一样带有明显的党派性质。

也正因为这样,所以元祐赋尽管作品不多,但却在南宋时期获得了与《三元衡鉴》一样的追捧,这种对元祐赋的学习,其实不仅仅因为元祐赋有独特的风格,更在于南宋人的元祐情结。沈松勤先生指出:"他们(南宋人)以简单的二分法与柔性叙事的手段,虚构

---

① 潘自牧《记纂渊海》卷三十七。

史事的整体性，呈现了一切以元祐为'正'，非元祐为'乱'的叙事模式。"①在这样的思维模式之下，元祐赋被朝廷立为正格便不仅仅是从元祐赋本身的成就出发，而是带有明显的偏执。

尽管南宋人对于元祐赋的推崇原因复杂，但元祐赋对南宋律赋的影响却是客观存在的。范浚《与姚令声书》显示的是南宋初对元祐赋的追捧。陈振孙《直斋书录解题》载："《后典丽赋》四十卷，金华唐仲友与政编。仲友以辞赋称于时，此集自唐末以及本朝盛时名公所作皆在焉，止于绍兴间。"②"本朝盛时名公所作"应该包括元祐赋在内，《后典丽赋》刊刻于绍熙年间③。又陈谠庆元五年之奏议云："臣早游庠序，犹及见先生长者，尝言举子辞赋固不敢望如《三都》，得如《三元》、'元祐赋'足矣。"④也就是说，陈谠所言实系早年老师们的观点。陈谠隆兴元年考中进士，也就是说，在宋孝宗初，元祐赋仍然是老师们为举子树立的典范。庆元五年，黄由重申陈谠之言⑤，获准施行，使得《三元》、元祐赋一度成为了庆元党争中韩侂胄党清除道学影响的手段。也就是说，至少在南宋的前期，元祐赋一直是科场举子们学习的榜样之一。

---

① 沈松勤《论"元祐学术"与"元祐叙事"》，载《中华文史论丛》，2007 年第 4 期，第215 页。

② 陈振孙《直斋书录解题》卷十五。

③ 参见朱熹《晦庵集》卷十八《按唐仲友第三状》。

④ 徐松《宋会要辑稿·选举》五之二一。

⑤ 陈谠上奏云："乞今后士子须以前辈文字为法，务为质实义理之文，不可复肆不根泛滥之说。""不根泛滥之说"大概指道学在科场文章中的泛滥，黄由请刻《三元》、元祐赋可能也有相似的目的。

# 第五章　文师淳厚　辞章雅正
## ——"乾淳体"与乾淳文学

南宋孝宗素有北伐之志,即位后任用自己的老师史浩和颇负盛名的主战派将领张浚为执政大臣,先后恢复了胡铨、李光等人的官职。又下诏雪岳飞之冤,复其官爵,禄其子孙,驱逐秦桧党人,为乾淳时期文化学术的发展创造了一个开明和进取的气氛。南宋人,尤其是南宋中后期,除了将元祐学术作为追求的典范外,"乾淳文学"也常常作为科场文章所推崇的高格。所谓"乾淳之间,词人辈出"①,"更化以来,两颁乾淳之文体矣……时则新安朱公以明道之文唱于南,广汉张公以正学之文和于北;时则象山陆公以穷理之文鸣于江之西;其他词章渊源并生错出于浙之左右者,云合而雾瀜。"②诸如此类对乾淳文学的向往,显示了宋代文化南移后新的文学典范的形成。就文学史来看,孝宗朝也是人才辈出的时期,诗歌有中兴四大诗人范、尤、杨、陆,文有吕祖谦、叶适、陈傅良、楼钥、周必大、"三洪"等,词有辛弃疾,形成了南宋文学的高峰。这种文学的繁荣与孝宗朝开明和进取的政治气氛有关,同时也与这种气氛之下的进士科考试及"乾淳体"的流行关系密切。

---

① 杜范《辛丑知贡举竣事与同知贡举钱侍郎曹侍郎上殿札子》,曾枣庄、刘琳主编《全宋文》卷七三四七,上海:上海辞书出版社、合肥:安徽教育出版社,2006 年,第187 页。

② 刘达可编《璧水群英待问会元选要》卷四十,明丽泽堂活字本。

## 一、乾淳时期的科场

孝宗三十五岁继位,这位新皇帝不同于许多年轻、甚至年幼的继任者,他在备位东宫时即对时政颇多关注和思考,因此甫一即任,便推行了一系列的革弊措施,其中首要的即是对科场的变革。楼钥《孝宗皇帝谥议》称孝宗:"立法定制,动为后则。以科举为未尽,则立待补之法以搜遗才;以武举为未盛,则优入仕之级,以收智勇……幸太学,幸秘省,廷策贡士,布文教以振士风;御鞍马,亲弓矢,申严军法,立武事以张国威。"①纵观孝宗朝的科举考试制度,主要有以下四个特点:

### (一) 申严科场制度

高宗朝虽就诗赋、经义取士有所讨论和变更,但总体上仍实行的是元祐诗赋、经义兼将之制,但历经数举,加上秦桧专权时期利用权势和朋党之便,破坏科场纪律、篡乱取士标准,为了保证科场的公平和人才的正常流动,科场制度亟需进行巩固和完善。具体来讲,孝宗朝对科场制度的完善主要从两方面进行:

一是补充完善了各级考试官的任命规则及考校程序,尤其是解试环节的试官任命,乾淳间数有诏旨。乾道元年七月七日甲寅,州军试院考试官,须本路进士出身人充任②。乾道三年十月十二日丙午,诸州科举考试官不得从寄居官中差任,须现任有出身人中选差③。乾道六年,诏:"自今诸道试官,皆隔一郡选差。后又令历

---

① 楼钥《攻媿集》卷四十九《孝宗皇帝谥议》。
② 龚延明、祖慧《宋登科记考》,江苏教育出版社,2009年,第920页。
③ 同上书,第945页。

三郡合符,乃听入院,防私弊也。"①绍熙三年八月三日,从倪思所请,慎择各路州府发解试官,以革试官怠惰、轻率妄评之弊。② 对于国子监、太学的发解试,淳熙十三年八月五日也规定,发解试例不差学官,以避免学官因熟悉学生行文风格而偏爱偏取。这一举措似乎还曾应用于省试,即省试不差学官,因此有监察御史曾三复力请省试须差学官为考试官之事。淳熙十四年十一月二十五日,右正言黄抡请严试官之选,指出近年来文风不振,士气卑冗,其原因在于试官推择不精:"其一起于朝廷以考校之官应副人情;其一起于朝廷以亲戚就试,而海行开具,以听御笔点差。"③请求省试预诏大臣,精加选择,勿以人情之故,以为场屋之害,其或不免于开具,亦不多其数,而具其所可具者,以备采择。试官在文学、学术上的修养不够确乎是乾淳时期科场的一个突出问题,叶适曾就隆兴至淳熙的经义破题纠结于对偶与散行之事,评曰:"诚使知义理者常为主司,学者不得以悖理之文希合于一时,虽因今之时文不改,自足以得士。不然,虽屡变其法,而学者之趋向亦终不能一,岂四句对偶,一冒工拙可为损益哉?"④由于主司衡文者不能从内容当否这根本标准来衡量文章的高下,而是在破题形式上较工拙,是偏离了衡文选材的根本,而造成这种情况的原因,则在于主司不知义理,乏学术。

　　二是补充完善了考校制度,如对牒试、宗子试、国子监试、类省试等进行了细节完善。考宗新立《牒试条法》,略下制举诏,严格州军发解试锁院之制,监试官不得拖延入贡院时日。淳熙九年二月十八日,增重试院监门官之选。淳熙十三年十一月三日,禁四川类

---

① 龚延明、祖慧《宋登科记考》,江苏教育出版社,2009 年,第 967 页。
② 同上书,第 1183 页。
③ 徐松《宋会要辑稿·选举》二二之九。
④ 叶適《习学记言》卷五十。

省试强令诗赋举人购《韵略》。淳熙十五年七月十四日,严省试别试所保密条规。绍熙元年五月二十四日,申严《贡举条制》,要求结保、保官、帘外官、巡逻官、誊录人皆要从严执法,不得违犯条制。朝廷对各类考试规程的完善,也激发了地方官完善科场制度的愿望,淳熙四年,史浩呈上其在守福州期间遵照朝廷科场旨意所规划的数十条规则,用之科场,"宿弊既去,场屋整齐,试者二万人,无一喧哗"①,经礼部国子监看详,诏下诸州,以为借鉴。

总之,孝宗朝在沿用已经较为成熟严密的科举成规的前提下,对试官的选取和考试规程的执行方面再加完善,更好地保证了士子公平竞争的外部条件,这也激发了举子应试和自我磨砺的热情。观两宋历代对科举制度的完善,最突出的莫如宋真宗,其实,孝宗朝科制的颁布之频,涉及的层面之细,可谓特别突出。这显示了一个有所作为的君主对人才公平选拔和升进的关注。尽管马端临对仁宗嘉祐以后进士恩数降低,其后人才坐致公卿者渐少的情况有所揭示,但孝宗朝进士高科位至公卿者比比皆是,这种精心构筑的公平取士的环境和快速的升进擢拔,无疑对举子是有激发作用的。

## (二) 强调科举对时政的针砭作用

宋孝宗把举子程文作为了解民情、广纳谏言的渠道,他不仅每举下科举诏、制举诏,反复向应试者和衡文者申明欲求真才实学、欲听真言实情,而且每每要求将省试前十名(后扩大至前二十名)举子的策卷进呈,亲自阅览,甚至要求收集、汇总发解试中举子程文里的合理化建言和策略,这极大地激发了举子关心时政、敢于直言谠论的热情。高宗朝以来形成的科场谄谀之风丕变。

隆兴元年二月十一日,诏省试取士重学术,黜阿媚。隆兴元年

---

① 《宋史全文》卷二十六上。

二月二十一日,孝宗亲阅省试前十名的策卷,取合施用事件,取旨施行。乾道元年六月二十九日丙午申严漕试之制,有臣僚言:"国家三岁科举,集草茅之士,亲策于庭,其间岂无一事之可行? 然有司考试多以文采为尚,考在前列者,始经御览,其间有言及诸郡军民利害实迹,偶文辞不称,置之下列,往往壅于上闻,诚为可惜。乞自今有论及州郡军民利害事实,令初考、覆考、详定所,各节录紧要处,候唱名日,各类聚以闻。从之。"①乾道二年殿试策题:"子大夫通达古今,明于当世之务,凡可以移风易俗、富国强兵者,悉陈无隐。朕将览焉。"②淳熙四年正月十一日,策试以时务为问,诏自今科举策试,必以时务发为问目。淳熙八年二月十一日,省试结束,将前二十名造册连副本呈上。淳熙十一年三月二十一日,令考官注意试策卷中论及军事、民事利害者,类集以闻。不仅如此,为了保证科场对时事的关注与参与,乾道四年下令,科举考试内容不用老庄佛语,孝宗认为:"科举之文,不可用老庄及佛语,若自修于山林何害? 倘入科场之文,必坏政事。"③由此,益可见孝宗对有志有力人才的希求。乾道八年,孝宗赐新及第进士《益稷篇》,并向宰执虞允文等论说写此篇赐进士之意,表达自己博求俊彦的迫切心情。是年礼部策士:"孝宗方锐志治功,慨然慕唐太宗之为人,于是临轩以太宗事策新进士。"④此举中陈傅良策文有言:"陛下有无我之量,而累于自喜;有知人之明,而累于自恃。是以十有一年于兹,而治绩未进于古,下情犹郁,公论犹沮,士大夫犹有怀不敢尽。"⑤其言深切婉至,甚至可称剀切,此正体现了孝宗喜闻真知灼见之心。

---

① 龚延明、祖慧《宋登科记考》,江苏教育出版社,2009 年,第 957 页。
② 同上书,第 958 页。
③ 同上书,第 985 页。
④ 蔡幼学《陈傅良行状》,见陈傅良《止斋集》。
⑤ 陈傅良《止斋集》卷二十九《廷对策》。

### (三) 太学的优渥政策

南宋孝宗朝太学规模尤为庞大,以淳熙二年为例,礼部侍郎赵雄上报:"近日太学补试进士,多至万六千人,场屋殆不能容,理宜裁节。"①应太学补试的人数已经超过了北宋太宗、真宗朝的省试人数,实在令人叹止。这样大规模的试选太学补生,从一个侧面反映了孝宗朝科举考试之兴盛。由于太学生数量的激增,相应的培养经费也会增加,淳熙二年就曾下诏令临安府于系省钱内,每月贴支三百贯作为太学养士钱②。

乾淳时期对太学的重视还体现在太学生优渥的恩遇上。淳熙年间给予太学的恩例也是空前的多,至少《宋会要辑稿》的记载显示,太学在淳熙年间受到了别样的恩例,如淳熙三年,礼部、国子监言:"大小职事,该遇庆寿赦,参酌推恩人,内舍生永免文解。"③陈傅良在任太学录期间就受过一次恩例,普升一级。淳熙十三年五月一日,诏:"太学外舍生应诜等十一人,年七十以上,并依庆寿赦,特与补迪功郎。"④除此类特恩以外,太学生两优释褐即任作京官,其恩遇实在"状元"之上。直到淳熙六年,因给事中王希昌进言,其云:"天子临轩,策天下之士,取其尤异者一人,曰'状元'。舍法选举,有司考校,取其两优者一人,曰'释褐'。状元虽一命得京官,必出而为签判,而释褐之人一命亦得京官,即入为学官。又贤良判入三等,方任京官、签判,入四等者,止得选入幕官,而宏辞中选者,亦不过止得选人教授。今两优之人,即以京官而为学官。"⑤随后,知

---

① 《宋会要辑稿·崇儒》,苗叔梅点校,王云五审订,河南大学出版社,第57页。
② 同上书,第56页。
③ 同上书,第58页。
④ 同上书,第65页。
⑤ 同上书,第62页。

滁州张商卿又言两优释褐人未历州县政务,不数年便可为监司、郡守,没有经验,难免出差错。于是淳熙六年下诏:"乞自今上舍两优之人,依殿试三名前体例,且与资次注授幕职官一次,候任满日,方与学官差遣,庶使入仕之初,稍更民事。"①即使如此,两优释褐仍等同于状元授官之例,而且在淳熙十二年,又有诏:"太学上等上舍生易祓、颜棫各特补文林郎,与职官差遣。"②这说明对于太学的特殊恩遇还是时有颁布。此外,太学生行艺优异者还可提拔为太学学官,淳熙四年,诏太学选差职事,按旧制长贰学官以三舍生次第选补,是年特诏"才行为众所知,听不次选"③,这为太学生中的优异者提供了超次擢用的上升机会。

在发解试名额方面,太学也一向占有优势,这也是大量学子不辞辛苦,奔波于补试路上的原因。从上述材料可知,乾淳间的太学生其实有数条出路:特恩授官、选拔为学官、两优释褐及年长推恩等。而且还享有解试名额较多,易知文风趋向等优势。上述种种针对太学的优待政策,都会导致举子对太学的追捧,不仅形成了规模空前的补试,也为"太学体"的形成和传播构筑了人力和物质的基础。

### (四) 重视武举

文武兼举是孝宗朝政治的一大特色,乾道六年正月,臣僚乞复武举制科,上曰:此一事甚善,当令详酌立科。乾道九年,鼓励武举出身人从军。淳熙元年二月二十三日,定武举比试人员到阙期限为六月底,比试时间为七月下旬。淳熙二年三月二十四日,是榜武

---

① 《宋会要辑稿·崇儒》,苗书梅点校,王云五审订,河南大学出版社,第62页。
② 同上书,第65页。
③ 同上书,第62页。

举,始比类文进士恩数,提高授官品位。淳熙七年七月十一日,武举人数剧增,将一日呈试改为三日分场呈试。淳熙七年八月,放宽武举人保官之法,许内外文武臣奏举二名。不仅武举考试得到了更多的关注和重视,文举进士也歆慕武举,愿试骑射。淳熙二年四月六日,孝宗创制,文进士试射艺,孝宗亲试。淳熙十一年四月十八日,上谓:"进士骑射甚好。""古者,有文事必有武备,后世不知此意,所以朕举行之。"淳熙十四年四月二十五日,新进士骑射人数较之前举多出很多。更有甚者把武举作为"曲线救国"的一种快捷方式,《建炎杂记》载:"乾道、淳熙间,太学诸生久不第,皆去从武举。"有江伯虎,名君用者,以武举第一人身份,再中文进士第四甲,遂换承事郎恩数,与状元等。① 文进士试以射艺,此举在当时也引起了社会的关注和热议,陈傅良所制策题十四首,其中即有专为此事而出的策问②。

　　孝宗所采取的一系列措施,比如提升武举奏名人授官恩例,而且每举亲试武举人,且与文举进士同日唱名。此外,孝宗还鼓励文举进士习武,武举进士的殿试策也亲加考校,以求培养文武兼备的人才。

　　综上可知,孝宗特重科举、特重人才,楼钥总结孝宗治绩,首称其科举得人为盛。孝宗自己也每每羡叹仁宗朝得人之盛,为元祐时期储备了人才。而且孝宗朝科场议论极少再纠缠于诗赋、经义之优劣是非,而是志在得人,其风气更通达,举子习经、习赋是一种自主的选择,官司主文的价值评判较少高下之论,这为科场创造了一个公平、自由且充满活力的环境,尤其是孝宗对举子之"策"的重视,极大地调动起了士子担当天下任的热情和信心,士人与政权的同一感和归宿感被重新建立,科场中充满力求卓越的风气。楼钥

---

① 李心传《建炎杂记》甲集卷十三。
② 陈傅良《止斋集》卷四十三《策问十四首》。

乾道初发解谢试官启中的感言生动地表现了士子对于科场立身扬名的渴求与信心,其谓:"爰命郡国,选修洁之士,且使乡遂献贤能之书,广数路以取人才,诏直言以增士气,将取布韦之贱,以为将相之储。草莱期王佐之才,畎亩任天下之重。坐使有志之男子,羞为无用之陈言。附凤翼而攀龙鳞,咸起功名之愿。攫犀角而拔象齿,始膺藻鉴之求。"①

<h2 style="text-align:center">二、乾淳时期的名师宿儒</h2>

诚如陈光锐先生所论,陈傅良一人之力不可能成就"乾淳体"。作为主导南宋科场七十余年②,影响力至南宋末亦未尽衰的文学风气,无论是马端临"时儒生迭兴,辞章雅正,号'乾淳体'"之说,还是周密之论,皆认为这是一个由群体共同努力而造就的文学风气,而且两论都强调学者的个人修养对文章的作成之功。因此,探源"乾淳体"之基因及流变,不妨从乾淳时期的文师儒宗着手。

### (一)"乾淳文师"与"乾淳诸老"

关于乾淳时期科场文章的风气,祝尚书先生《论乾淳"太学体"》论之已详,近有陈光锐《南宋乾淳"太学体"新探》,进一步究明了乾淳"太学体"包括道学家和浙东事功学派的创作,可谓后出转精。然两文对于乾淳文师群体的具体情况尚乏考述,祝先生只详考了陈傅良一人,陈光锐则指出乾淳"太学体"应包括以朱熹、张栻、吕祖谦等为代表的鸣道之文和陈傅良、叶適、陈亮为代表的永

---

① 楼钥《攻媿集》卷六十一《谢发解启》。
② 据周密《癸辛杂识·后集》所论,自乾道至端平(1165—1234)近七十年的时间里,乾淳体一直是科场文风的主流。

嘉体,对乾淳"太学体"的所指和内涵皆有更全面的申发,然其对乾淳诸文师的具体的教学及影响未遑深论。周密称:"南渡以来,太学文体之变,乾淳之文师淳厚,时人谓之'乾淳体',人材淳古,亦如其文。"①而刘达可《璧水群英待问会元选要》有云:"盍思有乾淳之诸老,而后有乾淳之文章。"②也就是说乾淳文学之盛,实源于乾淳人才之盛,而"乾淳文师"与"乾淳诸老"所指是否相同?

观刘达可之文称"每观过江以来,文气雕落。必世而后生意昭苏。如忠献肃公,忠简胡公,梅溪王公,于湖张公,以文名不可胜记。后来继踵学问,气求类应,时则新安朱公以明道之文唱于南,广汉张公以正学之文和于北;时则象山陆公以穷理之文鸣于江之西。其他词章渊源并生错出于浙之左右者,云合而雾瀗。"③其"乾淳之诸老"主要指朱熹、张栻、陆九渊,虽提到了江浙一带以词章取胜的学者,但明显是作为时代背景来看待。刘达可此序作于理学已取得主导地位的南宋末,其对乾淳文体的追溯显然具有时代的局限,从其所列诸公来看,与其说是文章名家,不如说是理学家一脉。因此其文中的"乾淳文体"是理学家明道、正学、穷理之文为主流,江浙文学名家为辅卫,这显然不符合事实。

林希逸《丘退斋文集序》推重林光朝艾轩一脉的文章谓:"老艾一宗之学,固非止于为文,而艾轩之文,视乾淳诸老为绝出。"④林光朝为高、孝两朝的著名学者林希逸之师祖。尽管林希逸此言不免有为本门誉美之意,但显然,其"乾淳诸老"之归集,具有师者之意。林景熙在为南宋末一名陈姓贡士所作的墓志铭中称美其人云:"讲学之功,乾淳诸老。"⑤认为其讲学之成就媲美"乾淳诸老",

---

① 周密《癸辛杂识》后集。
② 刘达可《璧水群英待问会元选要》卷四十,明丽泽堂活字本。
③ 同上。
④ 林希逸《竹溪鬳斋十一稿续集》卷十二《丘退斋文集序》。
⑤ 林景熙《霁山文集》卷五《宋贡士晋斋先生陈公墓志铭》。

是知"乾淳诸老"主要有教学作成之功。又马廷鸾所作《韩禾除国子司业制》称:"尔气醇履粹,学广闻多,尝登乾淳诸老之门墙,尚接中原文献之绪论。"①"登乾淳诸老之门墙"更加明确地指出了"诸老"作为老师的意义。所以,观周密总结渡江以来"太学之变"谓:"南渡以来,太学文体之变,乾淳之文师淳厚,时人谓之'乾淳体',人材淳古亦如其文。"②其"乾淳之文师"与"乾淳诸老"在意义指向上是一致的。后来人也大多是在此意义上来使用"乾淳诸老"这一称谓的,王柏在《跋久轩定斋帖》中回忆自己早年的情况时说:"予幽约不勇,不能寻师取友于四方,求乾淳诸老私淑之遗训,以变化其气质,与世参差,交道枯落。"③朱彝尊《经义考》评钱文季谓:"乾淳诸老之后,岿然后学宗师。"④是知,"乾淳诸老"这一称谓,其意义主要指向"后学宗师"。

　　"乾淳诸老"在典籍中还作为一种忠说、直言的意义出现。宋胡知柔《象台首末》载杨潮南所作关于胡梦昱谥号的议文称:"故王之心赖胡公而白,胡公之心赖先帝而白。胡公得白于先帝之心,暴之千万而无怍,斯固伏于秉彝之性,抑亦祖宗仁孝之传,乾淳诸老流风之近,固应有此。"⑤胡梦昱宝庆元年因上疏讼济王冤,谪象州羁管。宝庆二年,移钦州,未行而卒。此谓胡公有"乾淳诸老流风",是指"乾淳诸老"代表着一种排奸除恶、敢于直言的性格。此种意义的赋予应于"庆元党禁"中"乾淳诸老"不顾一身安危,直言敢谏有关。"庆元党人"入籍者五十九人,赵汝愚、朱熹、周必大、留正、彭龟年、陈傅良、吕祖俭、吕祖泰、徐谊、李祥、杨简、楼钥、孙逢吉、林大中、刘光祖、汪逵、孙元卿、陈武、袁燮、田澹、蔡幼学、周南

---

① 马廷鸾《碧梧玩芳集》卷四《韩禾除国子司业制》。
② 周密《癸辛杂识》后集"太学文变"条。
③ 王柏《鲁斋集》卷十一《跋久轩定斋帖》。
④ 朱彝尊《经义考》卷一百九。
⑤ 胡知柔编《象台首末》卷五。

等皆在列。这其中既有朱熹门下士,也有陈傅良一脉的徐谊、蔡幼学等人,皆为一时名士,社会影响力较大,故《宋史》谓:"韩侂胄用事,既逐赵汝愚、朱熹,以其门多知名士,设伪学之目以摈之。"①正是在这样的背景下,进一步凸显了"乾淳诸老"作为忠说直行的典型。魏了翁在回顾南宋书命之臣缴驳制命的风气时指出:"自京、桧用事,恶异喜同,士大夫始以是(缴驳词命)为惊怪。乾淳涵育之久,积而至于绍熙,然后此意仅仅有存。"②乾淳中,陈傅良、楼钥都曾有此举,显示了文学之臣独立的政治意识和忠耿之节。

又南宋末之《爱日斋丛钞》载陈俊卿治宅第,不事高华,务求适变之事,并评曰:"乾淳诸老,典型自别,不独莆土风近古也,况福公贤相乎?"③观此,则"乾淳诸老"之谓又寓崇俭朴、知进退之意。后人亦第以"乾淳诸老风"誉人,元王义山《题胡静得编祖黄溪诗集序》称黄溪之子黄全真为:"余旧识于泉省馆中,每叹其有乾淳诸老风。"④又《通贺杨仓宪除提刑》赞美杨仓宪"以真实地为践履,于知行处着工夫,比乾淳诸公个样人品,衍濂洛正派吾党宗师"⑤。因此,"乾淳诸老"又成为了一种忠说直言、俭朴澹泊品格的代称。

综上,"乾淳诸老"是就理学的视角所作的追溯,主要指朱熹、张栻、吕祖谦、陆九渊等理学家,而乾淳文师则包含了比乾淳诸老更广泛的乾淳时期的教师群体,尤其是以江浙一带重文章之学、重经史、讲求经世致用的永嘉学者。"乾淳诸老"作为学者宗师,对乾淳时期文风的雅正起到了重要推动作用而受到推重;其次,由于"庆元党禁"事件及后来理学取得主导地位,"乾淳诸老"由于认识和践行的统一,而获得了忠说直言的集体性格,并被后来人所景

---

① 《宋史》卷三百九十四《高文虎传》。
② 魏了翁《鹤山集》卷六十三《跋罗文恭公后省缴驳稿》。
③ 佚名《爱日斋丛钞》卷二。
④ 王义山《稼村类稿》卷四《题胡静得编祖黄溪诗集序》。
⑤ 王义山《稼村类稿》卷二十三《通贺杨仓宪除提刑》。

慕。"乾淳体"作为一种太学文风,不能脱离"太学"这一语境。观乾淳时期太学学官,主要为永嘉学者,似乎难觅朱、陆二派之人。这也可以从庆元党禁时期称场尽为"二三温人"(陈傅良、徐谊、叶适等)所控的指陈中见出。故而,仅就"乾淳体"而言,成就其文风的人应该指向曾任教于太学,或衡文科场,或腾耀于南省的人物,而非刘达可等所追述的理学宗师们。

### (二)"乾淳名师"考

作为后学宗师意义上的"乾淳诸老"具体是指哪些人呢?或者说哪些人符合"乾淳诸老"的条件呢?首先,狭义的"乾淳诸老"在数量上是较有限的,"诸"似不应过十数;其次,"乾淳诸老"应该是具有相当社会影响力的人,尤其是在学识和科举上影响力巨大的人物;其三,也是最重要的一点,"乾淳诸老"一定是有师者之职或师者之实的人物。以此三个条件观乾道、淳熙年间的历史人物,符合条件者当有吕祖谦、陈傅良、楼钥、叶适、陈亮等人,以下分别详述之。

#### 1. 吕祖谦

吕祖谦(1137—1181),字伯恭,原籍寿州(今安徽凤台),生于婺州(今浙江金华),人称东莱先生。与朱熹、张栻齐名,同被尊为"东南三贤",是南宋时期著名的理学大家之一。吕祖谦所创立的"婺学",也是当时颇具影响的学派之一。作为乾淳时期著名的思想家、文学家,其与科场的关联甚深,对于乾淳文体的形成有重要作用,对此,祝尚书、陈光锐二先生已有较详尽的探讨。在此,笔者拟更全面、深入地整理、补充吕祖谦与教育及科场的一些事实,以期更完整地考察其对乾淳文体的影响。

吕祖谦继承中原吕氏家学、文献之传,加之个性澹静、沉思好学,故学术早成。绍兴二十六年,年方二十岁,吕祖谦即获福建转运司发解进士首选,次年礼部试不中;隆兴元年,以两浙转运司解第二人应礼部试,以第六人奏名,又中博学鸿词科,一时名声籍甚。吕祖谦虽四十五岁即英年早逝,但其三十岁以后的人生与教育和科场有深厚的联系。乾道三年,三十一岁的吕祖谦葬母于明招山,是岁有学子主动求教,为之讲习。乾道四年,归自明招,于婺州城曹家巷开馆授业,并撰《左氏博议》。乾道五年,除太学博士,待阙,八月改严州州学教授,十月之官严州,著《己丑规约》、《谢遣初学约束》和《己丑课程》。乾道六年五月,除太学博士,归经婺,会诸生于丽泽书院,有《规矩七事》,十二月,兼国史院编修官、实录院检讨官。同年,张栻自严州召归为郎,与吕祖谦同巷居住,时芮烨为国子司业,与之共修学政,是年著有"太学策问"。乾道七年,召试馆职,除秘书省正字,兼职如故。乾道八年春,为省试考官,在院闻父疾,告归婺,二月丁父忧。乾道九年,诸生复集,讲《尚书》,有《癸巳手笔》,七月,薛季宣卒。淳熙元年,遣散诸生,始编《读〈诗记〉记》,阅《春秋左氏传》,有《左氏手记》。淳熙二年,访朱熹于武夷,留月余,同观关、洛书,辑《近思录》。归于信州鹅湖,有著名的鹅湖之会。八月,归明招,阅《通鉴》,有标抹本,学子多来讲习者,有《乙未手笔》。淳熙三年三月,会朱熹于三衢,受李焘之荐,除秘书省秘书郎兼国史编修、实录检讨官。淳熙四年,进《徽宗实录》,以修实录有功,转承议郎,罢检讨,仍兼史职,十一月,被旨校正《圣宋文海》。淳熙五年春为殿试考官,三月转朝奉郎,四月除著作佐郎兼史职,六月兼权礼部郎官,因与修《中兴馆阁书目》成,减两年磨勘,十月除著作郎。淳熙六年,请祠不允,因王淮问所编文海次第,遂上其书,以编类文海有功,除直秘阁,公数辞免,竟不获允。四月归婺,营宅城西北隅,复修《读诗记》、《尚书讲义》、《白鹿洞书院记》。淳熙七年,数命官,辞不就。淳熙八年,定《古周易》十二篇,编《欧公本末》,有《座右录》、《卧游录》,七月二十九日终于正寝,享年四十五。观吕祖谦一生,自三十一岁有学子主动求教至其卒,十五年间,吕祖谦或自集诸生讲习,或任太学教官,或应邀讲学,或受命衡文,或编集修史,无不与教育及科场紧密相关。除讲学外,吕祖谦还致力于学政的改进和完善,无论是在严州州学教授任上,还是在太学任职期间,都制定了明确的学规和课程。其影响力也主要通过科举考试这样一个颇具传播效力的中间环节得以发挥。而其著述成果更彰明了吕祖谦对学子和进士考试的深度参与与推动,除众所熟知的《古文关键》、《东莱博议》乃专为举子应试所作外,吕祖谦还著有《少仪外传》,又名《辨志录》,是书为训课幼学而设;《历代制度详说》乃采辑事类以备答策,本家塾私课之本。其余《东莱集注观澜文》、《历代奏议》本来是教学中所用之讲义,《左氏传说》、《大事记》、《唐鉴》、《丽泽论说集录》皆为积学之助,有益科举文章的写作。也正因为吕祖谦对科举教育的热心和这方面的成就,他每每受到道学人士的疵议,其著作也颇受道学家的批评:“如云:‘东莱博学多识,则有之矣,守约恐未也。’又云:‘伯恭之弊,尽在于巧。’又云:‘伯恭说义理大多伤巧,未免杜撰。’又云:‘伯恭教人看文字也粗。’又云:‘东莱聪明,看文理却不仔细,缘他先读史多,所以多粗着眼。’又云:‘伯恭于史分外仔细,于经却不甚理会。’又云:‘伯恭要无不包罗,只是朴过,都不精。’可谓抵隙攻瑕,不遗余力。”①其间不乏门户之见,在持科举害道观念的道学家眼里,热心关注科举尚且不可,更勿论像吕祖谦这样汲汲于科举教育,入仕后仍致力于科场程文的人。据此可知,吕祖谦的确在乾淳时期的科场发挥了重要的影响。事实上,道学家们对科举的观念和行为是存在悖逆的,以深疾科举的朱熹为例,他就把自己的儿子送到吕祖谦那里,并在信中时时问及其举业进展情况。吕祖谦回信有云:“令嗣在此读书,渐有绪,经书之类却颇能诵忆,但程文未入律。今且令破三两月工夫,专整顿,盖既欲赴试,悠悠则卒难见工也。此

---

① 《四库全书总目》卷九十二《〈丽泽论说集录〉提要》。

段既见涯涘,则当于经史间作长久课程。大抵举业若能与流辈相追逐,则便可止,得失盖有命焉,不必数数然也。"①末句吕祖谦认为举业得失有命,不必数数然,似有宽解朱熹之意,是知朱熹在来信中不仅问及其子的举业情况,而且颇有得失之虑。其他如周必大、潘叔度等均送子受学于吕祖谦,其意似在于科举,故吕祖谦信中每每向他们汇报其子的举业进展情况,《答潘叔度》云:"但录示令嗣课程,每日念三经各四百字,不为少矣。更须量其力,令有余乃善。其他如诵仪礼、温伊川诸书数项,姑为减去。"②《周丞相子充》云:"临安适有余汝谐者,往参大学,在持志斋颇谨,愿尺牍常行者,略指授度,亦能代匡,作律赋稍工。令嗣若来,却可与之商量,虽未知趣向,不足以陪燕谈,至于强立知见之病,则可保其必无也。"③这些书信更真实地展示了乾淳时期,一方面,经学在科举教育中的重要性日渐突出,所以习经是修学的必要内容;另一方面,那些对科举疾之如仇的道学家,在现实中依然不免抱着普通人一样的功利想法。

　　吕祖谦对乾淳时期教育的影响,首先体现在他对学政、学规的补充完善上,在乾道四年守母丧期间,授业曹家巷,制定《乾道四年九月规约》,首言"凡预此集者,以孝弟忠信为本"④。严州州学教授任上,他修立了《乾道五年规约》,并谓:"凡与此学者,以讲求经旨,明理躬行为本。"⑤而且亲身躬行,以求示化之效⑥。又尝编《壶

　　① 吕祖谦《东莱集》别集卷八《与朱侍讲元晦》。
　　② 吕祖谦《东莱集》别集卷十《答潘叔度》。
　　③ 吕祖谦《东莱集》别集卷九《周丞相子充》。
　　④ 吕祖谦《东莱集》别集卷五《乾道四年九月规约》。
　　⑤ 吕祖谦《东莱集》别集卷五《乾道五年规约》。
　　⑥ 参见《东莱集》别集卷十《与学者及诸弟》:"学舍亦渐就绪,士人皆欣然为学,向来旧弊已革去十之六。正官亦极相亮也。盖自到学,皆不曾别立规矩,及有所改更,但辰入未归,以身率之耳。"

范》,为子女行为规范,并屡为人言,当"且夕为据"①。其所著《辨志录》"杂取子史传记,下逮医书精要,而切于日用者,以为此编,易知易行,中人皆可企及"②,实为初学者之行为规范。这些条规的制定,将理学中修养持敬的功夫落到实处,对于学者而言实是必不可少的,故楼钥评吕祖谦对教育的贡献称:"其教人则以孝弟忠信为先,以穷经躬行为务,故登其门者随其性质,咸有得焉。"③指出吕氏之教育首重德育。

对科举,尤其是进士科的重视,首先取决于其对科举的态度,吕祖谦对科举的态度较朱熹要通达得多。首先,吕祖谦不全然反对科举,在他与朱熹共同辑录的《近思录》中,选录了程颐的话:"伊川先生曰:人多说某不教人习举业,某何尝不教人习举业也。人若不习举业而望及第,却是责天理而不修人事。但举业既可以及第,即已若更去上面尽力求必得之道,是惑也。"④这应该也代表了吕祖谦的态度,他在《与潘仕郎叔玠》中写道:"孺子近日作举业却勤,亦可喜也。"⑤勤于举业之值得一喜,正可说明吕祖谦虽重学,却也不废科举之学,不轻视举业,而且他还理性地认识到,科举与为学并不矛盾,如果处理适当,科举亦可成为传道之助。《近思录》云:"或谓科举事业夺人之功,是不然,且一月之中,十日为举业,余日足可为学。然人不志于此,必志于彼,故科举之事,不患妨功,惟患夺志。"⑥也就是说只要不是仅以科举中第为最终目的,修学与举业是可以兼济的。正是基于这样的观点,吕祖谦在乾道五年书信中,回应朱熹对其热心科举的质疑时说:"科举之习,于成已成物诚

---

① 吕祖谦《东莱集》别集卷十《答潘叔度》。
② 吕祖谦《攻媿集》卷五十三《辨志录序》。
③ 吕祖谦《攻媿集》卷五十五《东莱吕太史祠堂记》。
④ 朱熹、吕祖谦《近思录》卷七。
⑤ 吕祖谦《东莱集》别集卷九《与潘仕郎叔玠》。
⑥ 朱熹、吕祖谦《近思录》卷七。

无益,但往在金华,兀然独学,无与讲论切磋者,闾巷士子,舍举业则望风自绝,彼此无缘相接。故开举业一路,以致其来,却就其间择质美者告语之,近亦多向此者矣。自去秋来,十日一课,姑存之而已。至于为学所当讲者,则不敢怠也。"①以科举致其来,以修身为学为教育目标,这才是吕祖谦对举业的态度。所以,当听闻其弟子李诚之②科场作魁时,他说:"李茂钦作魁,大可喜。年来为学有意,乡者多为侪辈笑侮,往往不能自立,因此,可稍强其志气,虽学不待外,然就渠地步上说,则殊有补尔。又可使世俗(阙)分。为学者初不与科举相妨,所系殊不小也。"③据"向者多为侪辈笑侮"、"舍举业则望风自绝"诸语可知,在吕氏以科举相招,以为学相诱之前,学子对于理学还是较为排斥的。然而通过科举教学,并参以经、史之学,学者的思想、兴趣、气质慢慢地发生了变化,故吕氏言近来举业教学的分量日轻,仅十日一课,而为学当讲的内容则不敢懈怠,其地位渐重于举业。吕氏不仅以举业诱进学者修身为学,而且借科场参考书的快速、高效传播作为增益学问的途径。在《东莱博议序》中,吕祖谦写到:"予离群而索居有年矣,过而莫予辅也,跌而莫予挽也,心术之差,见闻之误,而莫予正也。幸因是书,而胸中所存、所操、所识、所习,毫忽发谬,随笔呈露,举无留藏。又幸而假课试以为媒,借逢掖以为邮,遍致于诸公长者之侧。或矜而镌,或愠而谪,或侮而谯,一语闻则一病疗,其获不既丰矣乎? 传愈博,病愈白,益愈众,于予也奚损? 遂次第其语,以谂观者。"因为长期独学无友,所以缺少交流,而借课试之作的形式,可以得到更多的回馈,从而修正自己学术上的差误。

① 吕祖谦《东莱集》别集卷七《与朱侍讲元晦》。
② 《宋史》卷四百四十九《李诚之传》:"李诚之,字茂钦,婺州东阳人。受学吕祖谦,乡举第一,后入太学,舍选亦第一。庆元初释褐,为饶州教授。"
③ 吕祖谦《东莱集》别集卷十《与学者及诸弟》。

当然，笔者也注意到，在吕祖谦晚期的言论中，对于科举与行道的关系似乎近于朱熹，如在《与郭养正》一书中谓："自岁初尽罢遣习举业者，庶几不作无益，害有益。"①视教人习举业为无益之事，甚而可能为害"有益"之教。虽然吕祖谦的教学理想是使科举与理学相得益彰，至少科举要为道学之助，但在其学生中，似乎习举业和为学之人还是泾渭分明的，如前所举李诚之这样的例子显为少数。此谓"遣散习举业者"，似乎某些非志于科举的人并未遣散，也并未拒绝诚心为学的士子，故其又谓"自此来讲论者，既无外诱，当易见工也"。又在与朱熹的书信中曾提到一名叫毛橡的举子，其谓："毛橡所附手教已领，此郎旧虽相从作举业，不登门久矣。"②味其语，对于仅为举业而受业之人，颇有生疏之感。

吕祖谦还常对门人教诲："人能以应科举之心读书，则书不可胜用矣。"③此"书"系指经史之书，修身为学之书。事实上，吕祖谦教学的目标最后总是指向修身立学的，所以即使是举业的教学，他也分外强调经、史实学在举业中的重要性，并试图使举业和经史之学更好地结合起来。在《少仪外传》中，吕祖谦诲谕："择师教子，学未成勿使应科举。"④此"学"乃修身立志之学，即理学的修为。他极其反对那种以科举中第为最终目标的教育，"今之有姿质者，父兄便教以科举之文，不容未躐等，皆缘父兄无识见，至有以得一第便为成材者"⑤。所谓"躐等"，即逾越等级，不按次序，亦即修身不谨，缺乏为学修身的功夫。吕祖谦认为科举中第并不是为学的终点，并不意味着成才。对于科举教育中缺乏对史的关注，吕祖谦也每有批评，他认为三代师氏之官，首教以三德三行，然后教以国政，

① 吕祖谦《东莱集》外集卷六《与郭养正》。
② 吕祖谦《东莱集》别集卷八《与朱侍讲元晦》。
③ 吕祖谦《丽泽论说集录》卷十。
④ 吕祖谦《少仪外传》卷下。
⑤ 吕祖谦《东莱集》外集卷六《门人周公谨（介）所记》。

而"后世自科举之说兴,学者视国家之事如越人视秦人之肥瘠,漠然不知,至有不识前辈姓名者,异时一旦立朝廷之上,委之以天下之事,便都是杜撰"①。不知史,便无法鉴往以知来,便难以治国政,故其叹曰:"盖人生天地间,岂可不尽知天地间事。"就具体的教学来看,吕祖谦也是先经史、后举业的,如对朱熹之子的教育,即是如此。熹子初至,有云:"令嗣到此半月,诸事已定叠,朝夕潘叔度相与切磨,势不容懒。某亦数数提督之,见令编书疏训诂名数,盖既治此经,须先从此历过。饭后令看《左传》。举业已供,两课亦非全无蹊径,但不曾入众,故文字间步骤规矩未如律令,久久自熟矣。"②对潘叔度的儿子,也是"每日念三经各四百字,不为少矣"③。总体上,习经总是先于举业的。

吕祖谦文章、学术为一时名家固不待言,仅就其教育的影响而言,楼钥曾总结称:"乾道、淳熙间,儒风日盛,晦庵朱公在闽,南轩张公在楚,而东莱吕公讲道婺女。是时以学问著述为人师表者,相望惟三先生,天下共尊仰之。而婺人被东莱之教尤深,至今名士班班,其传盖未艾也。"④而其编撰、校注的时文、古文选集更是被广大供举业者奉为应试圣经,如其《东莱博议》在科场影响深远,至南宋末,科场隽文往往还被评为:"其文法得之《东莱博议》。"⑤由林之奇编,吕祖谦集注的《观澜文集》,在当时便屡屡再版⑥。吕祖谦还与当时的科场名师相善,师从名师林之奇,其他如陈傅良、芮烨、

---

① 吕祖谦《丽泽论说集录》卷四。
② 吕祖谦《东莱别集》卷八《与朱侍讲元晦》。
③ 吕祖谦《东莱集》别集卷十《答潘叔度》。
④ 楼钥《攻媿集》卷五十四《东莱吕太史祠堂记》。
⑤ 魏天应、林子方《论学绳尺》卷二。
⑥ 《观澜文集序》:"三山林少颖先生精选古今杂文数百篇,凡赋、诗、歌、行、序、引、论、记、书、启、表、疏、传、赞、箴、颂、碑、铭,逐篇分类,以惠后学。吕东莱先生为之集注,作前、后集刊行,盛传于时,已三镂板矣。今再誊作大字,鼎新刻梓,重加校正,并无舛论,开卷幸详鉴。"

楼钥等皆与之厚,国子司业芮烨的女儿还嫁给了吕祖谦。

吕祖谦中科场高第,又续中博学宏词科,其文章声名为时人所重。淳熙五年,周必大固辞省试详定官之任,孝宗问何人可代,听说吕祖谦能文,周必大回答:"翰苑须用有学问者,祖谦涵养既久,习知典故,史院甚得其力,不但文字之工也。"①在周必大看来,吕祖谦若仅是能文名,并不足称,更重要的是他兼有经、史之才,学问深沉。的确,吕祖谦不仅预修《徽宗实录》,而且自身史学修养深厚,楼钥称其"博极群书,究通千古兴亡治乱之变,而耽嗜经学,至忘寝食。"②故韩淲称:"吕丽泽深识治乱之情。"③而且作为乾淳三先生之一,祖谦耽嗜经学,"于《诗》、《书》、《春秋》皆多究古义",并且"其教人则以孝弟忠信为先,以穷经躬行为务"。难得的是,吕氏不同于道学家之排斥为文,而是对为文体格源流,具有心解,故其经史之学融贯于议论当中,加上其不废文辞,故其"文词闳肆辨博,凌厉无前",文章"豪迈骏发,而不失作者典型"④,宜乎其为文章之一杰也。然以吕祖谦高才博学,未获大用,故楼钥叹曰:"少为国器,长为人师,使居大位,则必称物平施,庶几直道之行也。"⑤"为人师长"可视为对吕祖谦一生的经典概括,这"人师"既指其经学、义理上的探究与传道,更包括其对科场文章的细心剖析及对后学的指导。

吕祖谦之学本之家族,有中原文献之传,长从林之奇、汪应辰、胡宪游,既又友张栻、朱熹,讲索益精。其及第前师从的林之奇,为

① 楼钥《攻媿集》卷九十四《少傅观文殿大学士致仕益国公赠太师谥文忠周公神道碑》。
② 楼钥《攻媿集》卷五十四《东莱吕太史祠堂记》。
③ 韩淲《涧泉日记》卷中。
④ 《四库全书总目》卷一百五十九《〈东莱集〉提要》。
⑤ 楼钥《攻媿集》卷五十四《东莱吕太史祠堂记》。

文"约敌繁，密胜疏，精掩粗"①，在南宋初"人争负才力，或逞辨博"的时代背景下，实为异数，但却代表了后来文章发展的方向。而吴子良在追溯文章统绪时，更把吕祖谦视作南宋文章之发轫者②，足见其在南宋文中的特殊地位。吕祖谦编写了弘扬理学的《丽泽讲义》、《春秋讲义》、《书说》等著作；还编辑了不少文章选本加以批注，如《古文关键》、《三苏文选》、《国朝名臣奏议》、《诗律武库》、《精骑》等，这些选本多针对科场文章写作。

2. 陈傅良

陈傅良（1137—1203），字君举，有科场盛名，未第以前，其科场程文即得到刘朔的揄扬，可谓年甚少而名已高。其时，陈傅良授徒于仙岩僧舍，士子莫不归敬，所谓"人争传诵，从者云合"，殆非虚誉。与吕祖谦不同的是，陈傅良在未取得科名之前，即为学者所追崇，楼钥称："本朝名公钜卿不可缕数，然自韦布而名动宇内者，不过数人。"而陈傅良即为其一。这种年少得名的原因一方面得益于其早年所作的《待遇集》、《六经论》③的刊行；另一方面，乾道六年赴临安补试，及乾道八年与蔡幼学、徐谊等同时中高科则是其影响力扩大的重要推动力。与吕祖谦不同的另一点是，吕祖谦有中原文献之传及浙东程学的环境濡染，本不以科名为重；而陈傅良则是从举子业入手，在科场程文已冠绝一时的情况下，始折心于薛季宣、郑伯熊之经义德行，而得于前者为多。楼钥称："中兴以来，言理性之学者宗永嘉，惟薛氏后出，加以考订千载，自井田王制、司马法八阵图之属，该通委曲，真可施之实用。凡今名士得其说者，小

---

① 刘克庄《后村集》卷二十三《竹溪诗序》。

② 吴子良《�6窗集续集序》谓："宋东都之文以欧、苏、曾倡，接之者无咎、无己、文潜其徒也。宋南渡之文，以吕、叶倡，接之者寿老其徒也。"

③ 楼钥《宝谟阁待制赠通议大夫陈公神道碑》："公自为举子业，其所论著如《六经论》等文，所在流播，几于家有其书。"

之则擅场屋之名,大可以临民治军之际。"①也就是说,薛氏之学中本来就包含了科举之学。薛氏长于辞赋,当时闻名,永嘉之学长于科举远在陈傅良闻名之前。这恰如吕祖谦所期待的,从事举子业的生徒中择美质者而诱以经学,陈傅良正是在这种风气之下归心儒氏的,这大概也是浙东学风的特点之一。缘于此,陈傅良的科场文章写作,不仅格局、立意、造语迥出人上,而且也特重学识修养,尤精于史学。《宋史》载:"傅良为学,自三代、秦汉以下,靡不研究,一事一物必稽于极而后已。而于太祖开创本原,尤为潜心。"②其文务求言之有理,言之有物。

观陈傅良一生,其对科场士子的影响始终未曾断绝。从二十七岁讲学温州城南茶院至淳熙六年任福州通判之间的十五年时间里,陈傅良主要以教学修业为主,影响力已从江浙渐至于全国,甚至传至国外。蔡幼学所作陈傅良行状称陈傅良殿试之策:"其言深婉切至,有司奇之,将请置第一,或议不合,犹在甲科。当是时,公名震天下,其文流入外国。"③此后,陈傅良无论是在十余年的外任期间,还是归朝为郎、为东宫赞读,抑或是闲居乡里,皆未曾间断教学。刘宰称:"故中书舍人陈公傅良将漕时,率诸生与同僚之好学者讲道岳麓。"④在知桂阳军之前的三年闲居时间里,陈傅良"日覃思于六经,将有所述,以开后学,一室萧然,与士友终日澹如也"⑤。教育引导后学是贯穿陈傅良一生的事业,故蔡幼学评其教学之功:"汲引后进,如恐不及,小善曲艺,奖予无倦,士多不远数千里乐从公游,公随其所长,诱掖磨琢以成其材。"⑥

---

① 楼钥《攻媿集》卷九十五《宝谟阁待制赠通议大夫陈公神道碑》。
② 《宋史》卷四百三十四《陈傅良传》。
③ 《止斋集》附录蔡幼学所作陈傅良行状。
④ 刘宰《漫塘集》卷二十八《故兵部吴郎中墓志》。
⑤ 《止斋集》附录蔡幼学所作陈傅良行状。
⑥ 同上。

陈傅良善于因材施教,其科场文章之令名的获得,并不仅止于文字的高胜,而是源于学术的渊深。陈氏长于《春秋》之学,著有《春秋后传》、《左氏章指》,蔡幼学评曰:"公深于《春秋》,其于王霸、尊卑、盛衰、消长之际,及乱臣贼子之所由来,发明独至。又以为左氏最有功于经,能存其所不书,以实其所书,故作《章指》以明笔削之义。"①而对于陈氏之治《春秋》,朱熹颇有微辞,尝谓:"《春秋》为仙乡陈、蔡诸公穿凿得尽,诸经时文愈巧愈凿,独《春秋》为尤甚,天下大抵皆为公乡里一变矣。"②又谓:"因举陈君举说《左传》曰:左氏是一个审利害之机、善避就底人,所以其书有贬死节等事,其间议论有极不是处。"③朱熹的批评恰好说明:尽管陈傅良治经史主要目的是欲为一代治政提供借鉴,但其影响却主要体现于科场,在当时经义日尊、诗赋日微的形势下,时文所需借鉴的不仅是讲行文章法的《古文关键》、《止斋论祖》,以使文章言之有味,而且还需研读所治之经的注疏传记,以使文章言之有据,言之有物。这也可以从进献给宋光宗的《周礼说》在科场的传播看出,叶适《黄文叔周礼序》谓:"同时永嘉陈君举亦著《周礼说》十二篇,盖尝献之绍熙天子,为科举家宗尚。"④从这个意义上说,此时吕祖谦、陈傅良、张栻、朱熹、陆九渊等人所有的解经论史之作,皆可以资科场之用。事实上,朱熹语录后来在科场的广泛应用即是证明。由此,陈傅良其他诸作如《毛氏诗解诂》、《建隆编》等对科场应试者来说,也具有同样的效用。

陈傅良作为一代名师,其培养的人才著名者如蔡幼学、徐谊、叶适等,其他如鲍绣、刘春、胡时等则难以计数。同时闻人亦多师

---

① 《止斋集》附录蔡幼学所作陈傅良行状。
② 朱熹《朱子语类》卷一百十四。
③ 朱熹《朱子语类》卷八十三。
④ 叶适《水心集》卷十二《黄文叔周礼序》。

友之,吕祖谦、张栻与陈傅良友善。淳熙五年,因龚茂良罢政,陈傅良求外任时,吕氏曾以馆职相留,足见相知相契颇深。楼钥虽中举早于陈傅良,但敬重其学识德行,师友事之,知之甚深,为作《神道碑》,且《攻媿集》中颇存与陈傅良交往的诗、书。至于朱熹,陈傅良与之论学书信颇存,且陈氏在朱熹被贬之时,力言其不当去国,是为挚友。陈傅良虽位不过中书舍人,但其为官颇有政声,在朝廷亦有谠论直行,故王瓒称:"其仕于外也,事无细钜,一裁以义,劝善革奸,缩用薄利,卓越之绩,传不绝书。其在朝也,正色谠论,直前极陈,扶翊大政,匡持君德。欲进忠贤,则黄冕仲、朱元晦之迁改,不与书行;欲摧权奸,则率逢原、张子仁、陈源之除目,缴驳论奏。苟裨社稷,奋不顾身。"①

陈傅良科举程文的艺术特点,祝尚书先生借《止斋论祖》一书为例,归纳为"立论新警,自成一家;辨析精微,深得论体;造语圆活,行文简洁;文采斐然,读之有味",并指出:"可以说,乾淳'太学体',渊源正是'苏文之体'。"②固然,南宋立国以来,苏轼文章便一直受到追捧,师法苏文是那个时代回避不了的趋向,但如果陈傅良的文章仅止于师从和模仿,是难以获得"文体一变"的效果的。那么除了在形式上借鉴学习苏文的波澜曲折之外,由陈傅良所建立起来的"乾淳太学体"究竟有着怎样的独特之处,似还有深入讨论的必要。

关于陈氏时文的程式和艺术特色,祝尚书先生所论已称精当,但陈傅良所开创的乾淳"太学体"在内容上有着怎样的独特之处,笔者拟一析之。诚如祝先生所论,乾淳"太学体"的出现与孝宗锐意进取的执政态度密切相关,表现为科场程文对时政的主动参与

---

① 《止斋集》王瓒序。

② 祝尚书《论乾淳"太学体"》,《宋代科举与文学考论》,大象出版社,2006年,第434—440页。

与议论,前引陈傅良廷策之文即是显例。事实上,举子关注时政、表现政治见识,历来就是科场的传统,只是在不同的政治气氛下,表现上有隐显之别。而举子如何表现、用什么方式来表达则体现出时代的差异,抑或即是"时文"之"与时高下"的重要方面。陈傅良所开创的时文,一方面顺应了孝宗朝进取、开放的政治风向,敢于大胆议论时政。绍兴二十五年(1155)秦桧病死,政治风向开始转变。二十七年(1157)是贡举年,是年三月十四日,高宗御笔宣示殿试官道:"对策中有指陈时事、鲠亮切直者,并置上列,无失忠谠,无尚诡谀,用称朕取士之意。"十六日,又戒励有司"抑诡谀,进忠亮"①。绍兴三十一年(1161)二月二十三日,国子录邹樗上言:"多士程试,拘于时忌之说,蓄缩畏避,务为无用空言。至有发明胸臆、援证古今者,苟涉疑误,辄以时忌目之,不得与选,使人抱遗材之恨。欲望布告中外,应场屋程文有涉疑误被黜污者,依理考校,不许以时忌绳之,庶使去取精确,文风丕变。从之。"②又"恭闻陛下恢崇儒术,深烛文弊,廷策多士,率取直言,置之前列。今岁秋举,窃虑远方之士未悉圣意,尚循旧习,或事谀佞。望申敕中外:场屋取士,务求实学纯正之文,无取迎合谀佞之说。从之。"③

　　另一方面,与欧阳修时代、苏轼时代进士程文对政治的切入不同,陈傅良时文对政治的论议是建立在对儒家经典义理的深入研究和归纳之上的,是建立在对历代兴衰治乱的严谨反思和总结之上的,因此其文表现出深厚的学识修养。加上在文学修辞上的求新求变,陈氏时文的确实现了内容和形式两方面的突变,其影响被时人评为"绍兴之文丕变"④。而且,就陈傅良所师法的对象来讲,

---

①《宋会要辑稿·选举》八之四三。
②《宋会要辑稿·选举》三之三四。
③《宋会要辑稿·选举》五之五。
④《止斋集》曹叔远序。

除苏轼而外,欧阳修之文也是其追崇、研习的重要对象,吴子良称:"淳熙间欧文盛行,陈君举、陈同甫尤宗之。"①此外,陈傅良对《史记》也是特别钟情,尤其是《史记》诸传赞,"如贾谊传赞,尤喜为人诵之,盖语简而意含蓄,咀嚼尽有味也"②。正是这种转益多师的积学之功,使得陈傅良"以古文为时文"的新风尚具有了新人耳目的效果。楼钥所作《神道碑》载:"蜀中文学最盛,读之者无不动色,文体为公一变。"蜀中是苏文的故乡,其文学在当时亦极盛,而见陈傅良之程文,亦不免动色,可见陈氏时文不止于学苏、仿苏,而是在集学诸家之长的同时有所新变,这种新变表现为楼钥所称的"陈编宿说,披剥溃败;奇意芽甲,新语懋长"③。"奇意"的出现有赖于孝宗朝宽松、开明的政治气候,学者得以或敢于对陈编宿说有所质疑,有所树立;而"新语"则表现为行文的以古为俳和造语的自出新意,而后者至叶適则演变为"喜为新奇,不屑摭拾陈语"的极致追求。④

　　当然,陈傅良时文之所以能风靡天下,更重要的是在内容上的征实与厚重。四库馆臣评陈氏《止斋集》云:"集中多切于实用之文,而密栗坚峭,自然高雅,亦无南渡末流冗沓腐滥之气,盖有本之言,固迥不同矣。"⑤此诚为知言,陈傅良时文之"本"在于他对经史之学深研熟参,集学广纳,陈傅良除师从郑伯熊、薛季宣外,还与张栻、吕祖谦友善。从其所著之籍即可见其学术之成就,所谓"读《书》有谱,六经有论,建隆有编,《毛诗》有解诂,《春秋》有后传,左氏有章指,《周礼》有进说,制诰有集,皇宋有大事记,进读有艺祖实

---

① 吴子良《荆溪林下偶谈》卷三。
② 吴子良《荆溪林下偶谈》卷四。
③ 楼钥《攻媿集》卷九十五《宝谟阁待制赠通议大夫陈公神道碑》。
④ 《四库全书总目》卷一百一十七《〈习学记言〉提要》。
⑤ 《四库全书总目》卷一百五十九《〈止斋集〉提要》。

录,周汉以来有兵制"①,是为"著书明道"。就经学而言,后学曹叔远谓其有"邹鲁之统绪,河洛之承续"②,而史学方面,叶适称:"年经月纬,昼验夜索,询世旧、翻吏牍,搜断简、采异闻,一事一物必稽于极而后止。千载之上,珠贯而丝组之,若目见而身折旋其间。"③故吕祖谦认为陈傅良"其长不独在文字也",叶适则铭曰:"发为辞华,乃学之余。"盖其学术文章皆继承了永嘉学派崇尚实学,务期有用的学术旨趣。楼钥称陈傅良:"研精经史,贯穿百氏,以斯文为己任,综理当世之务,考核旧闻于治道,可以兴滞补敝,复古至道,条画本末粲如也。"④四库馆臣评陈傅良之学云"终以通知成败,谙练掌故为长,不专于坐谈心性",皆为知言。

陈傅良对于科场的影响力,研究者多将其断为乾道八年中举之时,缘吴子良谓陈傅良:"既登第后,尽焚其旧稿,独从郑景望讲义理之学,从薛常州讲经制之学,其后止斋文学日进,大与曩时异。"⑤又曹叔远编《止集文集》,取乾道丁亥(三年)以后,少作尽弃不取,似乎陈傅良中举后即不复染指科举,且其对举子文章颇有悔意,力求自新。此固有理,乾道三年,陈傅良服膺薛季宣之学,遂潜心儒家经籍,自谓"见兄梅潭,忽若坠渊"⑥。然如前文所述,陈傅良一生无论教学为职,还是地方为官,身边总是有许多学子追随,而绍熙初年,陈傅良辗转外任,回杭为郎官,轮对时与光宗有一段对话值得关注。

上云:"卿去国几年,朕欲见卿久矣。"读札子,至"宽民

---

① 《止斋集》王瓒序。
② 《止斋集》曹叔远序。
③ 《止斋集》叶适所作墓志铭。
④ 楼钥《攻媿集》卷九十五《宝谟阁待制赠通议大夫陈公神道碑》。
⑤ 吴子良《荆溪林下偶谈》卷四"陈止斋"条。
⑥ 陈傅良《止斋集》卷四十五《祭薛常州先生》。

力",上曰:"莫急于此,只为处置难。"奏云:"臣第三札子是处
置大略,容款曲敷奏。"天颜甚喜,读札子毕,褒奖再三。奏:
"容下殿谢恩。"上云:"且说话。闻卿在永嘉,从学常数百人。"
奏:"臣无所长,只与士子课习举业,过蒙清问,不胜悚惧。"上
云:"知卿学问深醇,著书甚多,朕欲一见,可尽进来。"奏:"臣
岂敢著书,不过讲说举子所习经义,何足仰尘乙夜之览?"上
云:"经说更好,但随所有进来。"①

　　一方面,中举已近二十年、任官十余载的陈傅良,在宋光宗看来仍
是一位科场名师,其感兴趣的还是陈氏当年盛况空前的教学情况,
而且极愿见其著述。另一方面,陈傅良自谓所著之书"不过说举子
所习经义",虽为谦词,亦多少属实。从前引《周礼说》为科举家所
宗尚来看,陈氏中第后的著述和活动似乎并未与科场绝缘,它如
《春秋后传》、《左氏章指》等对科场影响甚巨,以致受到朱熹的严厉
批评。因此,陈傅良尽管自中举后,痛自涤磨,但其对科场的影响
力却始终都在。也许是陈傅良对自己的影响力也有清晰的认识,
所以中第后,陈氏研经、史,欲究历代制度之变,以为治政之鉴的举
动,正是为了纠正早期文章过于重视立新意、造新语的偏颇。然
而,一些投机取巧之徒,已经尝试着走快捷方式,徒事于文章言辞
之工巧,而忽略了乾淳文体中厚重的学识和义理。故至淳熙末期,
乾淳"太学体"之弊渐渐显现。

　　由于陈傅良时文风格独特,善于自立新意,且语言新颖,颇能
吸引年青学子,因此不可避免地出现了一些极端的现象,如只以时
文为学习榜样和终极目标,而忽略了德行的修养和学问的积累,科
场程文穿凿经史、徒事虚浮之辞的现象逐渐严重。绍熙初年,知举
官欲变此弊,其上疏谓:"士子不阅经史子集之文,而专意于时文;

──────────

① 陈傅良《止斋集》卷二十。

不阅旧来典实之文,而专意近日浮虚之文。"①然而,这种空疏虚浮的文风显然与陈傅良时文重学识、义理的倾向相悖,因而当视为乾淳"太学体"之流弊,这也可以从彭龟年对此风气开出的药方"使士明经术,熟古文,则文格自正"中看出,其指出的正学途径正是陈傅良时文所具有特质:一为重经、史之学,二为以古文行道,即使是声律之文如诗、赋,也追求一种"古文之有韵者"②的效果。然此种流弊其导源似与陈傅良所创立的乾淳"太学体"有关,因此这种批评也隐然指向陈傅良,故王瓒作序不免回护,其云:"公淹贯六经,包括百氏,洞彻天人之奥,而于历代经制大法,与夫当世制度沿革失得之故,稽验钩索,委曲该洽,此岂泛然雕饬以骛于虚言者也?"③

陈傅良所指出的为文之道是:"论事不欲如戎兵,欲如衣冠佩玉,严整而和平;作文不欲如组绣,欲如疏林茂麓,窈窕而敷荣。"④作论应理明辞平,不求如戎兵之刀剑相向,这与苏文之好骂、好辩已经不同。又谓作文不应堆砌雕琢,而应为有本之言,如疏林茂麓,根深而叶敷荣。王瓒总结陈傅良文章的特点为:"茫乎如阴阳之阖辟也,浩乎如河海之汹澹也,灿乎如日星之炳耀也,油乎如风云之流行也;雄伟而不放,精深而不晦,驰轶而不迫;起伏敛纵,愈出愈驶,引古质今,涤冗为新,错综万务,体悉人情,而归宿于至理。盖不独绳矩之具,而精粗隐显皆可以适天下之用。自有文字以来,学士大夫竦企倾动,固其时乎?非有本者,其孰能之。"⑤雄伟、精深,兼有广阔、深邃、明亮、流畅等特质,究其根源则皆有本有用之言,这可以说是对陈傅良文学成就的准确总结。事实上,陈傅良之

---

① 杨士奇《历代名臣奏议》卷一百七十,彭龟年绍熙元年上《审材辨官疏》。

② 楼钥《攻媿集》卷五十三《郑屯田赋集序》。

③ 《止斋集》王瓒序。

④ 吴子良《荆溪林下偶谈》卷四"止斋送陈益之诗",又见《止斋集》卷二《送陈益之架阁》。

⑤ 《止斋集》王瓒序。

文优异突出,为人所共知,而其诗实亦精深可味。吴子良称:"止斋之文,初则工巧绮丽,后则平淡优游,委蛇宛转,无一毫少作之态。其诗意深义精,而语尤高。后学但知其时文,罕有识此者。"①楼钥亦盛道陈傅良:"诗律之精深,字画之遒媚,登览高致,吟讽低昂,亲之则使人意消,王谢韵度尚可想也。"认为可与王、谢齐肩,评价极高。

尽管陈傅良科场文名擅一世,但对于科举取士及文字取士之弊有深刻认识,其乾道中②所制策题中有云:"以文词取士,而病其不以实学应科,难矣。唐之科目繁密已甚,然兼采誉望,不专决于一日之艺,犹稍近古。国朝虽视唐制加详,而祖宗盛时,盖有自藩邸熟闻其人,已乃定为进士第一,而大名举子尚以德行自相推先。国子监尝遗进士,有司寻复怀赋上殿,诏特取试礼部,盖有唐之遗风焉。贤公卿大夫率于是乎得之。粤自一切任法,而概以绳尺之文,虽有茂材异等,语不中程,辄弗第录。繇是场屋始以缀辑揉熟淫靡之文相师,而士气日卑,议者病之。逮以时务发策,以求实学,要之不离于文词,胡能相远。周汉之制,诚不可卒复,伊欲寻祖宗之美,稍宽学校贡举之法,以渐复唐旧,宜不甚难施行。"③陈傅良认为正是科场"一切任法而概以绳尺之文"导致文气卑陋,取非其人。因此,期待科场稍宽法禁,虽未明言复乡举里选之制,但从行文中可以看出,陈傅良对于兼采誉望、考德行是认可的。此外,陈傅良还认为取士之路过于单一,"举世悉由于进士,合四渎之流为

---

① 吴子良《荆溪林下偶谈》卷四"陈止斋"条。
② 该条制策末云:"夫自乡贡不得以待阙官考试,日者铨选又增委保之员,而国之贵游子弟将置别头,若是亦已察矣。"考孝宗朝科举制度,乾道三年十月十二日丙午,诸州科举考试官不得从寄居官中差任,须现任有出身人中选差。据此推知此策当作于乾道中。
③ 陈傅良《止斋集》卷四十三《策问十四首》。

一川而归之海，其不放而被原野乎？今其势极矣！度其变不远"①，表达出对变革科举的强烈愿望。同时，对于补试政策抑内郡、优外郡的趋向，陈傅良认为于理不合，指出孝宗虽求才若渴，嘉与寓内之士，但有司选举政策却"不胜异意"，心存南北之别②。

3. 楼钥

楼钥（1137—1213），字大防，号攻媿，隆兴元年（1163）进士，初任温州教授。光宗继位，为起居郎兼中书舍人。宁宗立，韩侂胄掌朝政，不肯依附，改显谟阁直学士，出知婺州，移知宁国府。后告老归家闲居，韩侂胄被诛后，楼钥又被起用为翰林学士，吏部尚书兼翰林侍讲，迁端明殿学士。嘉定初年，同知枢密院事，参知政事，又授资政殿大学士，卒赠少师，谥宣献。楼钥不仅以敢于直言为光宗所畏③，而且善长内外制，为当时大手笔，史称其"年过七十，精敏绝人，词头下，立进草，院吏惊诧"④。又缘其高寿，故在侪辈凋零之后，岿然为一代文宗。楼钥作为名臣、文学家的一面为大家所熟知，而其作为师者的一面却少有人注意。

楼钥一生，与教育关系密切，其及第后第一任官职即为温州州学教授，并有《温州进士题名序》，此序不仅历数温州进士中举数量的变迁，而且以学风变迁，二程之学泽被东嘉，激励士子进学。光宗立，召为国子司业。韩侂胄用事，罢官闲居近十四年，其间主要活动即为讲学授徒。其《攻媿集》四库馆臣云："据原目为御试进士、举人召试、馆职、阁职、省试、别试、解试上舍、州学诸试所拟策问十五篇。"⑤是知楼钥参加过各种类型、各个层次的考试命题工

① 陈傅良《止斋集》卷三十五《答林宗简》。
② 陈傅良《止斋集》卷四十三《策问十四首》。
③《宋史》卷三百九十五《楼钥传》："改国子司业，擢起居郎兼中书舍人，代言坦明，得制诰体。缴奏无所回避，禁中或私请，上曰：'楼舍人朕亦惮之，不如且已。'"
④《宋史》卷三百九十五《楼钥传》。
⑤《四库全书总目》卷一百五十九《〈攻媿集〉提要》。

作,其中多为科举考试。联系到楼钥在隆兴元年省试中因文辞特异,主文欲擢第一,缘文中有犯庙讳,当年的主考官洪遵特地奏明,孝宗御旨命置末甲前列及第的辉煌经历,宜其在当时科试衡文中具有突出地位和影响力。其家族中亦多教授为业者,从兄楼景山擅赋,"少有场屋声,一语不苟作,遂以词章闻于时"①,并曾担任太学正一职。另一从兄楼钹则擅论,"兄自少习书,未尝作赋,时方兼经,一出而争诵之,私试《惟圣人可以践形论》,冠绝一时,盖他人皆谓圣人能践形,兄独谓可以践形,尤得孟子之旨,而文又胜。蜀名士冯圆仲方、李知几石为学官,相与击叹,且曰:'东南乃有如此人才耶?'必欲实首选,虽以异议稍却,而名愈重。绍兴二十有九年解试,为第七名,明年省试为第六名,三场俱高。而《尧仁如天》、《光武总揽权纲》二论,尤为世所称述。钱子和豫为参详官,批其卷云:'议论雄特,文势雅健,非老于史学者不及此,无有与之争衡者。'"②

楼钥生于文学世家,少即为胡铨所赏,谓其有"翰林才",其奏议诏令"援据该洽,义理条达","词气雄浑,笔力雅健"③,真德秀称其文"如三辰五星森立天汉,昭昭乎可观而不可穷;如泰华乔岳蓄泄云雨,岩岩乎莫测其巅际;如九江百川波澜荡漾,渊渊乎不见其涯涘。人徒睹英华发外之盛,而不知其本有在也。"④楼氏论文亦主张:"心平气和、理正词直,然后为文之正体。"⑤楼钥在科举文体方面最擅赋,少时师从郑刚中习赋,隆兴元年文震科场。其家学亦有擅赋的传统,在师事郑刚中时,楼钥已经是弱冠之年,其"时亦粗成赋篇",其族兄楼钹、楼景山亦有赋声。然而,在师从郑刚中之

---

① 楼钥《攻媿集》卷五十二《求定斋诗余序》。
② 楼钥《攻媿集》卷七十三《书从兄少虚教授金书金刚经后》。
③ 真德秀《攻媿集原序》。
④ 同上。
⑤ 楼钥《攻媿集》卷六十六《答綦君更生论文书》。

后，其律赋水平大幅提升，不仅科场获致高声，其自谦之词亦谓："如钥者，术业空疏，词章骫骳，受过庭之教，敢言匡鼎之解颐，习雕虫之工，难及温生之乂手。"[①]楼钥在其晚年时，收纂郑刚中所作赋篇为一集，并将己作八篇附其后，又亲自作序，不厌其烦地转述先生教诲的作赋要诀，以至该书序几同于一篇律赋写作格诀，配以郑、楼之隽文，俨然就是一本标准的赋格专书。楼钥虽自谓"不求传于世"，惟"使子孙知师承之自尔"，但以楼钥在科场中的地位，其传播效力似不止于此。而该序收入《攻媿集》中，使我们有幸藉以窥知高、孝之际律赋写作风气的变迁和转关，诸如律赋追求如"古文之有韵者"之类，此待下文详论。

楼钥为明州鄞县人，属浙东，受永嘉之学的影响。又与吕祖谦、陈傅良友善，其与吕祖谦同龄，且同年及第，对吕祖谦极为钦敬，自谓不敢"以友友之"，在同居百官宅时期，楼钥常从吕祖谦请益学问，又多次拜访，情谊颇深。楼钥在任温州教授期间即与陈傅良游，同在杭州任职时，陈傅良还向楼钥请教古文字[②]，楼钥为陈傅良作神道碑，为《春秋后传》、《左氏章指》作序，《攻媿集》中还存有不少与陈傅良往来的诗歌。又陈傅良去世后，其子颠沛穷匮，楼钥为其上疏请求录用。在光宗时期，楼钥缴驳内批，陈傅良为之声援，因此，二人不仅私交甚笃，而且政治见解和立场也多相似，是为挚友。

---

① 楼钥《攻媿集》卷六十一《谢试中教官除温州教授启》。

② 参见《攻媿集》卷七十《跋薛士隆所撰林南仲墓志》："淳熙四年冬，钥备员敕局，陈君举任太学录，官居相邻，一日同林伯顺大备相过，怆然曰：'薛寺正之亡，吾侪之所痛也。尝为伯顺求先铭于寺正，书以古篆，恐其难辨，又作楷法于后，已授我而亡之矣。后从薛氏子沄得其稿，茫不知何语，子能辨之否？'钥不善篆而素好之，一见才识十二三，余皆奇古难知。白仲氏，故严州使君，相与遍阅字书，考究几月而后尽得之。寺正于书无不读，耽玩钟鼎古文，搜奇抉怪，凡易识者多不用。古文所无，间以小篆补其阙，真好古哉。君举、伯顺得之喜甚。"

### 4. 叶适

叶适(1150—1223)字正则,学者称水心先生,又称永嘉先生。他与薛季宣、陈傅良后先相继,完成了对永嘉学派理论体系的构建,使之成为与朱熹的道学派、陆九渊的心学派并列的三大学派。作为南宋时期著名的思想家、文学家、政论家,其一生从学者甚多,于科场、于永嘉之学皆影响深远。叶适淳熙五年以廷试第二名及第,其廷试所作之策,吕祖谦以为:"自有策以来,其不上印板即不可知,已上印板,皆莫如也。"①而在及第之前,叶适11岁时即师从陈傅良学时文,后又游学江浙,先后向郑伯熊、薛季宣、吕祖谦等请教学问,可谓转益多师,得永嘉之学的精髓。而早年的叶适在十几岁时便开始在北山小学讲舍讲习,一边学习,一边教学。入仕以后,淳熙十三年,受参知政事龚茂良之荐,任国子司业,次年升为太学博士。以叶适科场盛名,加上其在文章、学术上的持续磨炼,其任太学学官之职,正是适当其任。楼钥所草的《吏部郎官叶适国子司业敕》谓:"朕御图之初,思欲作新学者耳目,求当今第一流、素为天下士所推服者,以正师席。宜莫如汝,矧兹郎潜,资望俱称。"②由此敕可以推知,叶适在当时已为天下士所推服,有镇服士子的威望,故擢置教席。而在历经宦海风波之后,叶适晚年在家讲学十六年,其自言:"余久居水心村落,农襄圃笠,共谈陇亩。间有士人来,多言场屋利害,破题工拙而已。"③益知叶适在科场的影响力至其晚年仍未衰。

叶适的著作,今可见者有《水心集》、《习学记言》,相较于吕祖谦、陈傅良,叶适的身后之传显得较为萧条,这一方面是缘于文献流传中的偶然因素,而另一方面也反映了叶适之学在后来的式微。

---

① 周南《山房集》卷七《丁卯召试馆职策跋》。
② 楼钥《攻媿集》卷四十《吏部郎官叶适国子司业敕》。
③ 叶适《水心集》卷二十九《题周子实所录》。

在程朱理学日渐占据主导地位的时代,以长于文为特色的叶適之作品,必然要经受理学指导下的文学批评观念的冲刷和删汰。然叶適之作,除上述两种之外,当日流传之作还有叶適进卷,此"进卷"在当时科场的影响力几与陈傅良的《待遇集》相当,庆元党禁时期遭到毁板的,首当其冲的便是叶適进卷①。此外撰者不详的《八面锋》,"其书凡提纲八十有八,每纲又各有子目,皆预拟程试答策之用"②,明人都穆认为是陈傅良所作,然科场重策是乾淳后期的科场风气,联系叶適廷对之策为吕祖谦盛赞的事实及陈傅良所长者在于论,且其中举后不复染指科场用书的编撰,笔者以为《八面锋》或当为叶適所作。四库馆臣以为:"是编虽科举之书,专言时务,亦何尝涉申、韩、商、孔之术哉?"③是知此书中答策专论时务,既反映了乾淳时期科场策题的要求,也体现了永嘉学术讲求事功的特点。此外,叶適还编选过《播芳集》,其自作之序云:"近世文学视古为最盛,而议论于今犹未平。良金美玉自有定价,岂曰惧天下之议而使之无传哉?……于是取近世各公之文,择其意趣之高远,词藻之佳丽者而集之,名之曰'播芳'。命工刊墨,以广其传,盖将使天下后世,皆得以玩赏而不容瑕疵云。"④叶適敏锐地意识到乾淳时期文学之成就卓然,因此欲选文以传诸后世,其选文的标准为"意趣之高远,词藻之佳丽者",即内容与形式兼善之作,而就其集名"播芳"而言,带有极强的趋向性,似为科场参考书之类。加上其

---

① 参见《宋会要辑稿·刑法》二之一二七:"(庆元二年)六月十五日国子监言,已降指挥,风谕士子专以《语》、《孟》为师,以'六经'、子、史为习,毋得复传语录,以滋盗名欺世之伪,所有《进卷》(叶適)、《待遇集》(陈傅良)并近时妄传语录之类,并行毁版。"又(清)孙衣言《逊学斋文钞》卷八(清同治刻本第 509 页上栏):"吾乡南宋时学者极盛,而当时科举之文亦推东瓯、婺、越,乡先生中如陈文节之《待遇集》,叶文定之《进卷》及《八面锋》、《奥论》、《论祖》等作皆所谓场屋文字,一时谓之'永嘉体'。"

② 《四库全书总目》卷一百三十五《〈永嘉八面锋〉提要》。

③ 同上。

④ 叶適《水心集》卷十二《播芳集序》。

选文后即命工刊墨来看,此书显然不乏市场效益,其市场驱动力正是来自举子应试之需。

　　叶适之文雄赡奔逸,既有苏文之奔放,复有曾、王之谨严。乾淳时期文章学欧、苏,这是那个时代举子文士回避不了的潮流,但叶适等永嘉学者于欧、苏之文并非全盘接受,而是有所扬弃,叶适一方面欣赏苏文的纵横恣肆,一方面指出苏文"理有未精"①,而在穷究义理方面,乾淳时期的文人学士有更自觉的追求。"自元祐后谈理者祖程,论文者宗苏,而理与文分为二。吕公病其然,思融会之,故吕公之文早葩而晚实。逮至叶公,穷高极深,精妙卓特,备天地之奇变,而只字半简无虚设者。"②吕祖谦已有融合元祐道术与文章分裂之势,而叶适则更为完备,所作文章皆有理有文,精妙卓特,也因此,叶适才具有了指点苏文疵病的自信。而陈亮更提出:"大凡论不必作好语言,意与理胜则文字自然超众。"③这种融合道术与文章的思想,也体现在叶适对科场程文的评价当中。《习学记言》载乾道、淳熙间科场文章拘泥于形式的骈散、工拙,衡文标准反复不定,并通过具体详明的分析指出:"诚使知义理者常为主司,学者不得以悖理之文希合于一时,虽因今之时文不改,自足以得士。不然,虽屡变其法,而学者之趋向亦终不能一,岂四句对偶,一冒工拙可为损益哉?"④也就是说,评价文章的主要标准是看文章是否言之有理,若有悖于理,即使巧于敷对,工于辞藻亦不取,内容批评要重于形式批评,这样才能使科场有一个正确的导向。即使如此,陈振孙论叶适之文仍谓:"刻峭精工,而义理未得为纯明正大。"⑤尽管叶适对文章适于理有自觉的追求,但因其在理学上的观念和

---

① 王水照《历代文话》第 1 册第 288 页。
② 吴子良《荆窗集续集序》。
③ 陈亮《陈亮集》卷十六《书作论法后》。
④ 叶适《习学记言》卷五十。
⑤ 马端临《文献通考》卷二百十四《习学记言》下录陈振孙解题。

理论深度的欠缺,后人仍然认为其对"义理"的体现不够纯正,这大概也是理学人士对永嘉学术的普遍偏见。事实上,辞章与义理兼备在任何时候都是文章写作的高标,然而理学人士在指责永嘉学人的义理未为纯明正大的同时,却在辞章之学上明显地输给了他们。总体上讲,辞章与义理的主次及升降是南宋文章发展的一条主线,南宋初期,文胜于理,中期文理兼善,后期则理胜于辞。

尽管叶適主张理明辞达,但其作品却体现出偏重于辞章的趋向,韩淲论叶適文字"不苟作,所惜削绳刻墨尚露尔",又谓:"陈同甫、陈君举、叶正则多是就外面看人来,所以少精微,虽无补凑之弊,却有机敏之失。"①陈亮、陈傅良、叶適皆长于科举之文,科场程文写作中讲方法、讲程序、讲条分缕析的分析性思维,导致了他们的文章过于讲求布置安排,而缺少或忽视了由内而发的自然成文,所谓机敏之失也。这种在文章之学上的擅长,也使得叶门后学多长于文,全祖望《水心学案序录》:"自水心传箓窗(陈耆卿),以至荆溪(吴子良),文胜于学。阆风(舒岳祥)则但以文著。"由此返观吕祖谦给叶適的信,其云:"静多于动,践履多于发用,涵养多于讲说,读经多于读史,工夫如此,然后能可久可大。"②是深切叶適之学的软肋。

此外,叶適之文尤主于新奇,尝自谓:"譬如人家觞客,虽或金银器照座,然不免出于假借。惟自家罗列者,即仅瓷缶瓦杯,然都是自家物色。"③这种自家"瓷缶瓦杯"既指命意,亦指修辞,体现出乾淳学者追求卓越的心性,故杜范在总结乾淳太学体时称其文"质而不野,简而不率,丽而不浮,奇而不怪"。求新求奇,本是科场文章争胜的重要法则,延伸至文人学士的日常书写,成就了乾淳文师

---

① 韩淲《涧泉日记》卷下。
② 吕祖谦《东莱集》外集卷六《与叶侍郎(正则)》。
③ 吴子良《荆溪林下偶谈》卷三"水心文不蹈袭"条。

自别于前人的独特之处。叶适高第陈耆卿之文,吴子良谓之:"波浩渺而涛起伏,麓秀郁而峰崚嶒,户管摄而枢运转,與卫设而冠冕雍容。其奇也非怪,其丽也非靡,其密也不乱,其疏也不断,其周旋乎贾、马、韩、柳、欧、苏、曾之间,疆场甚宽,而步武甚的也。"①"奇也非怪"作为陈耆卿文章的第一特征,是谓继承了叶适为文不蹈袭的作风。

5. 陈亮

陈亮(1143—1194),字同甫,学者称为龙川先生,婺州永康人,其人才气超迈,好言"王霸大略,兵机利害",自少即有抗金救国之志。绍熙四年进士试策被光宗擢为第一。次年得任建康合签判,未至官而卒。陈亮是永康学派的代表,其学无所承接,尝言:"功到成处,便是有德;事到济处,便是有理。"用今天的话说,就是实用主义,后人以"义利双行,王霸并用"八字概括之。

陈亮幼颖悟,十八岁即写出了《酌古论》。方回谓:"时文之雄也,《酌古论》纵横上下,取古人成败之迹,断以己见,拾《战国策》、《史记》之遗语,而传以苏文之体,乾淳间场屋之所尚也。"②时任婺州郡守的周葵极为欣赏陈亮纵论古今人物的志量,赞其为"他日国士"。周葵曾高科及第,其所作书义,成为举子纷纷摹习的范文③。然而周葵寄望于陈亮的乃是性命之学,陈亮不喜,于是返乡教学为业,并继续撰写历史人物评论,写出《英豪录》和《中兴遗传》。乾道九年,编成《欧阳文粹》,选欧阳修文章一百三十篇,"掇其通于时文者,以与朋友共之",并期望读者"由是而不止,则不独尽究公之文,

---

① 吴子良《筼窗集续集序》。
② 方回《桐江集》卷三《读陈同甫文集二跋》。
③ 《宋会要辑稿·选举》五之二一:"五年正月十七日,礼部郎官陈谠言:臣早游庠序,犹及见先生长者,尝言举子词赋,固不敢望如《三都》,得如《元祐》、《三元赋》足矣。……义不敢望如张庭坚,得如周葵、陈宋霖《礼记义》、徐履《书义》足矣。"

而三代两汉之书，盖将自求之而不可御矣"①。陈亮编选此书，以与朋友共之，说明当时与陈亮游从、切磨科举之文的举子是很多的。陈亮曾将《欧阳文粹序》初稿寄与吕祖谦，吕祖谦回信指出其中立论、下语不够妥当的地方，其中一句即为"科举之文，犹有宣政之遗风"②，吕氏以为语亦太劲，当增损。乾道八年，陈傅良及其徒众雄视科场，科举之文为之一变，而陈亮犹言有"宣政遗风"，这似乎有点诋时太过。同时，也反映出陈亮个性激切，言过其实。陈亮所推崇的科举之文是嘉祐时文，他认为仁宗："下诏书以古道饬天下学者，而公之文遂为一代师法，未几，而科举禄利之文非两汉不道，于是本朝之盛极矣。"③"以古道相饬"、"非两汉不道"是陈亮推崇嘉祐时文的理由，也是陈亮对乾淳时期科举之文的期待。事实上，以古文为时文的风气，在高宗朝末期便已重启，楼钥评价其师郑锷之科场律赋时称"古文之有韵者也"，也就是说，作为骈体的律赋，在此时已经以古文之气运之。而如果要追溯更远的起点，欧阳修、苏轼的律赋都有以散运骈的特点，这大约也是此时推崇元祐学术、欧苏古文的时风使然。

以古文之体，行古人之道，这是陈亮时文的追求，同时也是乾淳体的基本特点：形式上以古文格法行文，内容上以尊经传道为重点。陈亮这种"古文古道"的时文理想，其表现主要为其史论，陈亮所著多为史论，如前举之《酌古论》、《英豪录》和《中兴遗传》，还有《高士传》、《忠臣传》、《义士传》、《谋臣传》、《辩士传》④等，陈亮行王霸之学，著史意在究治乱之由，以期有补于时。而且陈亮并非故意高尚其论以博取科第，陈亮一生数次以布衣身份诣阙上书，得孝

--------

① 陈亮编选《欧阳文粹》后叙《欧阳文粹卷二十》。
② 吕祖谦《东莱集》别集卷十《与陈同甫》。
③ 陈亮编选《欧阳文粹》后叙《欧阳文粹卷二十》。
④ 陈亮《龙川集》卷十三《史传序》。

宗赏识,欲行种放故事与官,陈亮笑谓:"吾欲为社稷开数百年之基,宁用以博一官乎?"①由此可见陈亮志向之高远。然可惜的是,陈亮五十一岁才得中进士,虽名列第一,贵为状元,但此时的陈亮历经磨难,数经狱历,形神毁摧,次年即去世。叶适为陈亮所著墓志铭云"以穷乡素士任百年复仇之责"②,可谓切至。

　　陈亮影响于当时的科场,主要是通过其行事与著作,陈亮数次上书,著名的有《上皇帝三书》、《中兴五论》等。此外,流行于科场的,除前述《酌古论》外,还有《陈子课稿》,叶适序《龙川集》谓:"同甫文字行于世者,《酌古论》、《陈子课稿》、《上皇帝三书》最著者也。"③陈亮作文气势慷慨激昂,说理透辟,笔力纵横驰骋,颇有苏文之气势,亦是乾淳文体之一格。

　　陈亮与吕祖谦、陈傅良、叶适皆有交谊,吕祖谦对陈亮的文章、学术都曾有谆谆诲喻,见之往来书信当中。韩淲认为:"吕丽泽深识治乱之情,《大事记》一书可见,然龙川能谈治乱,虽大处不同,要是为助为多。"④陈亮之文之学受益于吕氏为多,而陈亮省试毕,即拜会陈傅良:"举第一场书义破,止斋曰:'又休了。'举第二场《勉强行道大有功论》,破云:'天下岂有道外之功哉?'止斋笑曰:'出门便见"哉",然此句却有理。'又第三场策起云:'天下大势之所趋,天地鬼神不能易,而易之者人也。'止斋曰:'此番得了!'既而果中选。"⑤可见两人交谊亦不浅。而叶适则与陈亮年相若,而叶适中举在前。虽然叶适不完全认同陈亮的文章风格,但却为陈亮为文集作序,为其撰写墓铭。

---

① 《宋史》卷四百三十六《陈亮传》。
② 叶适《水心集》卷二十四《陈同甫王道甫墓志铭》。
③ 叶适《水心集》卷十二《龙川集序》。
④ 韩淲《涧泉日记》卷中。
⑤ 吴子良《荆溪林下偶谈》卷三《陈龙川省试》。

### （三）"乾淳文师"的群体特征

吕祖谦、陈傅良、叶適等固然为乾淳文师的典型，但对于乾淳"太学体"及乾淳文学的推动，仅靠三五人众是难以做到的。考察乾淳时期的科举试官及官私教育，会发现文学史上著名者均在此时的试官或教者之列，如周必大①、范成大、杨万里、尤袤、楼钥等，更有当时文字杰出，今不为人所道的芮烨、彭龟年、韩禾、林之奇、蔡幼学、徐谊等。恰有这样一群经历相似、观念相近的文师群体，才使得乾淳"太学体"在前后数十年的时间里风靡科场，并成为科场文章的高标，为后世所推崇和向往。

乾淳文师多为科场得隽者，有成功的科考经验。吕祖谦为乾道元年进士第五名，陈傅良为乾道八年高科，叶適为淳熙五年高科，蔡幼学为乾道八年状元，如此之类，不胜枚举。而更重要的是他们的科场程文大多流传一时，如叶適的廷策，蔡幼学之经义，陈傅良之议论，皆被后学视为经典。吕祖谦、陈傅良、叶適均曾担任官私学校教师，而吕、陈尤特出，平日从其受学者往往达数百人。这个规模在今天看来也可构成一种惊人的影响力。而南宋的学官任命，必须先进行考试。绍兴十一年有诏云："诏礼部依旧制，试教官仍先纳所业经义、诗、赋各三首，会刑部，无过，下国子监看详，礼部覆考，然后许试。附省试院分两场，非取士之岁，附吏部铨试院，

---

① 陆游《文忠集原序》："大丞相太师益公自少壮时以进士、博学宏词迭二科起家，不数年历太学三馆，予实定交于是时。时固多少年豪隽，不群之士，然落笔立论，倾动一座，无敢撄其锋者，惟公一人。"又周必大绍兴二十八年初任建康府府学教授。绍兴二十九年己卯七月壬寅漕檄考试宣城；八月壬子朔抵宣城，入试院；九月丙戌还官所。绍兴三十年转太学录，四月到任，九月试馆职为秘书省正字。绍兴三十一年辛巳三月己丑被宣赴垂拱殿受勅，充公试补试类考校官。淳熙五年戊戌正月已未乞补外，降诏不允；三月甲寅被宣充御试举人详定官。

不限人数,以文理优长为合格。"①由此可见,学校教官选拔和考试都主要考察应召者的经义、诗、赋,亦即主要是考进士科要考的科目,科举年与省试一起进行,非科举考试年则附吏部铨试院进行。楼钥乾道中《谢试中教官除温州教授启》云:"就试棘闱,复售缀文之技;庀司槐市,误叨分教之官。"又谓"考之经以察其识,命之赋以观其材"。楼钥此启作于乾道初年,是知此时教官选试仍考的是经义、诗、赋等进士科目。因此,凡曾任教官者皆需参加这个考试,而且由于参加考试的人数不会太多,因此阅卷很精审,若非实有其才,是很难通过这项考试的。由于教官考试所考科目与进士科目相同,非长于科举之文者难以应对。

同时,他们有机会担任考试官,吕祖谦曾任乾道八年试官,徐谊为淳熙八年试官,蔡幼学为绍熙四年试官,楼钥为绍熙元年试官。而这也恰恰成为了"庆元党禁"攻击道学的借口。李心传《道命录》:"三十年来,伪学显行,场屋之权,尽归三温人。预说试题,阴通私书。所谓状元、省元、两优释褐者,若非其亲故,即是其徒。"②"三温人",即指永嘉的陈傅良、叶適、徐谊。此说颇有可论之处,两优释褐系指从太学中优选德行、文章特异者,直接释褐命官,而其依据主要是太学的季书月考,其权力主要系于太学学官。陈傅良、叶適曾任太学学官,但时间都不长,陈傅良约一年半时间,叶適任国子司业及太学博士时间仅两年。此外,由于殿试考官的情况,资料有限,难以确知。但从省试考官的情况来看,陈傅良未担任过省试考官,叶適、徐谊也是偶一任之。因此讲场屋之权尽归三温人,有些言过其实。那么叶翥如此指陈的理由何在呢? 笔者检会相关材料认为,一方面,由于吕、陈、叶等在科场文章上的宗主

---

①《宋史全文》卷二十一上宋高宗十三(绍兴十一年)乙卯。

② 李心传《道命录》卷七下"言者论廷省魁两优释褐皆伪徒不可轻招"条,《丛书集成初编》本。

地位，使得所谓的乾淳"太学体"流行一时，考官中或有因此预选入官，或师从吕、陈、叶者，当然会"以类相求、以声相应"，导致形成这种取士趋向。另一方面，永嘉学人及理学人士，对以誉望取士心向往之，在任考官时或有流露，如有意无意地汲引同类，这突出体现在吕祖谦之取陆九渊、陈傅良等事件中。

吕祖谦任省试考官只有乾道八年这一次，而且在阅卷过程中，由于其父亲病重，他不得不中途离开。而就在其离开试院之前，他发现了陆九渊的文章，《宋史》载此事为："（吕祖谦）尝读陆九渊文，喜之而未识其人。考试礼部，得一卷曰：'此必江西小陆之文也。'揭示，果九渊，人服其精鉴。"①而此事陆九渊也在为吕祖谦所写的祭文中提及，他说："公素与我不交一字，糊名誊书，几千万纸，一见吾文，知非他士。公之藻镜，斯已奇矣。"②吕祖谦在阅陆九渊文卷以前，既不曾与陆九渊面晤，也未曾有书信往来，只是曾经读过陆九渊的文章，足见吕祖谦于当时的文士颇为了解和爱重。这还体现在另外两件相关事件中：

> 淳熙间，永嘉英俊，如陈君举、陈蕃叟、蔡行之、陈益之六七辈，同时并起，皆赴太学补试。芮国器为祭酒，东莱为学官，东莱告芮公曰："永嘉新俊，不可不收拾。"君举访东莱，东莱语以一《春秋》题，且言破意。就试，果出此题，君举径用此破。且以语蕃叟，蕃叟，其从弟也，遂皆中榜。此盖以誉望取士，犹有唐人之意，似私而实公也。③

> 蔡行之本从止斋学，既以《春秋》为补魁，止斋遂改为赋以避之。东莱为省试官，得一《春秋》卷甚工，东莱曰："此必小蔡

---

① 《宋史》卷四百三十四《吕祖谦传》。
② 陆九渊《陆九渊集》，钟哲点校，中华书局，1980年，第305页。
③ 吴子良《荆溪林下偶谈》卷四"东莱以誉望取士"条。

也,且令读书,养望三年。"以其草册投之帐顶上。未几,东莱以病先出院,众试官入其室,见帐顶上有一草卷甚工,谓此必东莱所甚喜,而欲置前列者,遂定为首选。此事水心先生云。①

此两则轶事载于吴子良《荆溪林下偶谈》中,吴子良为叶適门人,是永嘉文学的后期代表人物,其收载此两事,并指出后者系从叶適处听说,足证所云非妄。那么与陆九渊之事并观则知,首先,考官如果对应试者如有一定了解,凭借文卷是可以推测其作者是谁的,至少吕祖谦就猜中了陆九渊和蔡幼学。叶翥主持科举时,"语涉道学者皆不预选"②,也说明道学的内容在程文中还是比较容易识别的。其次,吕祖谦、陆九渊、吴子良等并不讳言上述事件,说明涉事之人把这些事件视为同声相应的美谈轶事,兴许如吴子良所云认为犹有唐人以誉望取士之美意。陈傅良曾有文章论科举制度,主张乡举里选,其论虽貌似迂阔,实际代表了陈傅良"以誉望取士"的主张。然而从对立者一方来看,这无疑就是"预说试题,阴通私书"的"铁证"。第三,如果上述三事属实,足见永嘉人士在科场上的影响力。剔除有意作弊的因素,这种同声相应、同气相求的取士趋向,正是造成乾淳"太学体"风靡一时的原因。

随着经学地位的上升,对科举之文的鄙夷渐渐成为士人高自标持的方式。尤其是理学兴起之后,朱熹、张栻等排科举尤力。而乾淳诸文师大多并不轻视、排斥科举文章,吕祖谦虽为婺学代表,但对科举用力甚勤,著书、讲学,并以其作为引导举子为学的途径。这也反应在永嘉之学的传播中,薛季宣就曾以科举诱陈傅良,而劝之以经学,而陈傅良经史兼擅的成就也证明了永嘉学派以科举为

---

① 吴子良《荆溪林下偶谈》卷四"蔡行之省试"条。
② 马端临《文献通考·选举考五》卷三十二。

手段推广学术的成功,其他如周葵诱陈亮学《书》、《礼》,也遵循同样的思路。如前文所论,吕祖谦曾回应朱熹对其用心于科举教学的诘难,表明自己以科举为诱饵,以为学向道为目标的用意。吕祖谦不仅不轻视科举文章,而且称其"所系殊不小也"①,其正是看到了科举对青年的巨大诱惑力,永嘉学者才如此热衷于科举教育,同时他们在科举中融入经史之学,进而张大经史之学在科举之文中的地位,从而改变了科场文风之浮浅、虚饰。因此,如果单纯从形式精工巧制角度解读乾淳"太学体",显然未能全面揭示其要点。如前文所议,吕祖谦、陈傅良、叶适等以一代大学者的身份,不计疵议,躬身于科举书籍的编撰、选集,也正是其不看低科举的表现。此时的永嘉学人均有此观念,婺学另一代表唐仲友,其著书宏富,有《六经解》百五十卷,《九经发题》、《经史难答》、《孝经解愚书》各一卷,《诸史精义》百卷,《帝王经世图谱》十卷,《乾道秘府群书新录》八十三卷,《天文地理详辨》各三卷,《故事备要》、《词科杂录》各四卷,《陆宣公奏议详解》十卷,《说斋文集》四十卷②,其中,多与科举有关,苏伯衡称其:"不惟精史学,尤邃于诸经,自谓不专主一说,不务为苟同,隐之于心,稽诸圣人,合者取之,疑者阙之。"③极具永嘉学术重经史之学而无门户之见的特色。周密称"乾淳文师淳厚",此"淳厚"所指当即不贬低科举,同时所授又不囿于科举的通达态度。

　　乾淳文师群体还有一个特点,即除吕祖谦为中原文献世家以外,陈傅良、叶适、楼钥、陈亮等均来自东南下层士人家庭。陈傅良出生在一个村塾教师家庭,九岁时父母双亡,兄弟姐妹靠祖母抚养成人,家境贫寒。叶适的少年时代家境贫困,"自处州龙泉徙于瑞

---

① 吕祖谦《东莱集》别集卷十。
② 朱彝尊《经义考》卷二百四十三。
③ 同上。

安,贫匮三世矣",逢水灾,家中器物被大水冲尽,自此居无定所,先后迁居二十一处,"穷居如是二十余年"。陈亮家族虽曾"以财豪于乡",但"首五世而子孙散落,往往失其所庇依"①。他们在文化领域的崛起,是南方文化学术积累及皇祚南迁所带来的历史机遇交汇的成果。

　　北方在文化上的主体地位和自信姿态在北宋一直占据主位,南方人士虽然在科场中的表现越来越突出②,但在观念领域,对东南的轻视仍然存在。虞允文初见杨万里所著《千虑策》,叹曰:"东南乃有此人物!"③因而援之登朝,但其言辞间不免流露出北人对南方文化学术根深蒂固的偏见。蜀名士冯方、李石在担任学官时见到楼钥从兄楼少虚的《惟圣人可以践形论》:"相与击叹,且曰:东南乃有如此人才耶?"虞允文、冯方、李石皆蜀士,对于南方俊才亦不免执如此观念,则北方学者视南方学术则更卑之。来自永嘉的乾淳文师群体的腾跃,改变了北优南劣的文化观念和格局。而且,永嘉学术善于吸收洛学之精神,融汇变化,以事功为特色,以经世致用为目标,独成一派。四库馆臣谓:"永嘉之学,倡自吕祖谦,和以叶适及傅良,遂于南宋诸儒,别为一派,朱子颇以涉于事功为疑,然事功主于经世,功利主于自私,二者似一而实二,未可尽斥永嘉为霸术。"④由此,永嘉学人的崛起与乾淳"太学体"的风行大大提高了南方学术的品性和地位,是南宋南北文化合流交融中的一个

---

　　① 陈亮《陈亮集》卷十五《送岩起叔之官序》。
　　② 据楼钥《攻媿集》卷五十二《温州进士题名序》载:"永嘉自晋为名郡,宋兴六十余年,人物未有显者。至天圣初,朱君士廉第进士,邦人荣之,以名其闾。自天圣至今,历四十有八年(按,疑为"举"),举其上第者凡三百三十有七人。夷考乡荐之额,初止二人,中十有三,今益以五,他縣大学外台以进一举,所第率过乡荐书之数,而魁南宫者四,冠大廷者再。鸣呼,亦盛矣。"另据统计,《宋元学案》所载两浙学者中浙东七州共五百三十四人,浙西八地共一百四十六人,南宋两浙状元共二十三人(状元总数四十九人)。
　　③ 罗大经《鹤林玉露》卷十。
　　④ 《四库全书总目》卷一百三十五《〈永嘉八面锋〉提要》。

重要环节。如果说,南宋孝宗朝的进士科经义诗赋兼取,且经义一科在风气和地位上略居上风的情况,可视为"欲合周、程、欧、苏之裂"在制度安排上的体现,那么永嘉之文章则是在学术和文学的维度上践行"合周程欧苏之裂"。

如前文所述,乾淳文师群体不但所处地域相近,而且是一个联系紧密的师友圈,陈傅良曾向吕祖谦问学,楼钥与陈傅良也是至交好友,一生诗文往来不断。陈亮与陈傅良、吕祖谦素有书信、面晤,吕祖谦对陈亮之文更是仔细斟酌,详细到字句的提法等内容①。叶适11岁即从陈傅良问学,自谓前后四十余年,未曾中辍。叶适与陈亮曾期同为太学生,交谊非浅,当陈亮无故获罪,身陷囹圄之时,叶适为其修书数封与当时政要,与白陈亮冤情②,使陈亮冤情得解。陈亮去世后,叶适为其文集作序,并撰陈亮墓志铭。这种紧密的联系和交往,使乾淳诸文师在文学主张、文章风格及思想观念方面极具共性,并且前后相承。三十余年,其间虽有一定的发展变化,但总体上却是趋于一致的。比如为文重文采气势,内容强调经史并重,且指向时政,力求有益于治政管理。此外,在品格气质方面也表现为共同的忠耿、执著,正气凛然。

与北宋嘉祐"太学体"之导源于太学生不同,太学"乾淳体"的出现导源于乾淳时期的文师,因此其出现具有较高的起点和社会认可,加上师者成熟、淳厚的人品和学养,"乾淳体"作为"太学体"之一,在学术史上其出身、渊源受到了较为一致的肯定。

---

① 参见吕祖谦《东莱集》别集卷十《与陈同甫》。

② 徐乾学《资治通鉴后编》卷一百二十九:"(喻南强)复走东瓯,见叶适,备陈冤状,适曰:'子真义士也!'即秉烛为作书数通,南强持谒诸台官,讼言无忌,竟直亮之冤。"

### 三、"乾淳体"的特点

南宋高宗朝时期,科场讲元祐诗赋、经义兼将之制,同时,随着政局趋稳,朝廷开始着力建学兴教,并以京学为重点,选经学优长的高闶为国子司业。高宗还亲至太学,颁《幸学诏》。总体上讲,南宋初对科举和文教还是比较重视的,但是由于承袭徽宗朝以来的空洞学风,加上秦桧专权带来的阿谀风气,导致科场和太学风气也在停滞中徘徊。南宋名师林之奇反对秦桧重行王安石《三经义》,认为王安石的《三经义》有如魏晋时期的清淡家何晏、王衍之流不务实际、空谈玄理之学,危害之大,胜于桀、纣。他还认为,靖康之乱的根源就是王安石推行《三经义》所造成的空洞学风。四库馆臣也称:"宋自南渡而后,士大夫多求胜于空言,而不甚究心于实学。"①而叶適更指出:"及秦桧为相,务使诸生为无廉耻以媚己,而以小利啖之,阴以拒塞言者。士人靡然成风,献颂拜表,希望恩泽,一有不及,谤议喧然。"②

当然,与秦桧相对的主战派一方则显示出了截然不同的精神风貌和学术趋向。首先是儒学的复兴,而且儒学的价值指向更多趋向现实功利。宋高宗在绍兴十四年的《幸学诏》中号召"当为君子之儒,毋慕人爵之得"③,把儒学的修为提升到高于科名之得丧,引导士人追求更高的儒行。而在更早的绍兴二年,高宗亲擢敢于在廷策中直言时弊的张九成为状元,以振砺士气。马端临总结熙宁以来的科举政策指出:"自熙宁以来,士无不习经义之日矣。"④

---

① 《四库全书总目》卷一百五十九《〈攻媿集〉提要》。
② 叶適《水心集》卷三《学校》。
③ 《宋史全文》卷二十六上(淳熙四年正月)。
④ 《文献通考》卷三十二。

可见科举导向之下，经学的修养在士人的知识构成中日渐稳固，并渐渐滋生出以经学为尚的审美趣味。

　　而作为科场传统科目的诗赋，经过了七十余年的中辍，其间虽短暂恢复旧制，但未及修养作成，旋即废罢，因此，其创作在南宋初处于恢复期。然而从楼钥《郑屯田赋集序》所描述的南宋初期律赋创作的特点来看，经过三十余年的作成，科场律赋不但形式上迅速恢复了精工律切，而且在体制的谨严方面，已超出前人，并表现出新的发展动向。楼钥论其师郑锷云："文备众体，尤工于赋，源流李唐诸名公，出入三元、元祐、二李之间，集古人所长，而藻思绝人，兴寄高迈，闻见层出。讲明题意，立词用韵，精切平妥，古语随用，奔凑笔端，而一语不出程度之外。元祐有《域中有四大先生》作：'域中四大王，居一有舆，议称太平。'人犹议其率。先生有太平无象，皆突过前人，不可企及。读之熟、知之深者，方服其理明而辞顺，盖古文之有韵者也。"[1]郑锷所作之赋集古人所长，在某些方面甚至超越了古人，楼钥以"古文之有韵者"誉之，是知高宗朝末期科场律赋不仅有所恢复，而且沿着元祐赋所开创的以古为骈的风气，继往而开来。而在体制上，南宋初律赋更讲究结构的精严，郑锷教谕楼钥等人："前四韵固当加工，然皆有规矩，前辈以妙意英词震耀人耳目者，多在后四韵，而学者忽之，致读者无味。虽《舜琴歌南风》可谓杰作，先生犹曰后三韵皆空矣，其严如此。"[2]郑锷对律赋八韵，韵韵精求，不但求前四韵震耀耳目，而且追求"韵韵有意，终篇尚有余味"，隐现南宋科场文章程式更加精益求精。而形式的精求尚非重点，郑锷"阅诸生所作，语虽工，或引经史全句，属对可观而意不贯者，皆所不取"，讲求理明而辞顺，意思贯通，道理透彻才是文章大要。

---

① 楼钥《攻媿集》卷五十三《郑屯田赋集序》。
② 同上。

重视形制、辞章的同时,更注重文理是南宋中期科场衡文标准,意新语工渐渐成为衡文的一个趋向。与郑锷同时而略后的楼钥之从兄楼少虚,其论冠绝一时,尤善立新意。绍兴二十九年,楼少虚以进士第六及第,其科场所作两论被考官评为:"议论雄特,文势雅健,非老于史学者不及此。"①此时,无论是诗赋,还是经义、策、论的写作,如果离开了经史的内容都难以成文。教师也多为饱学之士,国子司业高闶"文行经学足以表率士林"②,并曾作《春秋集注》,其传二程之学于四明③,居功甚伟;楼钥称郑锷:"该贯群经,多有讲解,旁通子史百家。"④林之奇则著有《尚书集解》、《春秋周礼论》、《孟子讲义》、《论语注》、《扬子解义》、《道山纪闻》,足见其于经史百家之学涵养之深。此时,从事科举之业的人都必须穷研经史,否则仅凭空疏、浮浅的文辞已经难以打动科场考官了。

祝尚书先生认为乾淳"太学体""即乾淳时期受'永嘉派'重要作家陈傅良科举程文的影响而兴起的文体,它主要流行于太学"⑤。将陈傅良认作乾淳"太学体"的创立者,立论似太狭。而陈光锐先生虽对乾淳"太学体"之道学一派和永嘉一派之脉络有所分析,但仅对受永嘉派影响的科场文风特点有所揭示,认为"永嘉体"诸家时文从总体上看具有三个特点:"首先,致力于探索新的时文体制,从内容到形式都有所创变,促进时文创作的规范化。""其次,'永嘉体'广泛继承了苏轼论策的优点并有所变化。""还有,'永嘉体'时文创作的文学化倾向比较明显。"⑥然仔细推敲,以上三点似乎都并不足称为风格,首先程序化并不始于乾淳时期,此事祝尚书

---

① 楼钥《攻媿集》卷七十三《书从兄少虚教授金书金刚经后》。
② 楼钥《攻媿集》卷五十四《黄州贡院记》。
③ 楼钥《攻媿集》卷五十一《息斋春秋集注序》。
④ 楼钥《攻媿集》卷五十三《郑屯田赋集序》。
⑤ 祝尚书:《宋代科举与文学考论》,大象出版社,2006年,第431页。
⑥ 陈光锐《南宋太学"乾淳体"新探》,《中国文化研究》2011年夏之卷。

先生辩之已明,陈傅良之"论"不过是后出转精而已;其次,继承苏轼论策的优点,并不能算作自己的风格;第三,时文创作的文学化倾向指向修辞手段,事实上,任何时候,科场文章都非常重视修辞,甚至过度修辞成为时文的痼疾。因此,笔者以为,乾淳"太学体"的特点应从内容和风格两个角度深入探讨。

## (一)"乾淳体"内容特点

### 1. 经史并重

如前文所论,由于七十余年来,科场士子几无不习经义之日,经学的修养成为了举子科场策名的必要条件。而时至高宗朝后期,元祐之学渐次恢复,元祐学术中以苏轼为代表的文学、司马光为代表的史学及"二程"为代表的理学都重新获得尊崇。习文者亦当博综经史渐成学者通识,"合周、程、欧、苏之裂"在孝宗朝更成为了有意识的行动。事实上,自北宋以来,科场诗赋论策的命题即于经史子书中出,经义更勿论矣,而何以独谓"乾淳体"特重经史之学呢? 此需说明,首先,乾淳时期科场文章对经史之学的讲求,渐由以经史饰辞向以经史致知、致用的方向推进。叶適在说明乾淳时期科场衡文标准反复不定时举例说:

> 隆兴初有对《易》义,破题云:"天地有自然之文,圣人法之以为出治之本;阴阳有不息之用,圣人体之以收必治之功。"主司大称赞,以为得太平文体,擢为第一。主司所谓太平,则崇观、宣政时也。乾道中,主司欲革四句对偶之弊,答者言:"圣人不求其臣之徇己,故其臣无得而议己。"遂据上第。淳熙初,学者厌破题衬贴纤靡,颇复厘改,答者云:"以己体民,而后尊卑之情通;以国观民,而后安危之理显。"学官不能夺,卒置首选。然设科教学,先已杂见《春秋》传记,其所训释,犹未能尽

合义理之中,汉加甚焉。今虽以题破分巧拙,要未足病,视义理当否耳。以前三破题言之,天地虽有自然之文,阴阳虽有不息之用,治道之本末或不在此,则其言出治于先,而必治于后者,虚词也。圣人固不求臣之徇己,然使其尚有可议,固当议之,岂以为无得而议乎? 又无得而议,非圣贤事,则其悖理甚矣。至于以己体民,以国观民,虽其辞甚巧,而其理不谬,则比前作为胜。诚使知义理者常为主司,学者不得以悖理之文希合于一时,虽因今之时文不改,自足以得士。不然,虽屡变其法,而学者之趋向亦终不能一,岂四句对偶,一冒工拙可为损益哉。(俗有五道不如一道,一道不如一冒之语。)①

　　从叶適对三篇经义的破题的解析可以看出,隆兴初承绍兴时期的余习,书义破题多用对偶,故对偶工巧者受其惠;乾道中,科场流行古文之随言短长,故以散语破题者得其利;淳熙时期,摒弃无谓的衬贴工夫,而直书其义且文辞简明者收其功。叶適逐一分析了三篇破义在义理上的高下是非,指出评价经义高下的标准应是议论是否合乎义理,使士子知文章趋向,而不是在形式上较工拙。由上述主司较文标准的变化可以看出,乾淳时期,科场衡文由形式评价向内容衡鉴转变,对程文义理的考究由表面的饰辞转向内容的适于理。这就要求应举者对经史的学习不能仅仅停留在记诵或博知的水平上,而是要深究其义,甚至要自立新义。这较之此前的科场文章的要求是大大地前进了一步,科场程文除了仍然要遵从严苛的形式准则外,还需在内容的深邃、合理方面深讨,以真正体现应试者的学术水平。这一趋向还可以从吕祖谦、陈傅良个人的学术活动和教学内容、方式中见出。

　　吕祖谦编撰的书籍有《古文关键》、《历代制度详说》、《三苏文

────────────

① 叶適《习学记言》卷五十。

选》、《国朝名臣奏议》、《诗律武库》、《精骑》、《丽泽讲义》、《春秋讲义》、《书说》等,有些明显是科场专用书,而《历代制度详说》、《春秋讲义》、《书说》等经史著作,虽貌似无关科举,但实际仍关乎科举。陈傅良曾撰《周礼说》以进呈宋光宗,而"为科举家宗尚"①。陈傅良又著有《春秋后传》、《左氏章指》等书,楼钥称其:"敛然布衣,声名四出,六经之说,流行万里之外,而其学尤深于《春秋》。"②而夏僎所撰《尚书详解》,淳熙间麻沙书坊刘氏刊板印行,吕祖谦高弟时澜为之作序云:"观其议论,参于前则有光,顾于后则绝配。"③可谓倾挹甚至,而有人则谓是书:"为便于举子而作,要其渊源之正,议论之醇,一时亦未有能过之者。"④也就是说,此时大量出现的六经集解、疏论,都有科举需求的潜在推动。《宋会要辑稿》载:"今搜寻到《七先生奥论》、《发枢》、《百炼真隐李元刚文字》、刘子翚《十论》、潘浩然《子性理书》、江民表《心性说》,合行毁劈。"⑤所列举的大多是与道学有关的书籍,在当时被举子们视为科场指南。故绍熙元年(1190)登进士第的柴中兴就直言"自幼读程颐书,以收科第"⑥。又《文献通考》载庆元党禁在科场的影响:

自韩侂胄袭秦桧故智,指道学为伪学,台臣附之,上章论

---

① 叶適《水心集》卷十二《黄文叔周礼序》。

② 楼钥《攻媿集》卷五十一《止斋〈春秋后传〉〈左氏章指〉序》。

③ 时澜《尚书详解序》,夏僎《尚书详解》卷首。

④ 文渊阁《四库全书》本《尚书详解》书前提要。

⑤ 徐松《宋会要辑稿》刑法二之一二七。其中"百炼真隐李元刚文字",今人标点为"《百炼真隐》、李元刚文字",实误。据《吴兴备志》所载:"李元纲,字国纪,钱塘人,孝宗时为上庠生,号'百炼真隐'。乾道间,以上庠英士寄居吴兴之新市,力学好古。虽困穷,操履益坚,怡然自得,不为外物异端之所摇夺。撰《圣贤事业图》、《集说三先生西铭解》、《厚德言行编》诸书。"而"百炼真隐李元刚文字"大概即指李元刚的上述著作。陶宗仪《说郛》卷六还收录了李元纲所作的《圣门事业图》序、跋。

⑥ 《宋史》卷四百一《柴中兴传》。

列,诏榜朝堂。而刘德秀在省闱奏疏至云:"伪学之魁,以匹夫窃人主之柄,鼓动天下,故文风未能丕变,请将《语录》之类并行除毁。"既而叶翥上言:"士狃于伪学,专习《语录》诡诞之说,《中庸》、《大学》之书,以文其非。有叶適《进卷》、陈傅良《待遇集》,士人传诵,其文每用辄效。请内自太学,外自州军学,各以月试合格前三名程文上御史台考察。太学以月,诸路以季。其有旧习不改,则坐学官提学司之罪。'是举也,语涉道学者皆不预选。"①

尽管朱熹"颇以涉于事功为疑",而试图界分道学与永嘉之学,但在叶翥等人看来,专习《语录》诡诞之说,与以《进卷》、《待遇集》取科第都是一样的伪学之徒,都是欲窃人主之柄、鼓动天下之人。庆元党禁所毁之《七先生奥论》是当时在科场影响显著的道学书籍,清代孙衣言亦指为"永嘉文体"②,《七先生奥论》其书今不传,但有淳熙二年"曾穜裒程颢、颐、张载、游酢、杨时、郭忠孝、邵雍七先生之说,为《大易粹言》十卷"③。《大易粹言》似即为《七先生奥论》,那么"永嘉文体"中包含道学内容应是当然之义。而党禁者所指之"杂以禅语,遂可欺人",则应是针对张九成、陆九渊之学,周密谓:"有横浦张氏子韶、象山陆氏子静,亦皆以其学传授。而张尝参宗杲禅,陆又尝参杲之徒德光,故其学往往流于异端,而不自知。"④因此,实施党禁一方所指之伪学实际与后来所谓的"道学"在内涵和外延上都是不同的。儒学发展至理学,其所主张的"为天地立

---

① 马端临《文献通考·选举考五》,卷三十二。

② 参见(清)孙衣言:《逊学斋文钞》卷八,清同治刻本第 509 页上栏:"吾乡南宋时学者极盛,而当时科举之文亦推东瓯、婺、越,乡先生中如陈文节之《待遇集》,叶文定之《进卷》及《八面锋》、《奥论》、《论祖》等作,皆所谓场屋文字,一时谓之'永嘉体'。"

③ 王应麟《玉海》卷三十六。

④ 周密《齐东野语》卷十一"道学"条。

心,为生民立极,为前圣继绝学,为万世开太平",实际是将"道"凌驾于皇权之上。永嘉学派作为理学发展之一脉,尽管在功利的超越性方面与程朱理学有所区别,但就其主张"道"胜于"势"而言,实则是一致的。因此,刘德秀所言实亦非过。

事实上,理学在南宋的复兴与永嘉学者的推动紧密相关。叶适尝云:"昔周、张、二程考古圣贤微义,达于人心,以求学术之要。世以其非笺传旧本,有信,有不信,百年之间更盛衰者再三焉。乾道五六年,始复大振,讲说者被闽浙,蔽江湖,士争出山谷,弃家巷,赁馆贷食,庶几闻之。"①乾道五六年为何会成为叶适眼中理学复兴的节点? 此时陈傅良已在浙江一带声名鹊起,其影响及于行在临安,并惊动太学。同时,吕祖谦此时除太学博士,改严州州学教授,制定《己丑规约》及《谢遣初学约束》,又有《己丑课程》,稍早前作《左氏博议》,修《东莱家传》。乾道六年,吕祖谦、张栻居于同一里巷,并同芮烨共修学政。而鹅湖书会则发生在淳熙二年。而此前薛季宣、郑伯熊等在浙江的影响已盛。陈傅良的弟子曹叔远回忆乾道五六年间,学子争学于陈傅良之门的胜况时谓:"执经户外,方屦阗集,片言落笔,传诵震响,场屋相师,而绍兴之文丕变,则肇于隆兴之癸未。"②"执经户外"与"场屋相师"的并置,为我们图画了乾道中理学借科场以传播的图景。与此同时,作为上庠生的李元纲撰成《圣门事业图》,称自己:"予留心道学几三十载,食息研究不忘,粗亦知所趋向矣。于是列为十图,共成一编,以示同志,盖欲咸知圣门事业之所在,而不失其所趋向也。"③也就是说,虽然以朱熹为代表的闽学后来成为官方学术,但在乾淳五六年间,这个叶适所认定的理学复振的节骨眼上,朱熹的学术活动似乎并不活跃,此

---

① 叶适《水心集》卷十三《郭府君墓志铭》。
② 曹叔远《止斋集原序》,见陈傅良《止斋集》卷首。
③ 陶宗仪《说郛》卷六李元纲《圣门事业图序》。

时朱熹任闲差,居于家①。那么孝宗朝理学复兴的主要推动力量实主要来自太学和永嘉学者的合力,尤其是薛季宣、周葵、吕祖谦、陈傅良等以科举招徕后学的方法,对理学传播的促进不可忽视。

从乾淳时期对经与史的重视程度而言,又有重经先于重史,由重经及于重史的特点。绍兴三十一年,礼部郎中王普论取士分科之弊:"以为后生举子竞习词章,而通经老儒存者无几,恐自今以往,经义又当日销,而二《礼》、《春秋》必先废绝。""望诏有司追效旧制,将国学及诸州解额各以三分为率,其二以取经义,其一以取诗赋。"②可见分科取士、自主选择的制度施行以后,经义进士人数日益萎缩,以致必须用强制份额来诱使举子习经义。时隔十余年之后的淳熙元年,从国子司业戴几所言之"三经逐月就试人数,每经不过数人,若不稍加优异,窃恐习者愈少,渐致废绝"的情况来看,经义进士人数稀少的情况并未根本改变。至少在国家的最高学府太学、国子学里,习经义者日少。淳熙二年六月四日,鉴于举子习诗赋者多,习经义者少,朝廷放宽治《礼》、《春秋》应举人的录取标准。从上述材料来看,经史之学在科场程文中的体现并不仅限于经义,而是表现在经义、诗赋、策论等必考科目当中,尤其是经义和诗赋进士两科必考的策与论当中。吴公(琮)尝云:"省闱多在后两场取人。谚云:三平不如一冠。若三场皆平平,未必得。若论策中得一冠场,万无失一。至如方州试固以第一场为主,至于定去留时,亦多以后两场参考。"③省试多以论、策定去留,即使是地方解试,首场相当的情况下,也是以参考策、论定去留。方回评陈亮《酌古论》谓:"《酌古论》纵横上下,取古人成败之迹,断以己见,拾《战

---

① 参见王懋竑《朱熹年谱》。
② 李心传《建炎以来系年要录》卷一百九十(绍兴三十有一年)。
③ 魏天应编选、林子长笺解《论学绳尺》之《论诀》。

国策》、《史记》之遗语而传以苏文之体，乾淳间场屋之所尚也。"①
重史是陈亮论文的突出特征，取古人成败之迹，断以己见是此类文
章的基本内容，而对成败的分析，鲜明地表现了永嘉、永康学派的
功利特性。从叶𫘝所指出的陈傅良《待遇集》、叶適《进卷》在科场
每用则效的情况来看，论和策确乎在此时成为了进士科的核心科
目。考察永嘉学人所著的科场书籍，除上述两种以外，《八面锋》、
《酌古论》、《策场标准集》等均为论、策二体，即乾淳体主要是以此
二体为代表的。

　　对史的重视，其重视的时段和关注的侧重点也是前后有所变
化。吕祖谦做《历代制度详说》、《大事记》等即是对史学在科举中
重要性的提示。而陈傅良六经中除《周礼》外，尤重《春秋》、《左
传》，表现了他由经及史、学以致用的学术思想。陈傅良还对本朝
历史知之甚详，研究颇深，著有《太祖实录》一卷。未成书的史学著
作则有《周汉以来兵制》、《皇朝百官公卿拜罢谱》、《皇朝大事记》、
《皇朝财赋兵防秩》、《官志稿》等。其对兵制、对本朝历史的关注体
现了永嘉学者的事功思想。而淳熙十二年，太学博士倪思上言指
出："近日学校、科举之弊，患在士子视史学为轻。夫所谓史者，岂
独汉唐而已哉？而今之论，史独有取于汉唐，至若三国、六朝、五
代，则以为非盛世事而鄙之耻谈。然其进取之得失、守御之当否、
筹策之疏密、计虑之工拙，与夫兵民区处之方、形势成败之迹，前事
之失、后事之戒，不为无补，皆学者所宜讲究者也。"②观倪思所言，
学校科举之弊似不在轻史，而是对史的重视有所偏颇，重治世而忽
乱世，而倪思则请求通观历史，引以为鉴，反映了科场论史由颂美、
模仿向更深的反思、镜鉴转变。

　　"乾淳体"之特出在于，一方面它融汇经史，自铸伟辞，体现了

---

① 方回《桐江集》卷三《读陈同甫文集二跋》。
② 徐松《宋会要辑稿·选举》五之七《贡举杂录》。

扎实深厚的学理内容与精工奇巧的形式的较好结合；另一方面，它对经史的融汇，并未流于心性之说的偏径，而是力求从经史中寻绎当下治理的良方，其目标是指向现实和事功的。而在乾淳体风靡科场的同时，以空谈性理为特色的理学文章也存在于科场中。因此，淳熙五年"侍御史谢廓然乞戒有司，毋以程颐、王安石之说取士"①，淳熙七年六月，从秘书郎赵彦中之请，科举试禁洛学性理之说②，而庆元时期，党禁者所持之论有："二十年来，士子狃于伪学，泪丧良心，以六经子史为不足观，以刑名度数为不足考，专习语录诡诞之说，以盖其不学空疏之陋，杂以禅语，遂可欺人。"③盖指此类程文而言，然此类文章似并非"乾淳体"之正脉也。

尽管理学确立为官方学术之后，道学往往不把陈傅良视为同道，周密论"道学"称："伊洛之学行于世，至乾道、淳熙间盛矣。其能发明先贤旨意，溯流徂源，论著讲解，卓然自为一家者，惟广汉张氏敬夫、东莱吕氏伯恭、新安朱氏元晦而已。"又谓"至于永嘉诸公则以词章议论驰骋，固已不可同日语也。"④甚至吕祖谦亦不被认可，南宋末刘达可论乾淳文体只提到"新安朱公以明道之文唱于南，广汉张公以正学之文和于北；时则象山陆公以穷理之文鸣于江之西"⑤，而对吕祖谦、陈傅良等则以"其他词章渊源并生错出于浙之左右者"一笔带过，更有元刘埙径称"朱陆"两家，谓："乾道淳熙间，晦庵先生以义理之学阐于闽，象山先生以义理之学行于江西，岳峻杓明，珠辉玉润，一时学士大夫雷动风从，如在洙泗，天下并称之曰'朱陆'。"⑥然而在乾淳时期，陈傅良在儒学上的造诣和影响

---

① 《宋史》卷三十五《孝宗三》。
② 《宋史全文》卷二十六下。
③ 徐松《宋会要辑稿·选举》五之一七。
④ 周密《齐东野语》卷十一"道学"条。
⑤ 刘达可编：《璧水群英待问会元选要》卷四十，明丽泽堂活字本。
⑥ 刘埙《隐居通议》卷一"朱陆"条。

却是可以与朱熹相提并论的。宁宗继位,朱熹和陈傅良同时担任
宁宗的侍讲,此前,陈傅良还曾当过光宗的老师。更重要的是,庆
元初赵汝愚信奉道学,于是陈傅良、彭龟年除为中书舍人,朱熹召
为焕章阁待制,李祥、杨简、吕祖俭、叶适等皆入朝,道学人士结成
朋党,与内戚韩侂胄起了政争。这表明,后人对于道学与文学的严
格区分有其当下的语境,而在乾淳时期,陈傅良、叶适等在赵汝愚
当政时期获起用的事实说明,虽然在宗尚理学方面,程度有深浅,
但在时人眼里,他们都是理学中人。因此,永嘉学术是理所当然被
视为儒学之一脉的。不仅吕、陈等是当然的理学人士,即是金华的
唐仲友虽学术难与陈傅良相俟,但在当时,他也曾著《六经解》百五
十卷,《九经发题》、《经史难答》、《孝经解愚书》各一卷,《诸史精义》
百卷,《帝王经世图谱》十卷,《乾道秘府群书新录》八十三卷,《天文
地理详辨》各三卷,《故事备要》、《词科杂录》各四卷,《陆宣公奏议
详解》十卷,苏伯衡称其:"乾道、淳熙间,紫阳朱子、广汉张子、东莱
吕子,鼎立于一时,而东南学者翕然宗之。说斋唐公出乎其时,又
与吕子同居于婺,而独尚经制之学,真可谓特起者矣。而岂立异
哉? 公不惟精史学,尤邃于诸经,自谓不专主一说,不务为苟同,隐
之于心,稽诸圣人,合者取之,疑者阙之。"①观其著作,确乎是经史
兼修,重视经史是此时南方文章学术共同的趋向。故孙衣言称:
"吾乡儒术之盛,无过于南宋乾淳之际,而其文章之尤美者曰水心
叶氏、止斋陈氏。止斋之学最深于经,而发之为文则子长、永叔之
流也;水心之学最深于史,而其发之为文则贾生、苏轼之流也。"②
以儒术而施于文章,则有深于经之止斋和长于史之水心。

2. 关注时事

乾淳体鲜明的事功特色及现实关照,首先基于孝宗时期励精

---

① 朱彝尊《经义考》卷二百四十三。
② 孙衣言《逊学斋文钞》卷八,《介庵文集序》,清同治刻本。

图治的政治气氛,其次科场政策中频频发出的关切现实的旨令,更成为了科场文章争言时事的风向标。隆兴元年二月十一日,诏省试取士重学术,黜阿媚,对于朝廷的这一诏令,楼钥在其隆兴元年所作的《谢发解启》中有自己对此政策的理解,他说:"爰命郡国,选修洁之士,且使乡遂献贤能之书,广数路以取人才。诏直言以增士气,将取布韦之贱,以为将相之储。草莱期王佐之才,畎亩任天下之重。坐使有志之男子,羞为无用之陈言。附凤翼而攀龙鳞,咸起功名之愿。擢犀角而拔象齿,始膺藻鉴之求。"①于此可见,一纸诏令对于扭转秦桧专权给科场造成的谀佞风气起到了多大的作用,举子争为直言实学,科场呈现蓬勃生机。

随后,孝宗亲阅省试前十名的策卷,取合施用事件,下旨施行;次年,又命取省试卷中"论及州郡军民利害事实,令初考、覆考、详定所,各节录紧要处,候唱名日,各类聚以闻"②。并微讽有司取才尚文才、轻实学。淳熙四年诏自今科举策试,必以时务发为问目。淳熙八年省试结束,命将前二十名造册连副本呈上。淳熙十一年又令考官注意试策卷中论及军事、民事利害者,类集以闻。朝廷如此频繁地诏告天下举子,应关切时务,展示治理之才,对于科场风气发生了重要的影响,表现在评卷上即是改经义、诗赋定去留为兼考策论,甚至以策论去取。淳熙十二年,太学博士倪思上言:"场屋考校专以经义、诗赋定得失,而以论策为缓。乞申初考官课试命题杂出诸史,无所拘忌,而于去取之际,稍以论策为重,庶几士子博古通今,皆为有用之学。"③绍熙四年三月八日,赵汝愚知贡举毕,奏是年得人,多用论策参考,多得老成之士。是年,陈亮为状元。一个更典型的事例是王道甫中乙科之事,叶适叙其事谓:"(王道甫)

---

① 楼钥《攻媿集》卷六十一《谢发解启》。
② 龚延明、祖慧《宋登科记考》,江苏教育出版社,2009年,第920页。
③ 徐松《宋会要辑稿·选举》五之七《贡举杂录》。

每应试，皆陈实策，无一语类时文，或笑曰：'此札子也。'然竟亦得乙第。"[1]按札子的手法来作策竟然中科，此足见孝宗朝对经济实务能力的偏重。事实上朝廷参用策论取士在乾淳年间已成为惯例，因为殿试试策，所以士子已普遍重视策的写作，加上孝宗务求实学有用之才，策论在进士诸科目中的地位更加举足轻重。楼钥、陈傅良、叶適均有享誉一时的策作，尤其是叶適，其《进卷》（又名《策场标准集》）在乾淳后期的社会影响力甚至超过了陈傅良的《待遇集》，说明随着时间的推移，策在考试中的地位已高于论。

其次，朝廷科举重时事的政策也影响到策论的命题，地方解试纷纷以时事出题，甚者出现了以边防机要命题，导致军机外泄。淳熙十四年同知贡举陈贾奏："近者充员典举，备阅诸路赋题。其间有一时发策，莫非边防急切之务，流传所至，为害甚大。乞自今内外场屋，凡事涉边防利害机密，不许发为问目，严立法禁止，遵令依旧式泛问古今，诚非小补。伏见今来约束，除经义、诗赋许印行外，其余策略并令禁止。所有论策，自来不涉时事。乞许赐颁行。"[2]由于科场经义、诗赋、论策试后流布甚广，因此，导致科场议论时事的文章传至外国，甚者将某些利害机密泄露给敌国。据此而言，则知在孝宗朝主张科举关注时务的政策指导之下，科举的各级考试都充分响应和体现了这一趋向，而应试举子也应时而变，孝宗朝盛行的布衣上书现象正是这种风气的响应。自北宋以来，太学便是政治事件的积极参与者，无论是当年陈东等太学生伏阙挝鼓以请起李纲，还是庆元时太学生杨宏中等六人上书留赵汝愚、章颖、李祥、杨简，请黜李沐，都鲜明地体现了太学生积极参与时务的传统。因此，以太学文体为代表的科场文章充溢积极进取和指斥时弊的内容便不难理解了。

---

① 叶適《水心集》卷二十四《陈同甫王道甫墓志铭》。

② 徐松《宋会要辑稿·选举》五之一一《贡举杂录》。

　　淳熙十四年，洪迈等在完成当年的贡举取士工作后上书孝宗，指出："窃见近年举子程文流弊日甚，固尝深轸宸虑。以臣僚建请，下之礼闱，盖将训齐士类，革去旧习。然渐渍以久，未能遽然化成。仰惟祖宗事实，载在《国史》，稽诸法令，不许私自传习。而举子左掠右取，不过采诸传记、杂说，以为场屋之备，牵强引用，类多论舛，不择重轻，虽非所当言，亦无忌避。其所自称者，又悉变'愚'为'吾'，或于叙述时事，继以'吾尝闻之'、'吾以谓'等语，其间得占前列，皆尘御览。臣子之谊，尤非所宜。"①洪迈此奏主要指科场论事多言本朝史事，然而由于其信息主要来源于传记、杂说，所以不择重轻，肆言无忌。加上举子自称变"愚"为"吾"，叙述时事，常以听闻之见为证，有损臣子之间的礼仪。然从另一角度来看，允许举子议论本朝史事，已然是南宋政治的一大进步，而且举子之变"愚"为"吾"，正是其主体自觉性提升的表现，也反映了举子在议论国家政事之时的自信和自觉担当。《文献通考》载《高宗孝宗圣政编要》二十卷，陈振孙解题谓："《高宗圣政》五十卷、《孝宗圣政》五十卷，乾道、淳熙中所修，皆有御制序。此二帙，书坊抄节以备举子应用之储也。"②乾道、淳熙中，即当孝宗还当朝时即修撰了《孝宗圣政》五十卷，足见此时议论时政的开放风气，而抄节之《高宗孝宗圣政编要》作为举子应用之储，则表明举子应试需熟知当代政事迁革。此时，出现了大量民间私修之史书，如李焘之《续资治通鉴长编》、王偁《东都事略》、熊克《九朝通略》、李丙《丁未录》及《语录》、《家传》等书，其中李焘之作孝宗甚重之，而王偁、熊克、李丙皆曾进呈史作，获除职迁官，并付史馆③。民间修史的热潮与科举对时事的强调是分不开的，而且这些史作反过来又进一步提升了科场史论的水平。

---

① 徐松《宋会要辑稿·选举》五之一〇至一一。
② 马端临《文献通考》卷二百一。
③ 参见《两朝纲目备要》卷七，癸巳（乾道九年，1173）"禁行私史"条。

　　科场文章论时事与史事是紧密相关的,尤其是近代的史事,不啻于论时事,时事往往借史事以发之。吕祖谦、陈傅良皆有史作,吕祖谦还曾备位史院,甚有史才,周必大称其:"祖谦涵养既久,习知典故,史院甚得其力,不但文字之工也。"①吕祖谦所作的《历代制度详说》、《大事记》、《唐鉴》等多为举子所取资。陈傅良则有《建隆编》、《历代兵制》、《春秋后传》、《左氏章指》等,而《春秋》、《左传》本来就是史书,加上陈傅良解《春秋》、《左传》多用时事验之,以身证之,表现出鲜明的当下关照,故四库馆臣云:"盖傅良当南宋之时,目睹主弱兵骄之害,故著为是书,追原致弊之本,可谓切于时务者矣。"②不仅史学与时事密切相关,乾淳时期的经解注疏也有明显的当下指向。陈造有《易说》一卷,四库馆臣评曰:"至《易说》一卷,始于无妄,终于比,凡十五篇,疑其未完之。书中多以史证经,与杨万里《诚斋易说》、李光《读易详说》相类,殆为时事而发,托之诂经欤。"③经解史著皆为时事而发,这就是"乾淳体"关注时事的延伸。应该说乾淳体以经史之论发为当下之策,是其内容上的显著特点。孙衣言云:"当时永嘉诸先生如土龙、止斋、正则、道甫皆喜事功,好议论,故场屋趋时之文,遂以为'永嘉体'矣。"④在孙衣言看来,"永嘉体"之特征即在于"喜事功,好议论",而这种好事功,喜议论之特征实源自孝宗朝开明的政治气氛和明确的科场导向。

　　具体到当时的科场文章而言,《策场标准集》,亦即叶適的《进卷》,明代的黎谅初读此书的感受是"其忠君爱国之诚蔼然溢于言意之表"⑤,由此可见叶適之策内容上的切于时政。叶適曾言:"读

---

　　① 楼钥《攻媿集》卷九十四《少傅观文殿大学士致仕益国公赠太师谥文忠周公神道碑》。

　　② 文渊阁《四库全书》本《历代兵要》书前提要。

　　③ 《四库全书总目》卷一百六十一《〈江湖长翁集〉提要》。

　　④ 孙衣言《瓯海轶闻》,杭州古籍书店重印,1963 年。

　　⑤ 叶適《水心集》卷首黎谅《水心集序》。

书不知接统绪,虽多无益也;为文不能关教事,虽工无益也。"①为文需对教化政事有所补益,不作无用之文,这是叶适为文的基本要求。而陈亮为文更是议论争煌煌,"以特出之才,卓绝之识,而究皇帝王伯之略,期于开物成务,酌古理今,其说盖近世儒者之所未讲"②,表现出更强烈的以文干政的特色。这种务为有用之文的思想,甚至延伸至以美盛德之形容的颂体里。陈傅良尝为光宗赞读,逢光宗生日,与群臣一道献颂一篇,虽名为祝寿而作,皆寓警诲之意,其文云:"颂者不专于美盛德之形容,皆有警戒之义。秦斯以来,此义殆绝。臣为之矍然作而曰:伟哉论也。"③蔡戡为乾道二年进士,四库馆臣评其文谓:"集中所上奏札条列明确,类皆侃直忠亮,为经世有用之言。其论边事,专以严备自守为主,而不汲汲于和战纷争,远虑深谋,亦非好事偷安者所可几及。"④舒璘为乾道八年进士,其一生主要从事教学活动,平生未曾官于朝,而其集中"《与陈仓札子》、《论常平义仓茶盐保长之法》,深切时弊,皆其教授新安时所作。则璘亦非短于经世者也"⑤。这些乾道、淳熙中出仕的人才,能够做深切时弊之议论与措置,实得益于从举子业中就练就的经理世务的功底。宋理宗淳祐年间,太常寺主簿高斯得言:"祖宗以来,如庆历、元祐、乾道、淳熙之际,人才辈出,布满朝廷,皆取诸当世而足,不借之于异代也。"⑥乾淳之人才辈出,与科场这种强调由经史及于时事,尤其著力于经世成务的能力有关。

① 叶适《水心集》卷二十九《赠薛子长》。
② 吴师道《敬乡录》卷十三元乔行简《奏请谥陈龙川吕大愚札子》。
③ 楼钥《攻媿集》卷六十九《恭题赐陈傅良宸翰》。
④ 《四库全书总目》卷一百六十《〈定斋集〉提要》。
⑤ 《四库全书总目》卷一百六十《〈舒文靖集〉提要》。
⑥ 杨士奇等《历代名臣奏议》卷一百五十一。

### （二）“乾淳体”风格特点

关于太学文风之厚薄对于社会的影响，留正曾有言谓：“太学时文，四方视以为法，而士风厚薄、人材盛衰，皆可概见于此。”①“乾淳体”作为太学体之一种，确是当时士风厚薄、人材盛衰的“指示仪”。关于“乾淳体”在形式上的特点，祝尚书先生论之已详，如乾淳体造语圆活、结构谨严；强调意新语工；以古文为法；行文富于变化等。笔者拟从乾淳体之风格特点入手来讨论。杜范在淳祐元年知贡举后上札论科场文章之弊，并回顾乾淳科场文风谓：“乾、淳之间，词人辈出，见之方册者，质而不野，丽而不浮，简而不率，奇而不怪，士子所当仿效。”②杜范所云之“质而不野，丽而不浮，简而不率，奇而不怪”代表了南宋后期人士对“乾淳体”风格的概括，本书即以此为纲，论析如下：

1. 质而不野

“质”与“野”是文学批评中的一对术语，孔子有云：“质胜文则野，文胜质则史。文质彬彬，然后君子。”③“质而不野”其实质即是文质彬彬，具体而言就是指文章在内容的质实与形式之词章方面配合匀当，代表了中国古典文章审美的最佳状态。吕祖谦谓：“做论有三等，上焉藏锋不露，读之自有滋味；中焉步骤驰骋，飞沙走石；下焉用意庸庸，专事造语。”④吕祖谦视作上等的论具有“藏锋不露，读之自有滋味”的特点，细味其言，所谓“藏锋”即在行文上要注意收敛，不可太过波澜；而“读之自有滋味”则需立意高远，这种

---

① 《宋会要辑稿·崇儒》，苗书梅点校，王云五审订，河南大学出版社，第55页。
② 曾枣庄、刘琳主编《全宋文》，第320册，第187页。
③ 蔡节编《论语集说》卷三。
④ 魏天应编选、林子长注《古文关键·总论·论作文法》。

有节制的文饰与高远的立意彬彬相副,即是论中的上品。而观其中、下则为过度文饰、布置与立意平庸者,因此,文以意胜,文质彬彬是"乾淳体"追求的最高标准。

陈亮论文有云:"大凡论不必作好语言,意与理胜,则文字自然超众。"陈亮认为作论不必刻意于言辞修饰,而应抓住重点的立意问题,意与理胜,文字自然超拔。又谓:"故大手之文,不为诡异之体而自宏富,不为险怪之辞而自典丽,奇寓于纯粹之中,巧藏于和易之内,不善学文者不求高于理与意,而务求异于文彩辞句之间,则亦陋矣。"①且引杜牧之语"意全胜者辞愈朴,而文愈高,意不胜者辞愈华而文愈鄙",及山谷之辞"好作奇语,自是文章一病,但当以理为主,理得而辞顺,文章自然出群拔萃"为证,要求学者应以理意为本,勿汲汲于末事之文辞。同时,陈亮亦非完全不主张修辞,而是要求作文者将奇、巧包藏于纯粹、和易之内,亦即吕祖谦所谓之"藏锋不露"。就此点而言,"乾淳体"在学习苏文的波澜意度方面是有所扬弃的,锋芒毕露之态在"乾淳体"而言是不被接受的。而这种平淡和易之外观的得来并非易事,吕祖谦论看欧文法时指出:"学欧平淡,不可不学他渊源,徒平淡而无渊源,则枯而不振。"②语言的平淡背后是渊深的学识为基础,否则易陷于"枯而不振"之境。故吴子良论文有云:"文虽奇,不可损正气;文虽工,不可掩素质。"③也就是说乾淳作者追求的是工巧、奇妙处不显露,其奇巧是不易察觉,令人回味无穷的。

对于文章之"质",即文章的理与义,乾淳作者对前人有自觉的超越意识,甚至这也成为他们在前人面前可以骄矜的资本。苏轼文字是高、孝两朝极为流行的,所谓"苏文熟,吃肉羹;苏文生,吃菜

---

① 魏天应编选、林子长注《古文关键·总论·论作文法》。
② 同上。
③ 吴子良《荆溪林下偶谈》卷二"文有正气素质"条。

根"是也。然而狂热的学苏热潮，并没有完全遮蔽学者的眼光，相反他们对于苏文，在学习其议论纵横、波澜起伏之外，也敏锐地洞察到苏文理有未纯、学识未谨严之处，并力求避免之。杨万里尝议苏轼科场之作《刑赏忠厚之至论》，其文如下：

> 欧阳作省试知举，得东坡之文惊喜，欲取为第一人，又疑其门人曾子固之文，恐招物议，抑为第二。坡来谢，欧阳问坡所作《刑赏忠厚之至论》有"皋陶曰杀之三，尧曰宥之三"，此见何书？坡曰："事在《三国志》孔融传注。"欧退而阅之，无有。他日再问坡，坡曰："曹操灭袁绍，以袁熙妻赐其子丕。孔融曰：'昔武王伐纣，以妲己赐周公。'操惊问见何经，融曰：'以今日之事观之，意其如此。'尧、皋陶之事，某亦意其如此。"欧退而大惊曰："此人可谓善读书，善用书，他日文章必独步天下。"余尝思之，《礼记》云："狱成，有司告于王，王宥之。有司曰'在辟'，王又曰'宥之'，有司又曰'在辟'，王三宥，不对，走出，致刑于甸人。"坡虽用孔融意，然亦用《礼记》故事，其称王谓王三皆然，安知此典故不出于尧。①

南宋人在学识的广博渊深上实超出北宋人，尤其是经学和史学的积淀，每出北宋人之上。杨万里此处补充苏轼科场之论的事典出处，说明他在学识上的广博。能举出如大文豪苏轼兴许未知的典故出处，这充分说明了乾淳时期学者在学识上的广博与严谨，此正是文章中能有正确的理与意的前提，即博学多识，明辨事理。而指责苏文最力的朱熹更斥言："苏氏之学，以雄深敏妙之文煽其倾危变幻之习，以故，被其毒者沦肌浃髓而不自知。"②苏文形式上的雄

---

① 杨万里《诚斋诗话》。
② 朱熹《晦庵集》卷三十七《与芮国器》。

深敏妙掩盖了其学理上的不踏实之处,而朱熹所痛恨的则是学者
不知,深受其毒。那么乾淳学者致力的"理与意"显然有高于苏轼
之文理的地方,即以理学的思想和观点来保证文章立意的纯正。
尽管在立意的纯正与否上,永嘉学者与朱熹等在标准上有宽严之
别,但不能因此抹杀"乾淳体"在内容之"质"上追求义理之正的事
实。陈傅良得第后尽焚旧稿之举,正说明乾淳体作者在学理修养
上的主动进取。楼钥《刘望之图录惠示文卷次韵为谢》亦以"从今
使诸生,教育均蒙被。论议归正平,辞章扫浮靡。古人去已远,时
毋分彼此。君其挽之回,续弦须凤髓"夸赞刘望之之文卷,议论平
正是乾淳时期值得推崇的风格。更重要的是,儒学的修养也是语
言最终是否能脱去锋芒,回归平易的保证。"儒者学到至处,则其
言益平近",元徐明善谓:"予返林下六年,欲闻平近之言不可得,时
取乾淳诸老文字讽诵,有会心处。"①也就是说,学儒之至当以语言
平近为征象,这也是乾淳体内在之"质"保证外在之"文"不逾度的
规定性。而苏文之好骂似也反证了其儒学修养不到位。

　　要实现"质"与"文"的合理搭配其实不易,不同学术背景和性
格、追求的人,对于文质彬彬的把握就各有差异。如乾道二年进士
周孚,"大抵词旨清拔,无纤仄卑俗之病,文章不事雕缋,而波澜意
度,往往近于自然"②;然如淳熙十一年登第的廖行之:"其文章大
抵屏除藻绘,务以质朴为宗,或不免近于朴僿,故戴溪作序,不甚称
之。然其词意笃实,切近事理,亦足以想见其为人。"③过度地屏除
藻绘,不免近于朴僿,这与作者廖行之本人注重"内行修饬"有关。
显然"词意笃实,切近事理"并没有如陈亮所谓之"文字自然超拔",
是知要达致文质彬彬的效果,有意识的修辞也是必要的。若有意

---

① 徐明善《芳谷集》卷下《东月师诗文》。
② 《四库全书总目》卷一百五十九《〈蠹斋铅刀编〉提要》。
③ 《四库全书总目》卷一百五十九《〈省斋集〉提要》。

识地屏除藻绘,那么其结果当然是质而无文,难以行远。

同时,传统意识中骈俪之辞往往被视为"丽辞"而被儒者所拒斥,而随言短长的古文则往往承载了"载道"之重责而备受推崇,近古文学史中关于"文"的议论几乎都抱持着这样的观点。如果说北宋古文已在作者的日常书写中占据了主导地位,那么"乾淳体"则实现了古文在科场的主导地位。戴溪论作文谓:"据古文为文法,立己见为新意,议论贵含蓄,譬喻贵警拔,以题用事贵不迫,以意用事贵不露。"①"以古文为文法"这是乾淳论体的基本要求,而且议论贵含蓄,"用事贵不迫","用事贵不露"等均是追求文章平和,不露锋芒。而在具体的师法方面,吕祖谦有教学者的"看韩文法"、"看柳文法"、"看欧文法"等,也就是说韩愈、柳宗元、欧阳修、苏轼、曾巩、王安石等都是乾淳作者师法的对象。值得注意的是,乾淳体前期以学苏文为主,后期则渐渐扬弃了苏文之锋芒和义理不正②,而更趋向于近师欧阳修和曾巩,远法秦、汉。叶适在为陈耆卿文集作序时云:"近宗欧、曾,高揖秦、汉,未脱摹拟之习,徒为陵肆之资,所知不深,自好已甚。"③这也可以从吕祖谦弟子楼昉编《崇古文诀》所选文章已上溯至秦、汉为例,而其师吕祖谦,则致力于《三苏文选》和《宋文鉴》,可见前后师法及要求有所发展,学习师法的对象疆场甚宽,而步武甚的。要之,前期如陈傅良《待遇集》、《六经论》等效苏文之雄深敏妙,到后期如叶适、陈耆卿等则学欧、曾的纡徐平淡、简净平和。吕祖谦在与朱熹的书信中也提到:"独所论永嘉文体一节,乃往年为学官时病痛,数年来,深知其缴绕狭细,深害心术,故每与士子语,未尝不以平正朴实为先。去夏与李仁甫议文

---

① 魏天应编选、林子长注《古文关键·总论·论作文法》。

② 吕祖谦《古文关键》论看苏文法有:"看苏文法·波澜:出于《战国策》、《史记》,亦得关键法,当戒他不纯处。"

③ 叶適《筼窗集序》,见《筼窗集》卷首。

体,政是要救此弊,恐传闻或不详耳。"①以"平正朴实"为先,正体现了"乾淳体"后期的发展方向。《论学绳尺》中的福唐李先生为南渡以前人,其论人物题的议论:"其人若有未纯处,不可骂尽,虽骂题,切须婉顺,不可直突便骂起,有可出脱处便须为之回护。"②亦是就文章语气平正而言。而永嘉后学吴子良受叶适之教,深知"好骂文字之大病"③,因而力避而克之。这一方面体现了理学修身思想对于文学风气的影响,另一方面也反映了南宋文审美趣味主平正深醇,嘉赏德盛言宜之自然生成。因此,古文在形式上比较追求质实,加上内容上"文以载道"的神圣使命,天然地成为了乾淳体的选择。

2. 丽而不浮

"丽而不浮"指乾淳体具有形式之美,但同时又有扎实、深沉的内容。淳祐元年,朝廷有科举诏,谓:"经学欲其深醇,词章欲其典则,言惟合理,策必济时,毋以穿凿缀缉为能,毋以浮薄险怪为尚。"④此诏虽颁于淳祐年间,但其所说的标准却是依据乾淳体而言的。因此,杜范才称此为"真甄别人才之龟鉴",并提出颁示"乾淳体"于天下,以救文弊。词章之丽需归之于典则,则能避免浮薄之病。扬子论赋有"诗人之赋丽以则,辞人之赋丽以淫"之论,司马光注云:"其文皆主于靡丽,而诗人以之立法则,辞人徒夸诞过实,不可为法。"⑤因此,所谓"丽则"是指丽而有度,丽而有实。而所谓浮薄则是指过度的夸诞敷陈,缺乏严密的逻辑和成熟的内容,经不住推敲。前文所引叶适论乾道、淳熙间科场经义衡文规则的变

① 吕祖谦《东莱集》别集卷八《与朱侍讲(元晦)》。
② 魏天应编选、林子长注《古文关键·总论·论作文法》。
③ 吴子良《荆溪林下偶谈》卷四"好骂文字之大病"条。
④ 杜范《清献集》卷十一《辛丑知贡举竣事与同知贡举钱侍郎曹侍郎上殿札子》。
⑤ 《扬子法言》卷二。

化①，即是一个典型的事例。虽然叶适所举三例在文辞的安排上都顺应时好，前两例虽文字亦工巧，而所言之理却未为稳妥，而真正算得上"丽而不浮"的只有最后一例，叶适所谓"虽其辞甚巧，而其理不谬"是也。

陈傅良之论亦不废形容模写之功，欧阳守道评陈作《乐天者保天下》曰："说天字最精密，文字有模写形容之妙。"②吕祖谦文章有"藻缋排比"之态，源于科场的训练和词科的需求。吴子良所指斥的"词科习气"："意主于诡，辞主于夸，虎头鼠尾，外肥中枵。"③正是过度修辞而内中空无之文，而东莱实与焉，且此习气不易改变，及至中年方就平实。观东莱之文，可知"藻缋排比"非谬责也。吕祖谦喜用排比以增强文势，这可能有学苏文的成分在里面。即使是作为乾淳儒学三老之一的陆九渊，其"游戏翰墨，状物写景，信笔成文，往往亦光晶华丽，有文人才士所不能工者"④。因此"乾淳体"文章之"丽"是客观存在的，但这种"丽"又是有所约束的，其"丽"的表现也更有度、更隐蔽。虞集论乾淳时期东南之文相望而起者，谓"正则之明丽而不失其正"⑤。叶适文章之"明丽而不失其正"正是"丽而不浮"的最佳范本。

3. 简而不率

所谓"简而不率"，即指文词简洁而不率意，文章有法度。乾淳作者首先反对的是文章之"粗率"。吕祖谦"看诸家文法"谓："李文太烦，亦粗，秦文知常而不知变，张文知变而不知常，晁文粗率，自秦而下三人皆学苏者。"⑥在吕祖谦看来，李廌、晁补之之文章有粗

① 参见本书论"乾淳体"经史并重之特点部分。
② 魏天应编选、林子长笺解《论学绳尺》卷八。
③ 吴子良《荆溪林下偶谈》卷三"词科习气"条。
④ 刘埙《隐居通议》卷一"朱陆"条。
⑤ 《道园学古录》卷三十三，《四部丛刊》本。
⑥ 魏天应编选、林子长注《古文关键·总论·论作文法》。

率之弊病，而且李廌文章还兼有"太烦"的缺点，更是与"简而不率"背道而驰。而且对于上述作者的评价，并非吕祖谦的一家之见。与吕祖谦颇不相谐的唐仲友，"亦常以此说诲人"，说明此为乾淳时期通论。又戴溪云："史论易粗，宜纯粹；性理论易晦，宜明白。"①史论更易写得粗率，或谓易于纵横泛滥，因此应以纯粹来纠正之；而讲性理的内容则易于绞绕深晦，应当以简明之言出之。陈傅良有《博爱之谓仁》，考官批云："立意广大，行文圆活，造语老苍，无一赘字，真可为法。"②无赘字，是之谓"简"，而造语老苍，则是文字简明之一格，亦为乾淳作者所推重。陈止斋批点陈芳《荀氏有二仁》谓："见识透彻，议论老成，开阖抑扬，曲尽其妙。"可见"老成"、"老苍"之"老"所透露出的成熟与劲健，令文章更别具一格，与文章之理意相配合，更让人回味无穷。

此外，要做到"简而不率"，还需遵守法度。故吕祖谦教学者看韩文法当学其简古，韩文之简古"一本于经，学韩文简古，不可不学他法度，徒简古而乏法度，则朴而不华"③。也就是说，"简古"之气质的得来源于本经，与前述"质而不野"的要求相似。要达致"简而不率"的效果亦需"本于经"的功夫，只是后者更强调在形式上学习古文之"简"。事实上，改骈为散，似乎并不是一件容易的事，想北宋时欧阳修、尹洙等相与锤炼"散句"，有互较文字简练的轶事流传。是知要学习古文之"简古"是需要一番功夫的。如论中使事，概括归纳时需要高度的提炼，陈武章（颖论）文云："善使事者，但一二句至三五句而题意已了然，前辈尝谓学者使事不可反为事所使，此至论也。"④要在一二句至三五句之间叙述清楚一个事典，考验

---

① 魏天应编选、林子长注《古文关键·总论·论作文法》。
② 魏天应编选、林子长笺解《论学绳尺》卷三。
③ 魏天应编选、林子长注《古文关键·总论·论作文法》。
④ 同上。

的正是作者归纳提炼的功夫。锤炼文字一直以来都是学习作文的一项基本训练,苏轼之文尽管善于铺陈排比,但于简炼工夫亦实用心:

> 客有自秦少游处来,见东坡,坡问少游近有何好句,客举秦《燕子楼词》云:"小楼连苑横空下,临绣毂,雕鞍骤。"坡笑曰:"又连苑,又横空,又绣毂,又雕鞍,又骤也劳攘。"轼亦有此词云:"燕子楼中,佳人何在,空有楼中燕。"①

相对于秦观的连苑、横空、绣毂、雕鞍,苏轼之"燕子楼中,佳人何在,空有楼中燕"则以简净之词发无穷怀想之味,确乎是善于炼词琢句者也。而林光朝亦有极简工夫,陈宓序其集云:"莆阳艾轩林先生,文为世所宗……其文森严奥美,精深简古,上参经训,下视骚词,他人数百言不能道者,先生直数语,雍容有余,非学博识高,义精理到,能如是乎?"②

就乾淳体所主张和反对的文字特点而言,简古、老苍、劲健等均是"简而不率"的具体表现。吕祖谦论作文法云:"笔健而不粗,意深而不晦。"③笔健易流于"粗",因此需"劲健",无赘词;意深易流于晦,因此需以浅近之言出之。其论文字病有"深、晦、冗、弱、涩、虚、直、疏、碎、缓、暗、尘俗、熟烂、轻易、排事、说不透、意未尽、泛而不切"等,而多可以"简而不率"救之。

### 4. 奇而不怪

科场文章求新求奇本是力求出类拔萃的意愿驱使,因此,新奇之追求在科场上历来存在,只是在不同的时期,"新"与"奇"的内容

---

① 杨万里《诚斋诗话》。
② 陈宓《艾轩集旧序》。
③ 吕祖谦《古文关键·总论》。

与趋向有所不同,关于此,下文有专门讨论①,兹不赘述。要做到"奇而不怪"其重点在于度的把握,而"奇"的表现则可以分为内容与形式两个维度。陈傅良在乾道初扬名浙右,其文章之特出就在于"奇意芽甲,新语懋长"②。

首先,从内容的角度而言,"奇"的首要表现即在于"立意之奇"。科场衡文有"俗有五道不如一道,一道不如一冒之语"之说,正说明破题立意先声夺人的重要性。《荆溪林下偶谈》载陈亮省试之后问陈傅良自己能否中举的对话,其文如下:

> 陈龙川自大理狱出,赴省试,试出过陈止斋,举第一场书义破,止斋笑云:"又休了。"举第二场《勉强行道大有功论》破云:"天下岂有道外之功哉?"止斋笑云:"出门便见哉,然此一句却有理。"又举第三场策,起云:"天下大势之所趋,天地鬼神不能易,而易之者人也。"止斋云:"此番得了。"既而果中榜。③

仅凭破题,陈傅良便准确预言了陈亮之中第,这显示了破题立意的重要性,同时也说明,立意中理是衡文的首先条件。叶适评论吴子良文章之妙称:"意特新,语特工,韵趣特高远。"④其"三特"之论,将意特新置于首位,正说明文章先声夺人,立新意是最关键的。具体到时文写作,《论家指要》谓:"论制度题:凡古来制度,古人皆曾有考究,了非待今日始见,当本之古人,文意则当出己见,此所谓夺胎换骨之妙。"⑤对于古人皆曾考究的制度题,即使立说本之古人,但文意则当出自己见,并将此方法与诗论之"夺胎换骨"相比,实在

---

① 参见本书第六章"宋代时文与文学走向"部分。
② 《止斋集》楼钥所作神道碑。
③ 吴子良《荆溪林下偶谈》卷三"陈龙川省试"条。
④ 叶适《水心集》卷二十七《答吴明辅(子良)书》。
⑤ 魏天应编选、林子长笺解《论学绳尺·总论·论作文法》。

是活现了宋人追求新奇、追求卓越的文化性格。又吴琼论文谓："会做论人只是借他题目，说自家道理。"此正文论中的"夺胎换骨"法也。徐进斋批点《孝宣务行宽大》谓："据黄龙元年诏曰：朕数诏公卿，务行宽大。则如此立说，自非本意。但文字精采，所谓强词夺正理也。"①要做到"强词夺正理"，正需文字之精奇相配合。吕祖谦教人作文谓"常中有变，正中有奇；题常则意新，意常则语新"②，此乃要求"新意出陈编"③也；又谓"句新而不怪，语新而不狂"，此又从立意之新奇及于语句之新奇。而真正能夺人眼目的往往是意新语工之作，如危科的《文武之道同伏羲》，考官批云："意甚古，语甚新，下字亦甚异，此论中巨擘也。"④而陈傅良之《王者之法如何》则"终篇以新语易陈言，醒人眼目，所谓化臭腐为神奇者"⑤。

　　然而立意与造语之奇，其重要性和作用还是有所区别的，陈傅良认为："凡论以立意为先，造语次之。如立意高妙，而遣辞不工，未害为佳论。苟立意未善，而文如浑金璞玉，亦为无补矣。"⑥因此造语工巧有赖于立意高妙，否则将沦为虚浮藻饰。而造语有三贵，"一贵圆转周旋，二贵过度精密，三贵精奇警拔"⑦。而欲求警拔之语，则应在下字上花功夫，下字既工，则句语自然警拔。这是陈傅良所传授的著论秘诀，也是自己写作论的心得，但其要求对于一般的举子而言，实际上已是难以充分领会和运用的了。因此要把握好其中的分寸实在很难，一旦把握不好，就难免出现庆元党禁时所谓之"怪语相高"，或如洪迈等所言之"怪僻"。其造语："曰力量，曰

---

① 魏天应编选、林子长笺解《论学绳尺》卷二。
② 吕祖谦《古文关键·总论》。
③ 吕祖谦《东莱集》外集卷五《效进士作三年通一经》。
④ 魏天应编选、林子长笺解《论学绳尺》卷二。
⑤ 魏天应编选、林子长笺解《论学绳尺》卷四。
⑥ 魏天应编选、林子长笺解《论学绳尺·总论·论诀》。
⑦ 同上。

料想,曰分量,曰自集(某)中来,曰定向,曰意见,曰形见,曰气象,曰体统,曰锢心及心心有主、喙喙争鸣,一蹴可到、盥手可致之类,皆异端鄙俗文辞。"①其中力量、料想、分量、意见、气象、体统等,今日皆已成为通行的文词,因此说,洪迈等之论亦有可商之处,似有过度批评之嫌。语言的演进依靠的是约定俗成,如果所造新语在理解上并无障碍,则说明该新语有传播的价值,或者说是有生命力的新词汇。从这个角度而言,科场文章在造语上的求新、求警拔,对于丰富古文词汇还有特殊的贡献。

"乾淳体"形式内容上的奇巧在朱熹的眼中则是为文之大病,他在给吕祖谦的书信中多次严厉批评永嘉文体,并指出吕祖谦应为这种现象负责。他指责吕祖谦"留意科举文字之久,出入苏氏父子波澜,新巧之外,更求新巧"②,又云:"近年文字,奸巧之弊熟矣,正当以浑厚朴素矫之,不当崇长此等推波以助澜也。"又谓:"科举文字,固不可废,然近年翻弄得鬼怪百出,都无诚实正当意思,一味穿穴,旁支曲径,以为新奇。最是永嘉浮伪纤巧,不美尤甚,而后生辈多宗师之。此是今日莫大之弊,向来知举辈盖知恶之,而不能识其病之所在,顾反抉摘一字一句以为瑕疵,使人嗤笑。今欲革之,莫若取三十年前(隆兴前后)浑厚纯正、明白俊伟之文,诵以为法。此亦正人心、作士气之一事也。"③所谓"鬼怪百出"、"文字奸巧",措辞相当激烈。求立意之奇,便出现无诚实正当意思,一味穿穴旁支曲径之弊,关于这一点,朱熹在陈傅良解《春秋》的问题上,也有大量的批评。朱熹认为永嘉文体之弊在立意穿凿,而考官却不能识其病之所在,而只是抉摘一字一句以为瑕疵,此正是叶適所谓"诚使知义理者常为主司,学者不得以悖理之文希合于一时,虽因

---

① 徐松《宋会要辑稿·选举》五之一〇至一一。

② 朱熹《晦庵集》卷三十一《与张敬夫》。

③ 朱熹《晦庵集》卷三十三《答吕伯恭》。

今之时文不改，自足以得士"之意。文不悖理，何妨其出奇制胜。在这一点上，朱熹倒是与叶适颇有共识。

叶适对自己的文章如何自出新意实有更高的要求，他曾与陈耆卿夜谈，讨论作文的问题，吴子良记其事云：

> 水心与筼窗论文至夜半，曰："四十年前曾与吕丈说。"吕丈东莱也。因问筼窗某文如何，时案上置牡丹数瓶，筼窗曰："譬如此牡丹花，他人只一种，先生能数什百种，盖极文章之变者。"水心曰："此安敢当！但譬之人家餂客，或虽金银器照座，然不免出于假借。自家罗列仅瓷缶瓦杯，然却是自家物色。"水心盖谓不蹈袭前人耳。瓷瓦虽谦辞，不蹈袭则实语也。然(不)蹈袭最难，必有异禀绝识，融会古今文字于胸中，而洒然自出一机轴方可。不然，则虽临纸雕镂，祇益为下耳。①

陈耆卿只看到了叶适文章善立新意，变态百出，但叶适对自己却有更高的期许，即不仅要新奇，而且需是独创，这种独创哪怕只是质朴粗陋的"瓷缶瓦杯"，也因其独创性而具有价值。这是科场文字求新奇思维的延续和变本加厉。吴子良进而指出叶适这种力求"不蹈袭前人"的要求实现起来难度很大，需是"异禀绝识，融会古今文字于胸中，而洒然自出一机轴方可"，融汇古今文字于胸中已属不易，而又需异禀绝识，则非人人所能得而有之的。因此叶适所要求的"文不蹈袭"，实在是曲高和寡。事实上，陈傅良之善立新说，善造新语，乃叶适之师，叶适《祭陈君举中书文》有云："自我获见四十余冬，其术则殊，其论鲜同。"②也就是说，在叶适师从陈傅良求学的四十余年间，陈傅良一直在学习提升自己，而力求新论，

---

① 吴子良《荆溪林下偶谈》卷三"水心文不蹈袭"条。
② 叶适《水心集》卷二十八《祭陈君举中书文》。

表现出"其术则殊,其论鲜同",大概这也是四十余年中叶适追随不辍的原因吧。于此,亦可见永嘉学者对文的高难度、高技巧的追求,故后人评叶适文:"叶正则文字不苟作,所惜削绳刻墨尚露尔。要是究见根柢,用意至到。"①韩淲认为叶适文章虽皆有用之文,理正词达,但从艺术上讲还有斧凿痕迹。

而要做到"奇而不怪",需要一定的准则,而这种准则的把握却是需要相当的学力和眼光。如薛季宣之"奇博而有得于经"②;吕祖谦之"诗文汪洋闳肆,兼备众体,间出新意,愈奇而愈浑厚,震耀耳目而不失高古"③;陈耆卿之"其奇也非怪,其丽也非靡,其密也不乱,其疏也不断,其周旋乎贾、马、韩、柳、欧、苏、曾之间,疆场甚宽,而步武甚的"④,代表了"乾淳体"之高格和范本,而其余学人则因个人学养和天分,而有高下之别,甚者有鄙陋之嫌也在所难免。但就文学理论史而言,像"乾淳体"这样,如此强调"奇巧"的重要性,并有详尽的方法论的探讨,是较为少见的。这一方面是"乾淳体"作为科场文章的功利性要求所致;另一方面,对奇巧的追求也融化渗入了乾淳文士的写作习惯当中,如叶适之"文不蹈袭"之高论是也。

"乾淳体"主要施之于论体的对于奇巧的追求,也影响到了科场赋的写作与相关赋论。南宋晚期的李君瑞著赋格专书,命名为《李君瑞奇正赋格》,将"奇正"作为赋格最突出的特点,而其具体所论之例,似偏于奇,而非正。林希逸序其书云:

> 自退之为诗,正易奇之论,文章家遂有以此互品题者。抑

---

① 韩淲《涧泉日记》卷下。
② 虞集《道园学古录》卷三十三《庐陵刘桂隐存稿序》。
③ 陆游《东莱诗集原序》。
④ 吴子良《荆窗集续集序》。

尝思之,张说、徐坚之论文也,其曰:"良金美玉,无施不可。"非正乎? 其曰:"孤峰绝岸,壁立万仞,浓云郁兴,震雷俱发。"非奇乎? 不妨为俱美也。前辈乃曰:好奇自是文章一病,退之自谓怪怪奇奇,不施于时,祇以自嬉。然则奇固不若正矣。虽然,李长吉辞尚奇诡,而当时皆以绝去翰墨畦径称之。李义山受偶俪之学于令狐,及其自作,乃过于楚,非以其为文素瑰奇欤? 长吉之奇见于歌行,义山之奇见于偶俪。偶俪云者,即今时赋体也。使今人之赋有若玉溪之奇,又何愧于古哉? 莆阳同舍李君瑞以赋得名,屡荐于乡,优升于学,每以奇取胜,自谓之伏兵。盖前后见赏有司,皆以铺叙体得之。今集赋家大小诸试,自兰省、三舍、诸郡鹿鸣以至堂补巍缀者皆在焉。每题先之以正,继之以奇,铺叙之外,或以韵奇,或以意奇,或以句简古而奇,或以原头末三韵两韵混成构结。而谓之正者,人固知之,时出之奇,多有流辈思索所未及。譬犹孙膑之减灶削木,淮阴之背水囊沙,初不在堂堂之阵,正正之旗,自可扼敌吭而破敌胆也。以君瑞肘后方之,已效之剂,不自秘而传之人,得之者当万选万中矣。然唐人论诗有六迷云者,有七至云者,其说则曰:以诡差为新奇一迷也,至奇而不差一至也。是必知其至而去其迷,以诗之病而验之赋,庶乎得君瑞所以传之法,而又尽其所以至之妙。余少学赋,苦不能奇,今老矣,喜闻其说,故不辞君瑞之请,而为之序云尔。①

以奇怪之文自表始于韩愈,其《送穷文》云:"文穷,不专一能,怪怪奇奇,不可时施,祇以自嬉。"②其后张说、徐坚为文之"奇"张目,认为"孤峰绝岸,壁立万仞,浓云郁兴,震雷俱发"之奇,不妨为美。而

---

① 林希逸《竹溪鬳斋十一稿续集》卷十二《李君瑞奇正赋格序》。
② 《五百家注昌黎文集》卷三十六《送穷文》。

过分求奇自然是文章之一病,然李君瑞每以赋奇见赏于有司的经历,却一再证明了"奇文"在科场的号召力。因此,李君瑞所选之赋虽先之以正,继之以奇,但显然奇的分量更偏重一些,所谓"铺叙之外,或以韵奇,或以意奇,或以句简古而奇,或以原头末三韵两韵混成构结"。其奇妙处常出人意表,常收出奇制胜之效。于此可见,虽然"乾淳体"在纯粹理学家的眼中是"鬼怪百出",但在科场,其所倡导的"意新语工"则一直是科场文章制胜的法宝,甚而是施之程文皆准的规则。

## 四、"乾淳体"与乾淳文学
### ——兼论其对"元祐学术"的继承和发展

如前文所论,"乾淳体"是在孝宗朝励精图治的开明政治氛围下产生的,由南方新兴文学力量主导的一种漫延于学校、科场的流行文体,其特点在内容上表现为特重经史、兼济时事;其形式特点表现为章法谨严、句语生新,有程序化趋向;其风格上的特点表现为质而不野、丽而不浮、简而不率、奇而不怪。就"乾淳体"的代表作家和作品来看,在宋代"太学体"谱系当中,实属文质彬彬之作,代表了宋代"太学体"的最高水平。"乾淳体"在南宋风靡数十年,而且屡屡为后学借鉴和推崇。

作为"太学体"的典范,"乾淳体"之特出,首先在于创立并推动此体格的作家均为乾淳时期的文学巨匠和思想巨擘,如吕祖谦、陈傅良、叶适等。

其次,"乾淳体"对经史的融汇一方面以理学的穷理致用、开物成务为指导,其论经说理有相当的深度和合理性,逻辑严明,言之有据,其文章内容以表现出作者扎实的经学功底为目标。另一方面,"乾淳体"尤重时事,注意经制之学,对本朝历史之经革,对时务政治之措置,均有精到的见解和论述,所提之策略、措施往往敷于实用,故四库馆臣每对乾淳作者有"切于时务","留心经济,入仕亦多著循绩","有经世有用之言"等评论。

　　第三,"乾淳体"之特出还在于其辩证地继承了"元祐学术"。吕祖谦之学继承了吕氏兼容并包的家风,既不废文辞之丽,亦重经史之学,因此,朱熹一脉往往微讽其学术不纯①。吕氏的这种学术气象代表了乾淳时期的南方学术学风。陈傅良虽以科举起家,但其不以取科第为终极目标,中举后尽焚旧稿,潜心经史,终成一代大儒。叶適则师从吕、陈,其将史学思想融入古文写作当中,成就了自身"以文为史"之特色。综观"乾淳体"之内质外形,可以说是取欧、苏古文之纵横澜翻与纡徐平正之气,又摒弃了其中的"不平好骂"之习,使文气归于平正;"乾淳体"继承了理学"正心诚意"之道,讲究穷理尽性,德盛言宜,兼顾立德、立功与立言之统一;而于史学,"乾淳体"继承了司马光以来的史学思想,重视史之镜鉴作用,每以史论时事,以身证、实证的方式,使史事成为当下的参照,卓有见识。从这个意义上说,"乾淳体"实现了对元祐学术的继承与发展,故周密谓:"乾道、淳熙间,三朝授受,两家奉亲,古昔所无,一时声名文物(声教文明与典章制度)之盛,号'小元祐'。②"小元祐"之称,就其融汇文、史、哲三脉之功而言,实无愧矣。作为永嘉后学的吴子良,对于永嘉文学融合周、程、欧、苏的特点有清晰的认识,他说:"自元祐后,谈理者祖程,论文者宗苏,而理与文分为二。吕公病其然,思融会之,故吕公之文早葩而晚实。逮至叶公,穷高极深,精妙卓特,备天地之奇变,而只字半简无虚设者,寿老一见亦奋跃,策而追之几及焉。然则所谓统绪正而气脉厚也,又岂直文而

　　① 朱熹《晦庵集》卷三十一《与张敬夫》:"得渠(吕祖谦)两书,似日前只向博杂处用功,却于要约处不曾子细研究,病痛颇多,不知近日复如何?"
　　② 刘克庄《武林旧事原序》,载《武林旧事》卷首。

已。"①吴子良此言既是在树立文学传承的统绪,也是为永嘉文章作为理学之一脉正名,强调永嘉文体是以融会理与文为特色的。

第四,"乾淳体"之特出,还在于"乾淳体"代表了南宋东南文学的兴起。宋代文化的南北之争及其融合,一向是讨论两宋文学与文化回避不了的命题。南宋行至乾道、淳熙年间,偏安之势已基本形成,社会经济平稳发展,北来之人也渐渐融入南方的生活。在这种情况下,南北合流是社会、政治、经济、文化的大势所趋。而地处永嘉的南方学人,首先据有地理位置之优,邻近新都杭州,易于了解朝廷执政趋向和文化走向;其次永嘉有自己优秀的文学传统,东晋谢灵运以来形成了南方重文的传统;加上南方学术不囿于一家一学的开放态度,使得其具有了极强的生命力和影响力。南方学术在文化传统上重事功,讲实用实学,与空谈性理者有别。加上北方世家大族多定居于此,南方学术原本就有周行己等从北方携来的理学基础,加上其开放的风气和对北方文化的尊仰,使得南方学术文化获得了鲜活的生机和活力。在此基础上形成的"乾淳体",其基因中就具有南北学术与文学之优质部分,并在孝宗朝进取与开明的风气中酝酿生成,从而使得其具有了超越此前所有"太学体"的特出之质。

由于"乾淳体"前后流行长达四五十年,因此其特点虽如前文所论,但细细寻绎还是可以发现,"乾淳体"有前期、后期之别。前期以吕祖谦和陈傅良之少作为代表,其重点在于学欧、苏,在文体类型上表现为对"论"的精研细作,学术上重点表现为重经学、兼及史学;后期以陈傅良后期文章和叶适、陈耆卿、吴子良等为代表,其重点在于弥合元祐学术之裂,并扬其长,避其短,在文章上表现出集大成与浑厚平正之气;在文体类型上,后期"乾淳体"主要表现在"策"的写作上,学术上更倾向于史学,这与后期科场政策导向强调

---

① 吴子良《荆窗集续集序》。

史学有关①。因此孙衣言有评云："吾乡儒术之盛无过于南宋乾淳之际，而其文章之尤美者曰水心叶氏、止斋陈氏。止斋之学最深于经，而发之为文则子长、永叔之流也；水心之学最深于史，而其发之为文则贾生、苏轼之流也。"②此论正是准确体察到了陈傅良和叶适在学术和文章上的趋向之不同。这种前后期的差异，一方面反映了此时学术风向的发展和永嘉学术自身的发展，由于后期永嘉学术重史甚于重经，因此与真正的道学在学术旨趣上就走向了不同；另一方面，由于永嘉重文的特色在后期得到了更突出的继承和发挥，如陈耆卿、吴子良等愈发长于文，而于经史无所建树，在理学日益占据主导地位的南宋后期，其话语权渐渐失落，与永嘉文化学术共生的"乾淳体"，也渐渐失去了传播的条件而终至磨灭。这也是时文的必然命运，"时文"之"时"已标明了其风光一时、与时消息的夙命。

"乾淳体"作为风行一时的科场文体，它本身即是乾淳时期文化学术的一个组成部分，而究其与乾淳文学的关联与互动来看，"乾淳体"对乾淳文学之盛实有推动作用。首先，从浅层次的文学表现来看，吕祖谦、陈傅良、叶适，由于对"乾淳体"之写作与教学涉足甚深，因此，在其文学创作中多少可以看出科场文体的痕迹。如前文所引，吴子良称吕祖谦早年文章虽然"词科中最号杰然者，然藻缋排比之态，要亦消磨未尽，中年方就平实，惜其不作，而遂无年耳"。③ 由于东莱英年早逝，因此，其文章中的词科习气也就终未消磨尽。陈傅良自己对科场习气应该是有警觉性的，一方面，他从韩愈《颜子不贰过论》看出了其中的科场气④，另一方面，他中第后

① 参见前引倪思淳熙中的奏议。
② 孙衣言《逊学斋文钞》卷八，《介庵文集序》，清同治刻本。
③ 吴子良《荆溪林下偶谈》卷三"词科习气"条。
④ 吴子良《荆溪林下偶谈》卷三"退之惭笔"条。

尽焚旧稿之举也表明他欲摇脱科场习气的绝诀之心。然而,陈傅良的文章,尤其是古文,在叶適看来也是"其文颇失之屡始,初时文气终消磨不尽也"①。即使是对他人文章中的时文气抱有严格标准的叶適,其作品在后人看来仍不免"削绳刻墨尚露尔"②。可以说,即使是像吕祖谦、陈傅良和叶適这样的文学巨匠,在有意识屏除时文气息的情况下,仍难以克服写作中的时文积习。因此,且不论时文对于创作的影响是促进还是促退,其对当时文学发展实实在在存在影响是不争的事实。

对于这种影响,其后的文学批评每每加以疵议,除上述材料之外,《朱子语录》载陆九渊论吕祖谦作文谓:"伯恭有个文字腔子,才作文字时,便将来入个腔子,做文字气脉不长。"③这大概是关于文章科场习气的最早表述。刘克庄谓周必大晚作,"益自摩厉,然散语终是洗涤词科气习不尽",刘埙更引时评谓:"盖词科之文自有一种体致,既用功之深,则他日虽欲变化气质,而自不觉其暗合。犹如工举业者,力学古文,未尝不欲脱去举文畦径也,若且陶汰未净,自然一言半语不免暗犯,故作古文而有举子语在其中者,谓之金盘盛狗矢。"④这种在古文中严格屏除时文语言的评论标准,且不论他是否失之严苛,首先,这种对时文气的偏见,源于对所谓"君子事业"与"举子事业"的价值判断。黄庭坚在《与周甥惟深》的书信中,把"观古人书,每以忠信孝悌作服而读之"称为"君子之事业",而将

---

①　吴子良《荆溪林下偶谈》卷四"陈止斋"条:"止斋之文初则工巧绮丽,后则平淡优游,委蛇宛转,无一毫少作之态。其诗意深义精,而语尤高,后学但知其时文,罕有识此者。蔡行之亦锓其集于三山,但水心取其学,取其诗,不甚取其文,盖其文颇失之屡始,初时文气终消磨不尽也。"

②　韩淲《涧泉日记》卷下。

③　朱熹《朱子语类》卷一百三十九。

④　刘埙《隐居通议》卷十八"平园文体"条。

读"一大经,二大经"专为科举而读书称作"举子事业"①。南宋理
学几经禁毁,最终成为官方学术,在理学鄙薄科举的观念指导之
下,举子事业益见低下,进而出现吹毛求疵地挑剔文章中的时文
气、科举气的情况并不难理解。以车若水自道其求学经历,可以更
直观地看到南宋中后期这种鄙薄"举子事业"的风气:

> 予登篔窗先生门,方逾弱冠。荆溪吴明辅先从篔窗,已登
> 科,声誉甚振,长予十有三年。予系晚进,篔窗一旦人前见
> 誉过当,同门初不平,久方浃洽,相与作为新样古文。每一篇
> 出,交相谀佞,以为文章有格。归呈先祖,乃不悦。私意谓先
> 祖八十有余,必是老拙,晓不得文字。顾首顾尾,有间有架,且
> 造语俊爽,皆与老拙不合也。既而,先祖与篔窗皆即世,吾始
> 思,念六经不如此,韩文不如此,欧、苏不如此,始知其非。既
> 而见立斋先生,见教尤切,后以所作数篇呈之,忽贻书四五百
> 言,痛说水心之文。是时立斋已登侍从,其意盖欲痛改旧习,
> 不止如前时之所诲也。予此时文字已自平了,但犹有作文之
> 意,而自家讲习多为外物所夺,然未尝不自知。先曾有诗呈立
> 斋先生云:"童牙苦呫毕,嚼瓜灯烬烂。衡缩高于丘,才作文字
> 看。精微隔几尘,健笔抵流湍。开眼天地燎,始识用书难。千
> 葩惭一实,本根耐岁寒。"先生甚喜,常常吟咏,顾昏懦不能大
> 激励,盖知世间学问,只有一路矣。先生不以文名,而论作文
> 之法极是切至。予后来少作文字,而旧习却都忘矣。明辅终
> 身守此一格,初学者甚向之,更以为好,官职日进,宾朋交接,
> 而明辅愈不得以自觉,其非可念也。②

---

① 黄庭坚《黄庭坚全集》,四川大学出版社,2001 年,第 1924 页。
② 车若水《脚气集》。

车若水回忆自己年少时从陈耆卿学新样古文,观其"顾首顾尾,有间有架,且造语俊爽"之特征,正是陈傅良、叶适等创立的"乾淳体"文章,且小有成就。车若水以所作文归呈先祖,先祖不喜,后呈文与立斋先生,听其痛说叶适之文,自此痛革前习,不复有意于文,并自称后来作文,旧习却都忘矣,言下之意,其文章已完全脱掉科举畦径。同时车若水还不忘对"执文不悟"的吴子良表示了同情。车若水的这段叙述为前引论吕、陈、叶等文章不脱科场习气的评论提供了一个生动的批评语境,闻风转向如车若水者,在南宋中后期自是不乏其人,而相应的文学评论便难以不带上偏执的眼镜。如果执此类评论来勘定科举与文学之关系,无异于问路于盲。

　　用今天文学批评的眼光来看,诸如对吕、陈、叶诸作者文章中科举习气的批评,其实是有失公允的。如果抛开理学的眼光和鄙薄科举的时代背景,吕、陈、叶诸公之文字在今人看来自有其过人之处,甚至代表了南宋中叶古文写作的最高水平。尤其是叶适的碑铭序记,堪称杰作,而当时不免有"削绳刻墨尚露"之议。正如参禅有"不立文字"和"不离文字"之分殊,担水砍柴是参禅,究心释典也是参禅,却不害其殊途而同归。从科场文章习作中练就的讲究布置安排、文句锤炼的功夫,如果运用得当,也不妨其为好文章。"乾淳体"之论作,被考官批注为"读之有味"者,不在少数。这与造化出自天然,不学而自高远的文章,不过是殊途同归而已。而就两宋文学大家而言,早年不从事举子事业者寥寥可数。因此,两宋之诗文真正出自天然造化者甚少,即如极度标榜文章之自然天成的苏轼,其所谓"自然"也是在了然于口与手的功夫之后的"自然"。亦即如吕本中关于"活法"之辩证思想:"规矩备具而能出于规矩之外,变化不测而亦不背于规矩也。""盖有定法而无定法,无定法而有定法。"①因此,与其纠结于科场与文学之间促进或促退之争,不

---

① 刘克庄《后村集》卷二十四"吕紫微"条。

如客观地看看两者之间究竟发生了什么样的影响。

今以"乾淳体"与乾淳文学之互动为例，试论之。首先，来看论体文，王水照先生、熊海英教授《南宋文学史》论南宋中期论体文谓："从总体上来看，南宋中期文人士大夫的论体文多为言事、论政、说理之文，以内容切实，不尚空谈为特征。"①孝宗即位第一年即下诏："省试诸科进士务取学术深淳、文词剀切、策画优长，其阿媚阘茸者，可行黜落。"②这奠立了孝宗朝取士的基本原则，即求经学深醇，文词切直，有处置时务能力的人。这种要求落到具体的科目上，即是"穷经以著论"、"究史以立言"、"置策以济时"，加上后期科场明确要求策以时务出题，举子文章就更关注时事时政。对于孝宗乾淳时期务求实学实才的取士宗旨，陈傅良有较为深刻的体会，他在《云章阁记》中回忆孝宗时政云："隆兴、乾道之间，方讲修内外之政，惟日不足。有以作士气、宽民力、足兵长财之说进，则朝上而夕召见，或不淹时。至达官贵人而空谈不适用，但习纸上语云云者，往往不录。盖举选人必考课劳绩果如何，进士必习弓矢于殿庭试中与否，而群臣方病，不知当世之务趋于实学。"③此语道出了孝宗初执政时求贤若渴之状，同时也说明，达官贵人习于纸上谈兵之习，一时未能扭转，而陈傅良则准确预见了科场的新要求。由此返观乾道中，陈傅良之"陈编宿说，披剥溃尽"的勇气何来，实来自孝宗新朝求实学实才的新风气。而"乾淳体"穷研经史，关注时务的特点也正是基于此。"文词剀切、策画优长"之要求，施之文章写作即是"内容切实、不尚空谈"。观南宋中期作者，其文章多为论体文，而又以经论、史论、论时事居多，吴子良论叶適之文不为无益之语称："自古文字如韩、欧、苏，犹间有无益之言，如说酒、说妇人，或

---

① 王水照、熊海英《南宋文学史》，人民出版社，2009年，第109页。

② 徐松《宋会要辑稿·选举》四之三六《举士》。

③ 陈傅良《止斋集》卷三十九《云章阁记》。

谐谑之类,惟水心篇篇法言,句句庄重。"①叶適论文亦称:"以文为论,自苏轼始。而科举希世之学,烂漫放逸,无复实理,不可收拾矣。"②在这样的观念影响下,乾淳作者刻意摒除了文学创作中游戏翰墨的部分。这种题材上的倾向其实也是乾淳时期科场文章写作形成的积习。

　　而在时文中养成的善于议论的功夫也时时移植到书序、题跋的书写当中。序体文在宋代主要以书序为主,尤其是南宋,书序尤为发达,且理论性很强,作者每喜欢在书序中表达自己对于学术、文章的观点看法。而题跋文在南宋异军突起,且内容上多重考校,也多少反映了科场文章致力于追求实学的特点。楼钥的题跋文"综贯古今,折衷考校,凡所论辨,悉能洞澈源流",又"其于中原师友传授悉穷渊奥,经训小学,精据可传信"③。对于中原师友传授的追溯,是树立道统、文统的一种方式,吴子良就曾为汉、唐、宋文统传续勾画了一个脉络:"自周以降,文莫盛于汉、唐、宋。汉之文以贾、马倡,接之者更生、子云、孟坚其徒也。唐之文以韩、柳倡,接之者习之、持正其徒也。宋东都之文以欧、苏、曾倡,接之者无咎、无己、文潜其徒也。宋南渡之文,以吕、叶倡,接之者寿老其徒也。"④道统、文统,即师友渊源的追溯,有利于学术文化的传承。楼钥题跋重于考证师友传授,正是这种统绪自觉的表现。叶適曾云:"读书不知接统绪,虽多无益也。"

　　其次,就个体创作而言,如前文所论,叶適作为后期"乾淳体"的代表作家,由于淳熙年间朝廷对科场提出重史学的要求,故其学术更倾向于史学,其文学创作也处处渗透史学的观念和史书的写

----

① 吴子良《荆溪林下偶谈》卷二"水心文不为无益之语"条。
② 叶適《习学记言》卷五十。
③ 文渊阁《四库全书》本《攻媿集》书前提要。
④ 吴子良《箕窗集续集序》。

法。赵汝谠《水心集序》云：

> 以词为经，以藻为纬，文人之文也；以事为经，以法为纬，
> 史氏之文也；以理为经，以言为纬，圣哲之文也。本之圣哲，而
> 参之史，先生之文也，乃所谓大成也。欲植杰木，必丰其根，欲
> 潴巨泽，必浚其源。文其泽木也，学其根源也，学与文相为无
> 穷也。是果专在笔墨间乎？集起淳熙壬寅（九年），更三朝，四
> 十余年中，期运通塞，人物散聚，政化隆替，策虑安危，往往发
> 之于文，读之者可以感慨矣。故一用编年，庶有考也。昔欧阳
> 公独擅碑铭，其于世道消长进退，与其当时贤卿大夫功行，以
> 及闾巷山岩、朴儒幽士隐晦未光者，皆述焉。辅史而行，其意
> 深矣。此先生之志也。门人大梁赵汝谠序。①

首先赵汝谠定义了"文人之文"、"史氏之文"和"圣哲之文"，并将叶
适之文确定为"本之圣哲，而参之史"，也就是以经史为根基的文
字。赵汝谠又指出叶适之文对于四十余年"期运通塞，人物散聚，
政化隆替，策虑安危"皆备载于文，因此可"辅史而行"，并指出这也
是叶适之志。这表明叶适作文之初即有较明确的传诸史的观念。
而吴子良更总结说："水心文本用编年法，自淳熙后道学兴废，立君
用兵始末，国势污隆，君子小人离合消长，历历可见，后之为史者当
资焉。"②杜甫有"诗史"之称，叶适之文追求"以文为史"，可以视作
科场文章重经史在日常写作中的延伸与发展。叶适之史学思想还
表现在其碑志墓铭的写作当中，叶适之墓志铭写作，一方面表现了
其为文千变万化，变态百出的特点，其为诸人所作墓志："廊庙者赫
奕，州县者艰勤，经行者粹醇，辞华者秀颖，驰骋者奇崛，隐遁者幽

---

① 赵汝谠《水心集原序》。
② 吴子良《荆溪林下偶谈》卷二"水心文可资为史"条。

深，抑郁者悲怆。随其资质，与之形貌，可以见文章之妙。"①另一方面，叶适在墓志铭中注意秉笔直书的史学精神，不作阿谀之词。四库馆臣论云："吴子良《荆溪林下偶谈》称：'水心作汪勃墓志有云：佐佑执政，共持国论，执政乃秦桧同时者，汪之孙纲不乐，请改，水心答书不从。会水心卒，赵蹈中方刊文集，未就，门下有受汪嘱者竟为除去"佐佑执政"四字。'今考集中汪勃志文已改为'居纪纲地，共持国论'，则子良所纪为足信，而适作文之不苟，亦可以概见矣。"②叶适秉承《春秋》笔法，施之于墓志，不虚美，不隐恶，力求盖棺定论，准确公正，正是史学素养浸渍深透的体现。

正如祝尚书先生所论，南宋中期时文以"古文为法"，其师承的对象，由欧、苏、曾，渐及韩愈、柳宗元、王安石，后期还将师法对象扩展至秦汉散文，可以说实现了对前此古文的系统审视和接受，其成就亦不可轻忽。王水照先生、熊海英教授《南宋文学史》总结称："陈傅良的论体文风靡场屋，叶适的文章雄赡奔逸，他们的创作在继承唐和北宋古文优良传统的同时，又从不同方面对宋文的风格和表现手法有所丰富和发展，成就非常可观，虽然未能媲美欧阳修和大苏，与苏辙、曾巩相比则也许不遑多让。"③确为公允之论。

---

① 吴子良《荆溪林下偶谈》卷三"水心文章之妙"条。
② 文渊阁《四库全书》本《水心集》书前提要。
③ 王水照、熊海英《南宋文学史》，人民出版社，2009 年，第 99 页。

# 下编　宋代文学现象之科场因素辨析

　　由于宋代科举考试制度的充分完善与持续施行,读书习进士业不仅是士人子弟的不二之选,而且工商杂类、缁褐之流均弃本业,相率从事于科举。可以说宋代科举考试调动了全社会的应试取解热潮,能自外于时风的人并不多。因此,虽然并非所有习进士业者皆能在文学上有所成就,但今天所见能在宋代文学史上有所成就之人鲜出于进士之外。由此,可以说宋代进士考试造就了两宋的文学创作主体,文士早年的应试教育痕迹将伴随其终生,也将深刻影响其一生的文学创作、评价及审美趣味,并进而影响一代之文学。南宋人始有自觉隔绝科场程文习气在文学写作中的影响,但遗憾的是能自拔者少矣。即使主动摒弃科场时文习气,时文也作为文学的对立面、参照面而发挥着影响。此乃进士考试与文学之关系的根本性问题,并表现于宋代文学写作的诸多现象当中,比如破体为文、为文的矜胜心理等,都是科场写作习惯的自然延伸。此外,尽管后人论一代之文学往往以词作为宋代文学之代表,但此乃他者眼光,如以宋人自己的眼光来看,宋代文学最重者乃文,而非词也。所谓"以经术文章,为世宗儒,翰墨之余,作为歌词"①,经术文章才是宋人的正业,而歌词乃是余事。古文是宋代文学的重中之重,是宋代"崇儒佑文"基本国策的集中体现。而在宋代古文

---

① 关注《题石林词》,转引自谢桃坊《宋词辨》,上海古籍出版社,1999年,第30页。

的发展历程中,文与道之间的博弈是宋文演进的内在线索,而其外在表现则是进士程文写作中古文风气的变迁,这种变迁也同时反映在科场之外的古文创作中。又科场用书通常具有可操作性和趋时性特征,因此其虽然涉及一些文艺创作和批评的理论,却较难具有长远的眼光和宽广的视野。而范仲淹在天圣五年所作之《赋林衡鉴》虽为科场律赋评点书籍,但该书序言所显示的对于宋代文学转型的深邃洞察力和对宋代律赋发展方向的指示,甚至在一定程度上预见了宋代文学的未来趋势,从而使该书具有了超越科举应试功能的前瞻性。

# 第六章　宋代时文与文学走向

宋代时文无论是在当时，还是在后代，多获恶评，如"所谓时文者，皆穿蠹经传，移此俪彼，以为浮薄，惟恐不悦于时人，非有卓然自立之言如古人者"①，"时文真破碎，情知吾道转间关"②，"时文窘枘凿，俗好厌冰炭"③，"凡时文之学，类以善渔猎，戕贼窜，窃摹拟，取青媲白，肥肉厚皮为上"④等论。同时在宋人的批评语境中，又有一个奇怪的悖反现象，即时文评价常常出现"前或以为非，后或以为是"的现象，兹试举数例：

**绍兴三十一年国子录邹樗上言：**多士程试，拘于时忌之说，蓄缩畏避，务为无用空言。⑤

**绍熙元年学官上奏：**士子不阅经史子集之文，而专意于时文；不阅旧来典实之文，而专意近日虚浮之文。朝廷方以程试取士，欲其不习时文固不可，得如旧来之典实足矣。今欲一洗其敝，当自成均始。乞令监学官公共精择旧来时文谨严而有法度，精粹而有实学者，经义、辞赋、论策各若干篇，许之版行，

① 欧阳修《文忠集》卷四十七《与荆南乐秀才书》。
② 方岳《次韵谢兄见寄》。
③ 洪咨夔《送赵处士游方》。
④ 卫博《定庵类稿》卷四《阱锦编序》。
⑤ 徐松《宋会要辑稿·选举》三之三四。

以为程序。①

**陈亮论嘉祐时文**：二圣(高、孝二帝)相承，又四十余年，天下之治大略举矣。而科举之文犹未还嘉祐之盛，盖非独学者不能上承圣意，而科制已非祖宗之旧，而况上论三代。②

**朱熹论绍兴时文**：大儿、不儿令读时文，然观近年一种浅切文字，殊不佳，须寻得数十年前文字，宽舒有议论者，与看为佳。虽不入时，无可奈何，要之将来若能入场屋，得失又须有命，决不专在趋时也。③

**《宋史·东坡传》论嘉祐时文**：嘉祐二年试礼部，方时文磔裂诡异之弊胜，主司欧阳修思有以救之，得轼《刑赏忠厚论》，惊喜欲擢冠多士，犹疑其客曾巩所为，但置第二，复以《春秋》对义居第一，殿试中乙科。④

**绍定五年**：命学官精选《淳熙格式》，颁示四方，以革卑弱文风。⑤


同样是绍兴末期时文，在邹樗看来时文仍承前弊，务为无用之空言；而在朱熹和绍熙学官的眼里，则为"谨严而有法度，精粹而有实学"之文，宽舒且有议论。嘉祐时文在欧阳修、苏轼眼里是"磔裂诡异"的代名词，而在陈亮眼里则成了高不可及的典范。这种以后视前则认为前人时文可为法则的思想普遍存在，这也是南宋学官或知举官乐于推荐的做法：选前人时文，以为今日之法。如朱熹请刻绍兴时文，杜范知举后论科场文弊，请求刊刻乾淳时文以救之。此外，也有如李昂英、项安世等坦陈"举子头场关荐鹗，时文手段要

---

① 彭龟年《止堂集》卷一《乞寝罢版行时文疏》(绍熙元年四月)。

② 陈亮《龙川集》卷十六《欧阳文粹后》。

③ 朱熹《晦庵集》卷四十四《答蔡季通》。

④ 《宋史》卷三百三十八《东坡传》。

⑤ 《宋史全文》卷三十二。

屠龙"①,"不嗔科举遗佳士,更把时文教后生"②,对时文亦颇为投入与肯定。

作为文体意义上的"时文"之称,首先出现于宋代。作为与科场文习桴鼓相应的文体类型,"时文"在宋代的"面目"是多变的,这种"善变"是其"与时高下"的本性所致,而时文在宋代的变化历程又并非是科场内部的自变自化,而是与时代政治文化风气、文学风尚息息相关的。尤其是在"以文取士"的宋代,以"时文"为表现的科场文风,其与文学风气的迁转有或隐或显的关联。

## 一、时文之"时"

罗时进、刘鹏《唐宋时文考论》一文指出,真正文体意义上的"时文"最早出现于宋初,杨亿手集当时之述作为《笔苑时文录》数十篇。此后,欧阳修继称:"天圣之间,予举进士于有司,见时学者务以言语声偶相摘裂,号为时文,以相夸尚。""时文"之概念及其趋时性与干时性的特性于此已经显现。但同时,作者又认为庆历、嘉祐"太学体"是"有意识用古体改造时文",并不将其视为时文,而认为西昆时文:"由宋初具有典型意义的西昆体时文转变为经义和政论时文有一个渐进的过程。这一过程既包括石介酷愤西昆体穷妍极态之弊,力振古道,也包括欧阳修、梅尧臣、苏轼诸大家脱略衰颓气格,反拨时文之风,接续韩、柳,复兴古文的卓越实践,然而最重要的一个环节则是在贡举改革中实现的熙宁文变。"③这种界定,与作者对"时文"的定义相违。庆历、嘉祐"太学体"的出现本身就是趋时、干时需求造就的结果,为什么就不是"时文"呢? 况且,宋

---

① 李昂英《文溪集》卷十六《送次儿解试》。
② 项安世《次韵衡山徐监酒同考府学试八首》。
③ 罗时进、刘鹏《唐宋时文考论》,《文艺理论研究》,2004 年第 2 期,第 68 页。

代时文并非都具有骈俪的形式,乾淳时文就是以欧、苏古文为范本建立起来的。苏颂所作之《光禄卿葛公墓志铭》就曾指墓主葛公"雅好评论时文",而葛公熙宁四年去世,享年七十,也就是说,葛公与欧阳修年龄相当,"尝进《治安策》二十五篇,《续策》数十篇,《忠言》十卷"①。其所进正是当时科场中所提倡的"策"文,知其亦为近古之士。那么他所评之时文不正是庆历、嘉祐时期的科场文章吗? 又苏轼省试入围后所作《谢梅龙图书》称:"轼长于草野,不学时文,词语甚朴,无所藻饰。"②嘉祐时的科场文章也称时文,此亦可证。

祝尚书先生论宋代时文之"以古文为法"指出:"'时文'的意思,即按时下科场流行的格式写作、专用于'举业'的文章。盖时文主要有两个特点:一是流行于一时;二是在流行的时期内,有着基本固定的程序。"③笔者以为,祝先生的界定更切中时文的特点,即"流行于科场",然其认为"在流行的时期内有着基本固定的程序"似有不当,即以祝先生所举之彭龟年论"时文"语观之:"夫谓之时文,政以与时高下,初无定制也。前或以为是,后或以为非,今或出于此,后或出于彼,止随一时之去取,以为能否。"④彭龟年认为,时文之"时"正表现为本无定制,随时变化。比如西昆时文就很难说有固定的程序,而且,时文之"时"往往是包括形式与内容两方面的"趋时",比如南宋高宗时期,秦桧专权,控制科场取士权,科场时文在骈俪之外,更谄谀成风,并成为此期"时文"的一大特征。因此,笔者以为"时文",即为趋时之科场文章,或与科场文章风格、体制相近之文,其"趋时性"的表现,既表现于形式,更关乎内容。而"时

---

① 苏颂《苏魏公文集》卷五十六《光禄卿葛公墓志铭》。
② 苏轼《东坡全集》卷七十五《谢梅龙图书》。
③ 祝尚书《论宋代时文的以古文为法》,《四川大学学报》,2007 年第 4 期,第 18 页。
④ 彭龟年《止堂集》卷一《乞寝罢版行时文疏》(绍熙元年四月)。

文"之"时"包含的内容,除了祝尚书先生提到的"考官的爱好"①以外,还包括朝廷的取士导向、文化导向及一时的文学风气等内容,考官的爱好并非独立于社会政治文化风尚之外。

对于"时文"之变,宋人有敏锐的认识,并做过理性的归纳,周必大认为:"本朝开设学校,复帝王之盛,虽硕儒名卿,布于中外,而士之月书季考,惟在举业。故时文无虑三变,始因唐旧,专用辞赋,或曰雕篆无益也,于是经义行焉,专门一律,又以为病,而《大学》、《中庸》之说出,时论愈高,行之愈难,为师儒者既用此为去取,士亦以此应之,殆非国家孜孜求贤之本意也。"②周必大所总结的时文之"变",既包含了时文体裁的变化,如由宋初的律赋变而为经义;又包括了内容之变,如经义内容由一家之学变为《大学》、《中庸》之说,大略勾画出了两宋时文的变化主脉络。同时,在周必大看来,北宋曾在科场占据主导地位的律赋亦是时文之一体,这正可反映宋人对于"时文"的界定。而黄仲元则总结了乾淳以来的时文之变,其云:"时文小技耳,然试之中否,系乎文之工拙……文谓之时,与其高下,时之春《丽泽百篇》,一变也;时之夏《精骑》,再变也;时之秋《濯锦》,三变也。迨秋而冬,变之极,则为'已效体'矣。天运回旋,冬转而春,安知不复变而为《丽泽百篇》乎?"③《丽泽百篇》、《精骑》皆为吕祖谦所编撰的时文典范,而《濯锦》则未能确知为何时之作,《四库全书总目》载《太学新编黼藻文章百段锦》,陈岳崧序其书云:"古文之编,书市前后凡几出矣。务简者本末不伦,求详者枝叶愈蔓,驳乎无以议为也。乡先生方君府博,莆中之文章巨擘,萤窗雪几间褒集前哲之雄议博论,取其切于用者百有余篇,以《百

---

① 祝尚书《论宋代时文的以古文为法》,《四川大学学报》,2007 年第 4 期,第 18 页。
② 周必大《文忠集》卷六十《广昌县学记》。
③ 黄仲元《四如集》卷三《题黄耕叟存稿》。

段锦》名之,条分派别,数体具备,亦有助于学为文也。"①陈序作于淳祐九年(1249年),大约为此书出版时间,而黄仲元为咸淳辛未(1271年)进士,从时间前后来看,此太学古文选集似当为《濯锦》之类也。也就是说,即使同样是讲求以古文形式恢阐儒道之南宋时文,亦不免数十年一变。故楼钥《跋王如晦文卷》谓:"今见所著《易义》十三篇,《论》二首,虽非今时文格,然既尽当时之体,而议论详明,益见学问之蚤成,而老不得售,非命也耶?"②楼钥此跋作于开禧二年,时年七十,而王如晦之孙王周伯正当妙年,是知王如晦年龄当与楼钥相当,或略长,由是则知绍兴、乾道之际的时文与宁宗时已大为不同。文天祥序《八韵关键》亦叹云:"今视乾淳以为古,由乾淳视《金在熔》、《有物混成》等作又为古。"③时文之随时变化实为其本性也。黄仲元所云时文之春夏秋冬,其变化前后相隔有年,而秦观自谓教兄弟辈作时文,有"但恐南省所取又不同"④之忧虑,此又可视为时文变化之细微处。时文之变既有如律赋变经义之大变化,亦有如秦观之恐南省标准不同之微小变化,为清晰说明两宋时文风气的变化,同时不陷于琐碎,笔者拟以时序先后简述两宋时文风气变迁如下。

## 二、两宋时文风气概述

### (一) 宋初四十年

如前文所述,宋初承唐制,虽以诗赋论策考试,但实际去取尽

---

① 方颐孙《太学新编黼藻文章百段锦》卷首载陈岳崧所作序。
② 楼钥《攻媿集》卷七十四《跋王如晦文卷》。
③ 文天祥《文山集》卷十三《八韵关键序》。
④ 秦观《淮海集》卷三十《与苏先生简》。

在诗赋，尤其是律赋，故周必大把律赋称为宋初的时文。因此要论宋初时文风尚，当以律赋为主。宋初律赋主要沿袭晚唐五代余风，晚唐律赋，题材上以"山川草木、雪风花月"为主，或者"以古之故实为景题"，如《馆娃宫》、《景阳井》及《驾经马嵬坡》、《观灯西凉府》之类，善于铺陈描绘，王铚称其"赋于人物情态无余地"[1]。宋初学唐而能得唐律赋精神的当数田锡（940—1003）。田锡是宋初有名的直臣，苏轼作序称："自太平兴国以来，至于咸平，可谓天下大治，千载一时矣。而田公之言常若有不测之忧近在朝夕者，何哉？古之君子必忧治世而危明主，明主有绝人之资，而治世无可畏之防。"[2]而其赋却"明丽芊眠"，深得唐赋风采。李调元论律赋以唐为正宗，而谓田锡、文彦博赋堪为正则，并称其《晓莺赋》有唐人遗意，《雁阵赋》"兴会淋漓，音节嘹亮，妍辞腻旨不让唐人"[3]。

此外，宋初律赋更讲求一联一句之警策，力求自出新意，胜出前人。《庶斋老学丛谈》卷下载："李庆孙有文名，所谓'洛阳才子安鸿渐，天下文章李庆孙'。时翰林学士宋白亦以文名，庆孙尝谓白弗为礼，曰：'翰长所以得名者《仙掌赋》耳，以某观之，殊未为佳。'白愕然问其故，曰：'公赋云"旅雁宵征，讶控弦于碧汉；行人早起，疑指路于云间。"此乃拳头赋也。'白曰：'君行欲何云？'某一联云：'赖是孤标，欲摩挲于霄汉；如其对峙，应抚笑于人寰。'白遂重之。"[4]仙掌指华山仙掌峰，唐代尹枢、喻陟、房元洛、潘存实等人均有《仙掌赋》，且皆为律赋。观宋白一联为标准的四六字句，其《仙掌赋》亦当为律赋，乃袭唐人旧题之作。李庆孙有所骄矜者乃在于，同是写华山仙掌峰，李所构对句更具有气势，将仙掌峰的高耸

----

① 王铚《四六话序》。
② 苏轼《咸平集序》，载田锡《咸平集》。
③ 李调元《赋话》卷五。
④ 盛如梓《庶斋老学丛谈》卷下。

入云及其与手掌的形似表现得更为生动，尤其是设想有两个仙掌锋对峙，则如拍手欢笑之形，可谓奇妙，富有动感，对仗也更加工整、巧妙。而宋白的对句则显得平淡，无出人意表处，"旅雁"与"行人"、"碧汉"与"云间"相对，语意重复，与李庆孙"孤标"与"对峙"、"霄汉"与"人寰"的对仗相比，用思高下自可知矣。这显示出宋人律赋寻求超越唐人的意愿。

## （二）宋真宗时期

宋真宗朝是"时文"首度显示其强大影响力的时期。"西昆体"以其"天下向风"之势风靡科场，西昆体形式上的骈俪藻饰与内容上的学识充溢，也同样体现在此间的科场律赋当中，关于这一点，前文已有详论，兹不赘述。尽管真宗如太宗一样爱好艺文，但他更意识到取士以"文"的弊端，因此渐渐开始强调举子的经学修养的重要性。杨亿就曾以"九天下诏崇儒术，好绝韦编待至公"形容此时的学风转变。同时朝廷的贡举诏中，对进士的考察重点也从"艺能"变为"儒学"。此种变化演至仁宗朝中期，崇儒重道成为整个社会的共识，而载道之古文遂盛行于世。

## （三）宋仁宗、哲宗时期

仁宗朝初期，尽管西昆余风犹存，但西昆文风中重学的一面被发扬，而形式雕琢的一面由于真宗的数次下诏切责而有所收敛。而真、仁之际，文学的南北之对立与融合也进一步突显，南方人士在科场诗赋写作上展现出的优势，使以北方文化立国的大宋政权感到一种潜在的危机，北方在儒学上的传统优势成为了朝廷用以对抗和收编南方文化最冠冕和强大的"武器"。如果说宋初柳开、王禹偁对古文古道的倡导尚出于北人的地域文化传承的本能，那么真仁之际的崇儒尊道则表现为政权的文化自觉。这具体表现为：一方面，真宗、仁宗数次下诏诫励文风，阻抑西昆文风的漫延扩散；另一方面，文化先驱们重新拾起"文"与"道"完美结合的载体——韩愈古文。这种思想文化的转关反映在科场风气中，则是策与论的地位开始受到关注。

真宗在晚年就对诗赋在取士中的作用颇为看轻，而对策论有所期待。这种对诗赋取士的不满情绪首先源于当时西昆文风在科场中的负面影响，导致文风偷薄，举子留心于雕章琢句，而为文缺乏充实的内容和昂扬的精神。天圣三年，范仲淹在给刘太后和仁宗的上书中首先请求："伏望圣慈与大臣议文章之道，师虞夏之风，况我圣朝千载而会，惜乎不追三代之高，而尚六朝之细。然文章之列，何代无人。盖时之所尚，何能独变；大君有命，孰不风从。可敦谕词臣，兴复古道，更延博雅之士，布于台阁，以救斯文之薄，而厚其风化也。"①范仲淹认为文章是风化薄厚的指示仪，所以文弊不革，风化亦薄。

范氏提出的救弊对策是首先要求台阁词臣兴复古道，其意正谓文章颓风始于时下之台阁，亦即西昆文风也。仁宗朝初期对于西昆文风的阻抑，在天圣七年的两份诏书中有更明确的体现。天圣七年正月有诏："国家稽古御图，设科取士，务求时隽，以助化源。而褒博之流，习尚为弊，其著撰多涉浮华，或磔裂陈言，或会粹小说，好奇者遂成于谲怪，矜巧者专事于雕镂，流宕若兹，雅正何在。属方开于贡部，宜申儆于词场，当念文章所宗，必以理实为要，探典经之旨趣，究作者之楷模，用复温纯，无陷偷薄，庶有补于国教，期增阐于儒风。咨尔多方，咸体朕意。"②同年五月再诏："朕试天下之士，以言观其趣向。而比来流风之敝，至于会粹小说，磔裂前言，

---

① 范仲淹《范文正集》卷七《奏上时务书》。
② 徐松《宋会要辑稿·选举》三之一六至一七。

竞为浮夸靡曼之文,无益治道,非所以望于诸生也。礼部其申饬学者,务明先圣之道,以称朕意焉。"①两诏所指之"会粹小说,磔裂前言"正是"西昆体"末流的典型特征,而"无益治道"则是其为帝王大臣所共愤的原因所在。李觏描述当时世风时说:"腐儒小生,去本逐末,父诏其子曰:'何必读书,姑诵赋而已矣。'兄教其弟曰:'何必有名,姑程试而已矣。'故有繐绁凝尘,不记篇目,而致甲科;帷薄污辱,市井不齿,而谐美仕。"②整个社会但以科举为沽名钓誉之途,作为为国选材的手段,诗、赋在此时显然已无法担当鉴别才识高下的责任,因此别谋他途便成为朝廷上下共同焦虑的问题。

天圣五年,范仲淹又向王曾等进言,提出:"呈试之日先策论,以观其大要,次诗赋,以观其全才。以大要定其去留,以全才升其等级,有讲贯者别加考试。人必强学,副其精举,复当深思治本,渐隆古道。"③从而正式提出先策论、后诗赋的进士考试办法,这种提法不仅仅是考试顺序上的调换,而是取士准则的变化。"先策论、次诗赋"意味着以策论优劣决定去取,策论成为了进士中举与否的第一要素。如此一来,那些"专攻诗赋"的江浙士子就只能望洋兴叹了。正如前文所论,论策主要是反映士子对古人的是非之论、对政事的措置能力。以策论为去留,即是以举子的历史鉴识和政治素质为去留,这在仁宗朝积弊日显、内忧外患的背景下,当然是非常必要的。大约此时关于诗赋策论优劣的议论是相当热闹的,以至于仁宗朝初期的考试政策亦因之有数次调整,其具体内容和时间如下:

> (天圣)五年正月十六日诏:贡院将来考试进士,不得只于

---

① 李焘《续资治通鉴长编》卷一百八。
② 李觏《盱江集》卷二十七,《上范待制(范仲淹)书》(作于景祐四年)。
③ 范仲淹《范文正集》卷八《上执政书》。

诗赋进退等第,今后参考策论以定优劣。(《宋会要辑稿·选举》三之一五)

（天圣七年三月）庚辰诏：自今试人,令学士、舍人院试诗赋如旧制,以近岁所试策、论,其文汗漫难考也。(《续资治通鉴长编》卷一百七)

（景祐元年）三月一日诏：贡院所试进士,除诗、赋依自来格式考定外,其策、论亦仰精研考校,如词理可采,不得遗落。赋如欲不依次押官韵者听。(《宋会要辑稿·选举》三之一七至一八)

（景祐五年正月）二十九日,中书门下言：检会先诏,贡院考试进士多只采诗赋,未尽铨择,今后更于策论相兼,考定优劣。(《宋会要辑稿·选举》三之一九)

从上述诏书来看,对策论地位的提升是这一阶段的大势所趋,反映了朝廷对于策论的日益重视。将之称为小调整而不称为变革,是因为这些诏书并没有从根本上改变当时"以诗赋进退天下士"的格局。而后在宝元年间,仁宗就"诗赋策论孰重孰轻"咨问于学士李淑①,则表明进士科考试科目的调整已在仁宗的考虑当中。所以当仁宗在庆历中敦促范仲淹等条陈当世急务时,贡举的改革便成为了其中的重要事项。而庆历科举新制明确规定："先策论过落,简诗赋考式,问诸科大义。"②将散体的策、论提到诗、赋之前,作为过落的第一关,这意味着不习古文,肯定无法考取进士。同时简化诗赋考试,简化诗赋考校中繁琐的形式规则,使古文的气韵、节奏等得以潜入诗赋之中。欧阳修在庆历二年所作的《拟应天以实不以文赋》,即是一次以古文气度运骈文体式的成功尝试。欧阳修庆

① 参见《宋史》卷一百五十五："宝元中,李淑侍经筵,上访以……"
② 欧阳修《文忠集》卷一百四《详定贡举条状》。

历二年拟作之律赋,更在内容方面展示了科场文体对时政的大胆参与。律赋被破体成为"章奏",甚至谏议。这实际是论策手法、形制对律赋的入侵,统一于仁宗朝锐意进取与崇尚儒学的时代氛围当中。

仁宗朝之"时文",典型地表现为庆历之"太学新体"与嘉祐之"太学体"。诚如前文所论,庆历"太学体"是庆历时期高扬的儒家载道精神与积极进取的政治氛围相结合的产物,她的"激讦肆意"乃士子关心时政的极端表现,而其"汗漫无体"则是散体在融入骈体初期尚未成熟混成的表征。而庆历之学的进一步发展则演化为嘉祐"太学体"之"谲怪",这种主要表现为语言运用上的"谲怪",一方面是前期"太学新体"之汗漫受到批评后,折返向真正的上古之文去寻求"资源"的结果;另一方面,由于太学生、举子身处激烈竞争的科场,追求超越常人是获胜的保证,因此争相"自造新语",渐渐走向僻涩难懂的极端。综上可知,仁宗朝阻抑"太学体"事件的两度上演,源于朝廷推崇儒学,取士强调政治才干的总趋向。而这种思想文化上的导向,落实到科场则是载道之古文在内容和形式两方面对既有考试科目的改造。由于此时儒学的发展尚处于注疏之学向创立新说转变的阶段,儒学自身的发展方向尚未明晰,加上对于"古文"之"古"的认识尚未明确,在科场这个擅于将流行元素进行夸张和放大的地方,出现"太学体"所具有的种种偏差和极端情况,亦属必然。如果说欧阳修以其在文学上的才华与素养,在个人创作中实现了骈散的有机融合,那么到苏轼的时代,骈散在形式和趣味精神上的融合方始全面完成。而元祐时期恢复诗赋取士,则显示了"文"的力量的反扑,然而遗憾的是,这似乎是"文"的回光返照,不但遭受到新学人士的残酷压制,而且从此文屈从于经史,直至宋室寝命。

### (四) 宋神宗、徽宗时期

随着崇儒政策在科场的贯彻、施行，经学的地位急剧上升，同时，诗赋取士失据的问题也日渐突出，遂演成熙宁王安石变诗赋进士为经义进士，科场"大义"成为此期的"时文"。

宋神宗熙宁二年，进士科罢诗赋，改试经义、策、论三科，至神宗朝末，共施行近二十年。经元祐短暂的改科复试诗赋，至徽宗朝复行经义进士。南宋，关于进士诗赋与经义孰优孰劣的争论虽一直在进行，但进士科基本上都是实行的诗赋进士与经义进士兼取之制。因此，讨论进士考试与宋代文学的关系，经义理应受到足够的关注。

事实上，大力提倡大义考试也是庆历科举革新的一项重要内容。庆历所颁贡举新条制，一个最大的特点就是大义在诸科考试中的地位显著提升，甚至占据了主导。《贡举条制敕》中规定的考大义的情况有数处，现列于下：

> 诸科举人依旧制，场各对墨义外，有能明旨趣、愿对大义者，于取解到省家状内具言："愿对大义。"除逐场试墨义外，至终场并御试，各于本科经书内只试大义十道，直取圣贤意义解释、对答，或以诸书引证，不须具注疏。"九经"、"三礼"、"三传"、《毛诗》《尚书》科，愿对大义者，每道所对与经旨相合、文理可采者为通，五通为合格；其中深晓经义、文理可采者为上等。三史科愿对义者，每道所对与史意相合，文理可采者为通，五通为合格；其中深明史义、文理俱优者，仍为上等。明法科愿对大义者，并立甲乙罪犯，引律令断罪，每道听断与律令相合、文理可采者为通，五通为合格；其中深明律意、文理俱优者，仍为上等。

举人讲通三经以上，进士非纰缪，诸科无九否者，过落外，许自陈牒，具言："曾于某处讲说某经。"召举人三人保明，即依前项别试大义十道，以五通为合格；仍令讲诵，与所对大义相合者，具奏取旨。

御试举人，试卷并依旧封弥誊录。进士试策一道，限五百字以上；成赋一道；诸科试墨义十道……出题目并《考试条格》，并依省试。对大义入上等，并合格人，及试中讲说及等者，所授恩泽等第，当议在对墨义及第人之上。①

从这些关于大义考试的规定中，可以得出三点重要的结论：一、考大义方式拟被广泛应用到诸科的考试中，并且成为了去取诸科举人的最重要的依据。"九经"、"三礼"、"三传"、《毛诗》《尚书》科可以对大义，进士、诸科被黜落者，只要不是文理纰缪，或被判九否，均可自请试大义，如果能通五道，即可视为合格。因此"大义"不但诸科必考，而且成为了"复活赛"的唯一项目，举子可以凭此"起死回生"，"大义"被寄予的厚望和给予的重视可想而知。也就是说，"大义"可以考见任何一类应试者的素质。二、在宋人看来，"大义"不仅能考察士子对经义的理解和运用能力，而且是一种最科学的测试形式，可以运用于"三史"科、明法科等，就像今天的素质教育一样，它考察的是举子的能力，而不仅仅是像帖经、墨义那样只考察学子的知识储备。大义用于九经、五经科，则以"深晓经义、文理可采"者为上等；用于"三史"，则"深明史义，文理俱优者，仍为上等"；用于"明法科"则"深明律意、文理俱优者仍为上等"。这种评审标准中，一以贯之的"文理俱优"的准则，也表明"文"的价值与影响力一直存在，并未消歇。三、"大义"的评分权重高于其他考试科目，这可以从进士、诸科落第人再试经义入等，以及对大义

① 徐松《宋会要辑稿·选举》三之二四至二九《科举条制》。

入等者应在墨义及第人之上等规定中体会出来。

《文献通考》记载熙宁二年改科试经义时称："试义者须通经，有文采乃为中格，不但如明经、墨义初解章句。"①可见经义的设立既是对诗赋进士的彻底摒弃，更是对此前的明经科的超越。嘉祐二年，"仁宗患辞赋致经术不明，初置明经科"②，"其试法凡明两经或三经、五经者，各问墨义、大义十条，两经通八，三经通六，五经通五为合格。兼问《论语》、《孝经》十条，策三条，分八场，出身与进士等。以《礼记》、《春秋》、《左氏传》为大经，《毛诗》、《周礼》、《仪礼》为中经，《周易》、《尚书》、《穀梁传》、《公羊传》为小经，其习《礼记》为大经者，许以《周礼》、《仪礼》为中经，习《春秋左氏传》者，许以《穀梁传》、《公羊传》为小经。"③此正安石所谓"明经墨义，初解章句"所指。据上引文可知，熙宁经义考校有两个重要标准：一为通经，二为有文采。其实这与宋真宗以来所提倡的"文辞与理致俱佳"的要求并无二致，只是理致被提到了高于文辞的位置，并且经义命题的内容与范围有更明确的限定。

关于宋代经义的命题方式、分期、程序、代表作品及其流弊，祝尚书先生已有详论④，兹简述经义的命题方式及考校标准。经义分经考试，据进士所专之经，取一句话或几句话作为题目，举子据题意，结合注疏，用论证的方式结撰成文。与诗赋相比，经义无声病对偶之拘执，内容集中于儒家经典之五经，取才追求的是通经致用，因此似乎比诗赋考试要优越和合理。然而，经义设科之初所确立的"通经"与"有文采"的综合目标，已经埋下了经义与诗赋走向趋同的根由。

---

① 马端临《文献通考》卷三十一。

② 《宋史》卷三百四十二《王岩叟传》。

③ 李焘《续资治通鉴长编》卷一百八十六。

④ 参见祝尚书《宋代科举与文学》，中华书局，2008年，第321—349页。

经义实为论之一体,但论乃"借他题目,说自家道理",而经义则需依经立义,据经为文,严守经传注疏,不能自作别解①。作为以淘汰他人、突出自己为终极目标的科举考试,如何突出和展示自我是举子的唯一选择。如何令文章出类拔萃,其途径有二:一是在立意上自出新意;二是在文章形式方面下功夫。而在经义考校中,第一标准"通经",实际这只是一个最基本的要求,因为经旨是先儒注疏中明确传达的,不容更改或自作别解,也就是说,就一篇经义的内容而言,答案是基本固定的,举子拿到的是一个封闭的话题,加上一经之中,可以命题的文句有限,数举之后,经义即面临无题可出的局面。而科场得隽者程文的刊布,则使得"有识之士不欲蹈袭其迹,或穿凿而为曲说"②。正如当今的高考作文命题一样,每年各地题目一出,总会引发激烈的讨论。就笔者观察,论者的意见多以为题目太含糊,因而不免令考生无所适从。其实这种界定不明的作文题目,意在激发考生的发散思维,鼓励考生创造性、个性化的发挥。而宋代经义的命题则恰好相反,题目及其经旨的神圣性,令举子在内容开掘方面无能为力。当然,这并不能完全阻止举子在立意上的"肆意妄为",朱熹曾指出:"今人为经义者,全不顾经文,务自立说,心粗胆大,敢为新奇诡异之论。"③这也是举子无可奈何的险招,因为,固守注疏本意,则思路受到限制,写出的经义又不免"兔园册习气"④。事实上,自立新意的做法风险性极高,很容易以"违经背义"之名被黜落。因此,较为稳妥的做法是追求经义之"文采"。所谓文采,即包括语言的形式修饰,也包括文章的巧设结构。就文章而言,骈与散的有机结合,可以增强语言的节奏感,

---

① 参见祝尚书《宋代科举与文学》,中华书局,2008 年,第 323 页。

② 欧阳澈《欧阳修撰集》卷三《上皇帝第三书》。

③ 《朱子语类》卷一百九。

④ 王士禛《居易录》记刘巡上、刘安节的《二刘文集》中"多经义,大抵如训诂,不脱兔园册习气。盖当时科举之文如此,其与诗赋饾饤之陋,如以五十步笑百步也"。

诵读起来更具音乐之美。散相对于骈而言,似易于骈,因此趋难避
易,成为了举子共同的趋向。反映在经义的写作中,极端的表现即
是强为对偶。徽宗大观年间,有臣僚上言:"场屋之文,专尚偶丽,
题虽无两意,必欲厘而为二,以就对偶。其超诣理趣者,反指以为
澹泊。请择考官而戒饬之,取其有理致而黜其强为对偶者,庶几稍
救文弊。"①就前者而言,雕章琢句、巧辞俪语、引经据典都是科场
旧传统,很容易便能移植到经义的写作当中,而文章结构的施设,
既有科场之"论"作为直接的借鉴,更有八韵律赋之成熟经验。据
祝先生考证,经义程序至迟在北宋末已基本成型。晁补之《汴都赋
序》谓:"比来进士举有司者,说五经皆喜为华叶波澜,说一至百千
语不能休。曰:'不如是,旨不白。'然卒不白。"②李纲于徽宗时期
所草之《诫谕学者辞尚体要诏》亦谓:"比览贡士程文,猥酿不纲,气
格卑弱。刻意以为高者,浮诞恢诡而不协于中;骋辞以为辩者,支
离蔓衍而不根于理。文之不振,未有甚于此者。"③意图在文章立
意上出众者,不过流于"浮诞恢诡";意欲在文章辞采上出众者,不
免"支离蔓衍",曾经出现在诗赋上的弊病,居然同样出现在主于恢
阐儒道的大义当中。

经义设立之初,其行文并没有一定之规。嘉祐六年司马光《论
选举状》论明经所试大义称:"若能先具注疏本意,次引诸家杂说,
更以己意裁定,援据该赡,义理高远,虽文词直质,皆为优等。"④也
就是说,从程序上说,最初的经义不过三部分:"具注疏本意"、"引
诸家杂说"、"断以己意"。然三段论已初显程序之雏形。至元祐张
庭坚之《自靖人以自献于王》,已具冒、原、讲、证、结等基本构成。

———————

① 《宋史》卷一百五十五。
② 晁补之《鸡肋集》卷三十四《汴都赋序》。
③ 李纲《梁溪集》卷三十六《诫谕学者辞尚体要诏》。
④ 司马光《传家集》卷二十《论举选状》(嘉祐六年八月二十一日上)。

徽宗朝时,程序渐趋严密,后虽南宋孝宗朝略有厘改,但未损于程序化的进程。应该说,程序作为优秀之作中的高明之处的汇聚和集萃,其本身是各种优越性的集合。叶适曾说:"诚使知义理者常为主司,学者不得以悖理之文希合于一时,虽因今之时文不改,亦足以得士。"①朱熹亦云:"前辈做文字,只依定格、依本分做,所以做得甚好。后来人却厌常格,则变一般新格做,本是要好,然未好时先差异了。"②也就是说,程序化并非经义时文最大的弊病。研究者往往将程序化视为科场文章的最大弊病,然而当时人作程文却将懂规矩绳墨视为必需或基本要求。黄庭坚教导其侄洪羽:"鸿父更加意举业,须少入绳墨乃佳。前要文字犹未暇作,新书室政在父,蓬生麻中,不得不直。"③"少入绳墨"即指要遵从一定的程序、规则,但同时又需"不可守绳墨,令俭陋也"④,这种入绳墨与不固守绳墨之间的辨证处理,才是写作时文最高妙之处。诗、词、赋在形式上都有细密的规则,但古今佳作并未因形式之拘而止步。要之,经义之症结不在程序化,或俪偶、用事等形式技法,而在于命题的封闭性。

　　据现有的材料来看,经义之程序并未见诸官方文件的认定,并未作为考试评卷的固有要求。科场诗赋、论策对行文的结构也未有明确的考校标准。那么这些所谓的六段、八段之结构解析,确乎是来自于优秀之作的总结与荟萃,是一种高格,也是写作经义最完备、完善的思路模式。因此,举子对程序的选择和遵从是自主性的行为,包含了应试者对经义形制的认同。如果一定要查找官方对于程序的认可,那么各级官学所刊行的格诀类书籍和时文选集可

---

① 叶适《习学记言》卷五十。
② 朱熹《朱子语类》卷一百三十九。
③ 黄庭坚《山谷集》卷十九《答洪驹父书三首》之一。
④ 黄庭坚《山谷集》卷十九《答洪驹父书三首》之二。

能起到了类似官方认证的作用,《宋会要辑稿》载:"板行监学所选《经义赋格》一书。"①加上官学刊行的各类时文选集,科场文章的程序在理论上和实践上得到了传播和仿效。

比较经义和律赋的程序,可以发现二者具有相似的行文逻辑,即如省试诗,明人黎久亦谓:"经义之破题,即律诗之起句也;承题,即其第二句也;大、小讲,即中二联也;结题,即末二句也。"②经义与诗赋、论在结构上的趋同,使得宋人在科场应试中练就的分析性思维方式得到了一以贯之的传承。这甚至内化为宋人的一般思维模式,深深契入宋人行事、论政、论文的习惯当中,成为宋人的基本思维框架。

北宋取经义进士主要是神宗和徽宗朝,神宗朝的经义时文处于发展之初,故体制尚简。秦观自述中举经历云:"尽取今人所谓时文者读之,意谓亦不甚难。及试,就其体作数首,辄有见推可者,因以应书,遂亦蒙见录。"③秦观元丰八年进士及第,因此其所言之时文当为经义。从其"及试,就其体作数首"的表述来看亦可判定为经义,因为如是诗赋则当为一首。秦观固然有过人之处,但从其初读后认为"亦不甚难"可知,此时经义尚且简朴。另黄庭坚与黄斌老讨论作文时说:"但以韩文为法,学作文字,且不用作时文经义之类,如此等物,若修学成,看《大学》经义三五日,便可成就有余也。"④由此观之,熙宁时文在形制上确乎并未定形,如果学养充足,则只须三五日功夫,便可做得像模像样,内容充实、义理得当才是关键。因此李复在回答耀州进士问"程文之体"时说:"今之印行,为有司考之在高等者,其文乃程文之体也。虽然,此岂有定体?

---

① 徐松《宋会要辑稿·选举》六之二〇。
② 黎久《黎子杂释》,《四库存目丛书》子部第83册,第607页。
③ 秦观《淮海集》卷三十《与苏先生简》。
④ 黄庭坚《山谷集》别集卷十八《与斌老书二》。

先须讲求义理得当,中心涣然,乃可作文。义理若非,虽洪笔丽藻,亦非矣。又为文须去尘言,用事实,贵整齐,意分明,此其大略也。"①李复认为"今之印行为有司考之在高等者"即为"程文之体",其指亦为时文。此时的时文并未有"定体",但须"义理的当,中心涣然"。当然李复也提到了"去尘言,用事实,贵整齐,意分明",前三条实涉及形式规则和修辞手段,因此也可以见出经义重"文"的趋向。王安石在《熙宁字说》的序言里说:"文者奇偶刚柔,杂比以相承,如天地之文……余读许慎《说文》,而于书之意时有所悟,因序录其说,为二十卷,以与门人所推经义附之。惜乎先王之文缺已久,慎所记不具,又多舛,而以余之浅陋考之,且有所不合。虽然,庸讵非天之将兴斯文也,而以余赞其始,故其教学必自此始,能知此者,则于道德之意已十九矣。"②《字说》本是用以教童蒙识字的书,但在熙宁、元丰以及徽宗朝,由于王安石之《字说》附其与门人所推经义,遂成为官方一道德的工具,而推行于科场,以致"举世诵习如六经然"③。观王安石之说,其虽废诗赋,但于"文"却并不全然否定如后来之理学人士,而是希望以经义振兴斯文。故李纲《文乡记》称:"宋兴划五季之余习,欧阳修以古作导之于前,王安石以经术成之于后,而蜀人亦有以奇辞佳句铿锵于其间者,是以文乡之盛,接武三代,而下视汉唐为不足多也。"④对于王安石以经术振起文章的功绩,李纲也是极为推重的。大概也是由于经义所取兼重义理与文辞,加上有司取士过程中渐重形式评价,及至徽宗朝,经义遂出现重文轻理的倾向,如前文所述晁补之、李纲所论之经义"华叶波澜"、"支离漫衍"即是其证。而靖康年间欧阳澈在第

---

① 李复《潏水集》卷四《又答耀州诸进士书》。
② 王安石《临川文集》卷八十四《熙宁字说》。
③ 汪应辰《文定集》卷二十二《吏部郎樊茂实墓志铭》。
④ 李纲《梁溪集》卷一百三十二《文乡记》。

三份给皇帝的上书中指陈：“臣尝求中程序之文而读之，其间未必皆无病也。或昧于古今，而以汉为唐者；或不通经旨，而误引证者；或全录前辈时文者；或使故事而误其姓名者；或以神祖而为祖考者；缀缉不根之语，而不答所问者，色色有之。”①至北宋末，经义考试在形式上大开骈俪藻典之风，许景衡指出其时举子“方以靡媚丛脞语组为时文，邀禄利”②；内容上则是浮薄不根，尤其是唯《三经新义》、《字说》是尚的僻陋学风，导致士子不学史，常识缺乏，而且连经旨也不甚通。

### （五）宋高宗时期

欧阳澈在《上皇帝第三书》中已极陈经义进士之空疏不学，提出恢复诗赋进士。其后宋高宗时期取士制度虽屡经调整，但总体上执行的是经义、诗赋兼将之制，而且由于习诗赋的举子数量激增，以致经义进士数量大幅萎缩，几至需政策保护的地步。因此高宗朝的时文包括经义与诗赋、论策。鉴于高宗朝诗赋独盛的局面，本书以律赋为例来说明高宗朝时文的风尚。首先，如祝先生所论，经义至迟到北宋末已经高度程序化，律赋在重新兴起的过程中也借鉴经义的发展，表现为程序化倾向更为突出。楼钥早年的律赋老师郑锷“文备众体，尤工于赋”，他总结作赋的经验为：

> 前四韵固当加工，然皆有规矩，前辈以妙意英词震耀人耳目者，多在后四韵，而学者忽之，致读者无味。虽《舜琴歌南风》可谓杰作，先生犹曰后三韵皆空矣，其严如此。阅诸生所作，语虽工，或引经史全句，属对可观而意不贯者，皆所不取。

---

① 欧阳澈《欧阳修撰集》卷三《上皇帝第三书》。
② 许景衡《横塘集》卷十八《送韩用可序》。

每令人读《尧舜不能化朱象》、《大舜五十而慕》、《富岁子弟多赖》等赋,以为韵韵有意,终篇尚有余味,可以为法。或有一字切题,既不可对,而又与题字相犯者,谓不若置之送联。如《以礼为翼》之以翼星而配礼之类,先生作《诏诸儒讲五经》则曰:"厥后孝章开白虎之名,盖亦遵于此诏。鲁秉周礼,云不然,何以韩宣子见《易》象与《春秋》,知周礼之尽在鲁。"①

"韵韵有意,终篇尚有余味",这种对文章整体的全面考究,显示了律赋程序化在南宋初的继续推进。《舜琴歌南风》是治平二年进士高第舒亶所作,楼钥称"舒(亶)以《舜琴歌南风》,袁(毂)以《易更三圣赋》名于时"②。这样一篇有名一时的佳作,在郑锷看来尚且是"后三韵皆空",未为完篇,足见此时对于科场律赋形制讲求之精严。郑锷为绍兴二十四年进士,他的观点应该代表了此时科场时文中律赋的写作风尚。

从内容来看,绍兴时文风气经历了一个起伏的过程。南宋建立之初,士人痛思丧家灭国之由,开始反思王学蒙蔽天下人耳目之过,是时,科场程文中兴起了讨王之风。樊茂实为两宋之交的人,南宋初他试太学,以书义对"是时文体亦稍变矣。而茂实独直指王氏之失,力排之,切中其要,考官奇之,置高等。是后士人乃益得自致于学"③。樊茂实之直言王氏之失,代表了此时太学生开始摆脱王学束缚,独立地思考。然不久后,秦桧专政,重树王学权威,并窃弄取士之权,令士人不敢说话,至此,科场时文充斥着歌功颂德的内容和对元祐学术的诋毁。方回《读宏词总类跋》云:"绍兴二十三年癸酉,钓台陆时雍守建昌军,刊《宏词总类》,以秦桧之文冠其首,

---

① 楼钥《攻媿集》卷五十三《郑屯田赋集序》。
② 楼钥《攻媿集》卷七十七《跋袁光禄(毂)与东坡同官事迹》。
③ 汪应辰《文定集》卷二十二《吏部郎樊茂实墓志铭》。

作序诶之……自绍圣创学以至靖康之乱,凡有司之命题,与试者之作文,无非力诋元祐,以媚时相,四六率是愈工,而祖宗时正气扫地。"①晁公遡论绍兴时期文风亦谓:"近时文章衰,浅陋亦可怜。走趋王公门,书记争翩翩。开读令人惭,语吃意莫宣。"②取悦时相,虽文采翩翩,但内容无可取,此正绍兴中期时文之风气。绍兴二十六年,秦桧去世,台官汤鹏举揭露科举容私舞弊,建言严格科场防弊之法。绍兴二十七年,高宗宣谕宰臣曰:"今次策士,考校官编排处极详密,内有犯讳、杂犯之人,亦令且与考校,并戒励有司抑诌谀、进忠亮。盖以临轩策士,正欲闻切直之言也。"③同年,下诏强调举人须读史。四年后,国子录邹樗再次上言,请宽时忌,以鼓励举子大胆进言。绍兴末,思想领域的解禁,给时文带来了清新的空气,时王十朋廷策万言,直言时弊,被擢为第一。这种风气转关也为乾道年间陈傅良一改宿儒陈说,敢于立新意、创新语做了铺垫。

## (六) 宋孝宗时期

孝宗朝承绍兴末拨乱反正的风气,继续鼓励举子对时政建言献策,加上儒学兴起,以陈傅良为代表的南士开始把宗尚儒学与南方好文善文的特点相结合,并顺应其时大力倡复元祐学术的潮流,开创了"乾淳体",并风靡一时,其影响力在庆元党禁时的奏章里有略显夸张的描述④。尽管"乾淳体"不能囊括乾淳时期科场的所有时文,但其作为该时段最流行的时文体式是毋庸置疑的。"乾淳体"并非一成不变的,在乾道初至绍熙末的三十余年的时间里,其内容和

---

① 方回《桐江集》卷三。
② 晁公遡《嵩山集》卷五《杨承父与予同在别试所聊戏之奉简》。
③ 徐松《宋会要辑稿·选举》八之四三《亲试杂录》。
④ 参见第五章论"乾淳体"的相关内容。

风格均有所发展变化。但总体上,"乾淳体"表现为文理兼备,在内容上主要体现为以经史为题材,积极关注时政,同时,为了追求科场拔萃,往往强调自出新意,不落俗套,因此也不免有穿凿之弊;文体上,主要表现为经义、论、策等散体文,引入古文笔法、结构,程序化程度进一步加强,同时讲求新语的锤炼,强调自作语。正因为"乾淳体"能继承科场优秀时文融铸经史,关注现实民生的传统,同时,吸取了苏轼文章善于议论的特点,故其在当时获得了极高的科场影响力。然由于科场矜胜的本性,上述特点被极度夸张放大,融铸经史变为"一味穿穴旁支曲径,以为新奇"①,而永嘉后学如陈耆卿、吴子良等则单承"文学"之传,而于理道无所建树。此亦证,"乾淳体"大家如陈傅良、叶適等尽管极其强调充实的经史学问,但"乾淳体"在接受者眼里,其"文"的特质似乎更受关注。无论是对"乾淳体"严加斥责的理学人士,还是永嘉后学,似乎都更看重其"文"的价值。关于"乾淳体"的详细论述,参见第五章的相关内容,兹从略。

### (七) 宋宁宗、理宗时期

"乾淳体"虽然极重辞章之丽,但其内容题材已锁定为经史、时事,而对经史的讲求也或多或少地受到理学兴起的影响,虽解经主张权变,但均以儒者自处。随着庆元党禁的消除,理学重新获得发展良机。嘉定三年侍御史刘榘言:"近年主司多谓辞赋疵病,易于指摘,恐人得以议己,故试者虽多,其最优者仅置三五名之外,深失国家通尚辞赋之本意。"②诗赋进士虽人数众多,然最优者难入前三或前五名,这种现象一方面是北宋以来"经尊赋卑"思想的加剧;另一方面说明,理学不尚文辞的观念影响到主司取士的标准,不尚

---

① 朱熹《晦庵集》卷三十三《答吕伯恭》。
② 《宋会要辑稿·选举》六之五《贡举杂录》。

辞华是一种美誉，而推崇辞华则自坠末俗。嘉定十五年颁科举诏，曰取士"先器识而黜浮华之习，尚理义而振萎靡之风，毋以议论正大为迂，毋以指陈剀切为激"①。先器识、尚理义而黜浮华，这代表了南宋中后期朝廷取士的基本原则。《宋史全文》引《龟鉴》总结理宗朝科举导向谓："理宗之科举取士，未尝不以理义淑人才。乙酉诏，士之初，既曰经术词章，先观器识矣。而戊子之诏，又以游夏文学渊源，议论通达为重。至辛卯选士之诏，既曰学术邃深必录，文理儇浅不容矣。而甲午之诏，又以词章必探经术之理致，学问必浚师友之渊源为先。"②义理、器识是此期科场考察的基本内容，而词采完全不在考虑之列。有了这样的取士准则，南宋中后期的时文在文章形式方面表现为不甚讲求辞章体格。杜范所陈淳祐元年科举程文的情况为："至有结语巧傍时事，图贡谀言，如吾身亲见。此策语也，用之于论，已失其体，今乃于经义言之。辞赋句法冗长，骈俪失体，题外添意，体贴不工。至有第七韵不问是何题目，皆用时事，有如策语，今又于第六韵见之。或原题起句便说时事，甚者终篇竟以时事命意，此皆习为谀言者也。论则语不治择，文无斡旋，粗率成篇，殊乏体制。策则誊写套类，虚驾冗辞，装饰偶句，绝类俳语。至有效歌颂体四字协韵，用以结尾，甚有用之成篇者。"③杜范所言之经义、诗赋、策论全不成体统的情况，正反映了此时举子无意于文章体制之学习。而其之所以敢于大胆篡乱文体之基本形制，在于有司考校全不在意辞章之当否。因此，从文章学角度来言，南宋中后期的时文水平是日趋下降的。

　　而在内容方面，南宋中后期的时文则充分展现了其善追时尚的特质，周密论南宋"太学文变"谓：

---

① 《宋会要辑稿·选举》一之二九。
② 《宋史全文》卷三十二。
③ 杜范《清献集》卷十一《辛丑知贡举竣事与同知贡举钱侍郎曹侍郎上殿札子》。

南渡以来,太学文体之变,乾淳之文师淳厚,时人谓之乾淳体,人材淳古,亦如其文。至端平,江万里习《易》,自成一家,文体几于中复。淳祐甲辰,徐霖以《书》学魁南省,全尚性理,时竞趋之,即可以钓致科第功名。自此非《四书》、《东西铭》、《太极图》、《通书》、《语录》不复道矣。至咸淳之末,江东谨思、熊瑞诸人倡为变体,奇诡浮艳,精神焕发,多用《庄》、《列》之语,时人谓之换字文章,对策中有"光景不露"、"大雅不浇"等语,以至于亡,可谓文妖矣。①

自"乾淳体"之后,太学文体又经数变。周密所列除"乾淳体"外,主要都是理宗、度宗时期的太学文体。查端平二年登科名录,无名为江万里之人,是榜有江文龙、江应发二人姓江,皆未知其出处如何。考端平二年,真德秀知贡举,作为一代名儒,真氏所取应有鉴裁。而淳祐四年,徐霖《书义》尽讲性理之学,则是顺应了其时确立周敦颐、张载、程颢、程颐与朱熹五人儒臣地位的举措。早在宝庆三年,理宗就诏谕朱熹《四书注》"发挥圣贤之蕴,羽翼斯文,有补治道"②,淳祐元年,更下诏:"朕惟孔子之道自孟轲后不得其传,至我朝周敦颐、张载、程颢、程颐,真见实践,深探圣域,千载绝学始有指归。中兴以来,又得朱熹,精思明辩,折衷融会,使《大学》、《论》、《孟》、《中庸》之书本末洞彻,孔子之道益以大明于世。朕每观五臣论著,启沃良多,今视学有日,其令学官列诸从祀,以副朕奖崇儒先之意。"寻又诏曰:"王安石谓天命不足畏,祖宗不足法,人言不足恤,此万世罪人,岂宜从祀孔子,其黜之。"③黜王安石,并推尊周敦颐等五位先儒,使南宋的道统争论终于尘埃落定。这必然波及科

---

① 周密《癸辛杂识·后集》"太学文变"条。
② 《宋史全文》卷三十一。
③ 徐乾学《资治通鉴后编》卷一百四十二。

场,宜乎科场至此非《四书》、《东西铭》、《太极图》、《通书》、《语录》不复道矣。《论学绳尺》载方监《动静见天地之心》考官批语:"辞旨精深,学问淹贯,关洛诸儒议论尽在是矣。"①又陈季南《乾坤之蕴如何》批语:"论有根据,文有起伏,理学透彻,皆从关洛乾淳诸老语录中来,真佳作也。"②足见此时科场时文风气,能将关洛乾淳诸老议论融会贯通者,便是佳作。朱熹后学陈淳论科举与理学的关系时说:"或曰:今世所谓科举之学,与圣贤之学何如? 曰:似学而非学也。同是经也,同是子史也,而为科举者读之,徒猎涉皮肤,以为缀缉时文之用,而未尝及其中之蕴。止求影像仿佛,略略通解,可以达吾之词则已,而未尝求为真是真非之识。穷日夜旁搜博览,吟哦记忆,惟铺排骈俪,无根之是习,而未尝有一言及理义之实。"③由于科举与圣贤之学在目标上的根本差异,导致科举虽考义理,举子却止求中第,而对圣贤之学不求甚解。然而陈淳又指出:"圣贤学问未尝有妨于科举之文,理义明则文字议论益有精神光采,躬行心得者有素,则形之商订时事、敷陈治体,莫非溢中肆外之余,自有以当人情,中物理,蔼然仁义道德之言,一一皆可用之实,而有司明眼者得之,即为国家有用之器,非止一名一第而已也。"④尽管科举之学肤浅,但若从圣贤学问入手,却能得一石二鸟之利,既涵养了心性,又能收科第,泽及百姓。陈淳此理真是诱学之善论,若举子诚能行之,当亦不错,然举子受功利心所驱,似乎等不及自己修炼到能体味"大义趣味无穷"的程度。熊瑞为咸淳七年进士,是年主考官为方逢辰,方逢辰著有《蛟峰批点止斋论祖》,可见其对陈傅良之时文应有较深体悟,由此其选士重文采焕发也是可以理解的。

① 魏天应编选、林子长笺解《论学绳尺》卷三。
② 同上。
③ 陈淳《北溪大全集》卷十五《似学之辨》。
④ 同上。

观与熊瑞同年及第之黄仲元谓时文谓："时文小技耳,然试之中否,系乎文之工拙。"①则似乎此时科场择文又颇重文章工拙。

总体上看,南宋中后期科场时文,一方面沿袭"乾淳体",但由于没有了孝宗朝积极进取、宽松开明的政治氛围和穷究经史以补治道的济世精神,"乾淳体"渐渐褪去其现实关照和高扬的主体精神;另一方面,理学作为官方哲学地位的确立,使科场评价几乎完全放弃了对文辞的考察,甚至从前的某些衡文硬指标,如体式标准之类,也尽数抛弃。而科场所行之文遂为语录体,所言之内容则非性理、君德不谈,渐渐脱离现实,徒为迂腐之论。而前引黄仲元所谓时文之春、夏、秋、冬之论②,也印证了南宋中后期时文风气的上述变化。

道学家论科举,每愤愤于科举之乱学,如朱熹之《学校贡举私议》指责时文为无用之空言:"至于甚弊,则其所谓空言者,又皆怪妄无稽,而适足以败坏学者之心志。"③后之论者也多以科举不关实学目之。南宋末卫博云:"选举之法坏,而上之人始以文章取士,士非以此无所求官,故文章日益工,而道日益散。陵夷至于后世,好恶蜂起,科目纷更,士既累于得失,而蔽于所守,益轻弃其学,以逢时好。场屋之文与平昔之学,遂为两涂,略不相似矣。"④用这种观点批评南宋末之空疏时文是没有错的,但如以此否定所有时文的价值则是以偏概全。今人论宋代时文,常以晚宋理学家之论说明时文之弊,是不明时文乃一个不断变化的文体,彼时文非此时文,当具体问题具体分析。

纵观两宋科举考试科目的更替演进,其潜在的脉络为"文与道(经)"之间的联合与对立。北宋文道似乎平分秋色,且文道携手;而南宋则道胜文衰,文与道分为两途。然细察之,则即使主文之

---

① 黄仲元《四如集》卷三《题黄耕叟存稿》。
② 同上。
③ 朱熹《晦庵集》卷六十九《学校贡举私议》。
④ 卫博《定庵类稿》卷四《阶锦编序》。

欧、苏，亦将文视为载道之具，并试图通过对诗赋的改造来消弥文的卑下印象。因此，有宋三百年，实际是儒学主导的三百年，儒学由微至著，最终实际控制了文学的话语权。而儒学与文学之间力量的消长与融合，既鲜明表现在科场时文的风气变迁中，也隐约显示于宋代文风嬗变中。而科场时文或响应、或引起、或推动着文学风气的迁转，并统一于两宋"崇儒佑文"的大气候之下。

## 三、时文与宋代文风嬗变

综观两宋各个时期时文在内容与形式上的不同表现，科举的功利性是其背后的原动力，在前文所述趋时性之外，功利性的另一重要表现就是"极致化倾向"。所谓"极致化倾向"是指某一时期的"时尚元素"一旦被纳入时文的写作当中，就会出现变本加厉、走向极端或走向投机的情况。比如，西昆体之骈俪藻饰，在杨亿和部分科场隽才手中，这种形式手法是锦上添花，而在更大量的、学识素养不高、文学水平一般的举子那里则变成机械的模仿，甚至出现"东施效颦"的情况。前文所论列的时文之弊，多数是这种极致化运动的产物。但是不能因为结果之弊，而抹杀了过程中的积极因素，更不应无视这种"时尚元素"对于文学的影响。

首先，时文与文学同处于两宋"崇儒佑文"的时代氛围里。如前文关于西昆文风与科场风气之关联所论，宋初的文化政策有一个由"佑文"向"崇儒"的重心转变过程①，此后"崇儒佑文"成为两宋最稳定的国策。而"文"与"儒"虽并列而言，但其实际地位却并不相当，"儒"的地位呈逐步上升的趋势，而"文"的地位则呈逐渐下降的趋势。"儒"与"文"的力量消长，直接表现为科场时文代表文

---

① 宋代的"崇儒佑文"总体上是指朝廷对文教、文士的重视与推崇，而本书在此将"崇儒"与"佑文"对举，意指推崇儒学和爱重艺文，特此说明。

体由诗赋而策论,再至经义的更替。诗赋时文是宋初"佑文"政策的显现,突出代表为具有西昆风气的律赋。同时,诗赋时文的另一代表为北宋古文运动时期古文家以古文之气格、韵度改造而成的律赋,即宋体律赋。策、论时文则是古文家在科场推崇的文体,是古文家实现其"载道之文"的载体。经义时文则是理学家最初的理想,王安石尽管不被道学家所认可,但其以经义试士,以改造士人品性学养的目的,却是与道学家一致的。时文变迁背后所潜藏的"文"与"儒"力量的消长,同时也影响着两宋文学的走向。宋初柳开倡为古文,但却难成丕变之势,原因之一即是个体的观念未能成为官方的意志。而古文在真、仁之际再次兴起,遂成燎原之势,原因则是群体的观念与官方的意志桴鼓相应。关于这一点,欧阳修在《苏学士集原序》、《与荆南乐秀才书》等文中数次提到:天子患时文之弊,下诏讽勉学者以近古,这充分说明朝廷与民间的意见形成了合力。古文因为有了"载道"的使命而变得神圣,甚至具有了辐射其他文类的巨大能量。然而古文在横扫骈俪之风的同时,其所载之"道"却逐渐成长到可以弃"文"自立的程度。随着"道"的成长壮大,文与道终现裂痕,学术内部表现为文学与理学、文学与史学、史学与理学之间复杂的纠葛。"文学"在徽宗朝甚至成为"禁品",体现出两宋政治与学术联姻的复杂状况。时至南宋,理学人士发现没有文的参与,道之步履也愈发艰难,于是高、孝两朝再度高调推崇以"诗文"为符号的苏轼时,吕祖谦、陈傅良、叶适等南方学者以融合周、程、欧、苏之裂的崇高立意,调和文与道。在借助科场这一扩音器进行宣传时,南方学者调和文道的基本策略是取欧、苏古文之波澜纵横,取理学的思想内核,再糅合史学的鉴往知来,并将最终的关注点落在如何施政上。这是一较为完善的调和方案,至少乾淳时期文学大家林立,文学成就为南宋之最即是明证。然而,南方学者所作之"文"、"道"调和方案,实际是一个貌合神离的嫁接,取"文"之形式,而忽略了文学之所以打动人之处在其"神",在于其文中充沛的情感与个性,这种遗"神"取"形"之法,显然难以获得文学最核心的价值。而南方学者用以充实文章内容的则是经史、时事,是经说、政论、时务策,尽管都是于国于家的大命题,但其题材上毕竟过于狭窄,古文逐渐固定为书写的工具。这种视野上的局限还反映在其日常书写当中。而杨万里之以小题材表现细小情思的诗歌写作,实际是对这种写作潮流的反动和超越。就文学而言,其最大价值在审美,而永嘉文学代表叶适则声称不作无用之文,文之价值定格为"用",与审美之非功利性背道而驰。而乾淳以后的理学家甚至连文之"用"也是极表怀疑的。吴渊对两宋文学之变的描述可以更好印证笔者关于宋代"文"与"道"之间的此起彼落的分析,其云:

> 艺祖救百王之弊,以道理为最上。一语开国,以用读书人,一念厚苍生,文治彬郁。垂三百年,海内兴起未艾也。而文章亦无虑三变,始也厌五季之萎薾,而昆体出,渐归雅醇,犹事织组,则杨、晏为之倡;已而回澜障川,黜雕返朴,崇议论,励风节,要以关世教,达国体为急,则欧、苏擅其宗;已而濂溪周子出焉,其言重道德,而谓文之能艺焉耳,于是作《通书》,著《极图》,大本立矣,余有所及,虽不多见,味其言,蔼如也。由是先哲辈出,《易传》探天根,《西铭》见仁体,《通鉴》精纂述,《击壤》豪诗歌,论奏王、朱,而讲说吕、范,可谓和顺积中而英华发外矣。后生接响,谓性外无余学,其弊至于志道忘艺,知有《语录》而无古今,始欲由精达粗,终焉本末俱昧。①

两宋科场之"经尊赋卑"的演化,与文学领域的"道尊文卑"何其相似,而这种相似并非巧合,而是统一在两宋"崇儒佑文"的总体文化格局里的。

其次,科举取士既是选材,也是知贡举者发挥个人影响力的平

---

① 吴渊《鹤山集原序》载魏了翁《鹤山集》卷首。

台,文学大家知举往往成为左右文风走向的契机。两宋科场文风演变固然总体上是遵从国家文化政策重心由"佑文"到"佑文崇儒",再到"崇儒佑文"的发展走向,然而在某些关键的节点上,我们总可以发现文学大家借科场对文风走向施加重大影响。如果说宋初四十年是一个过渡期,文士对科场的影响还表现得较为个体化和分散的话,那么,自宋真宗朝开始,馆阁官员作为稳定的科场试官来源开始表现出对科场的强大影响力。这种影响力的首次彰显即是"西昆体"之风靡。对渊博学识的展示,源于宋初以来大力加强的文化建设,对辞章的推求的背景,则有帝王对于文学的爱重。西昆体的出现本身就是宋初政治文化发展所结之"果",而科场之评价也一定会遵从文化政策导向。从这个意义上说,西昆体能获得"天下向风"的效果不仅由于杨亿、刘筠等的个人魅力,更在于西昆体与科场程文的价值目标是一致的。如果说张方平对庆历"太学新体"的阻抑是一次例行公事,那么欧阳修阻抑嘉祐"太学体"的行为就不单是选材而已。欧阳修在评阅试卷期间与王珪等所作的唱和诗歌中清楚地表明,对于此次衡文的去取,欧阳修事先就已有明确的目标。同样地,苏轼在元祐三年知举,赵挺之风闻上奏,谓"苏轼主文,意在矫革,若见引用《新义》,决意黜落"①。尽管只系风闻,但苏轼元祐年间数次上奏,力主恢复诗赋,并亲自写作科场诗赋的行为,都可以作为赵挺之上言的注脚。此后,天下习诗赋者竟占到应试人数的十之八九,可见主文者的号召力。南宋乾淳时期试官对于文风的影响则可以从庆元党禁者的夸张描述中一窥之:"三十年来,伪学显行,场屋之权,尽归三温人。预说试题,阴通私书。所谓状元、省元、两优释褐者,若非其亲故,即是其徒。"②此

---

① 李焘《续资治通鉴长编》卷四百八。
② 李心传《道命录》卷七"言者论廷、省魁、两优释褐皆伪徒不可轻招"条,《丛书集成初编》本。

说虽有夸大,但亦可见出永嘉学者在科场的影响力。尽管科场有严密的制度约束试官的滥权,但这并不表明试官仅是阅卷机器,相反"科场当中,得人失人,皆在试官能否"①是宋人的普遍观点,张方平、欧阳修、苏轼及数次党禁在科场的贯彻都说明,试官在文章内容的倾向和形式的美恶判断方面还是有极大的自主权的。这种权力同时也是主司表达其文学话语权的最佳机会,因此试官常常在完成知举工作后,上疏条陈科场文弊,提出政策建议,以发挥自己对于文风的影响力,张方平、洪迈、杜范等即是如此。应该说,随着封弥、誊录制度在省试中的施行,知举官虽然失去了直接取中某人的特权,但却获得了更大范围左右文风趋向的机会。

再次,应举者绝大多数为青年学子,他们对时文的摹习将会影响到其一生的写作习惯,而如果从全社会范围来看,进士考试为宋代培养了绝大部分的文学作者。从教育学的角度看,早年所受的教育会影响一个人的一生,而宋代的绝大多数文士都经历过进士考试,那些站在宋代文学至高点的大家也多为进士出身。那么可以说,宋代的时文写作已经成为宋代文学的基础,甚至可以说,时文写作所形成的思维定势、表现技法、题材趣味、审美标准都可在宋代文学中找得到印迹。以宋诗为例,刘埙引刘克庄论诗谓:"入宋则文人多,诗人少,三百年间,虽人各有集,集各有诗,诗各自为体,或尚理致,或负材力,或逞辨博,少者千篇,多至万首,要皆经义、策、论之有韵者尔,非诗也。"②严羽总结有宋之诗谓:"近代诸公乃作奇特解会,遂以文字为诗,以才学为诗,以议论为诗。"③宋诗向文倾斜、靠拢的现象,背后反映的是宋人从"基础教育"阶段就铺垫了扎实的文章写作功底,而于诗则往往是中举后才有机会大

---

① 李焘《续资治通鉴长编》卷四百八。
② 刘埙《隐居通议》卷十《后村论诗有理》。
③ 严羽《沧浪诗话》卷一《诗辨》。

量涉猎，由此造成诗不像诗的事实。叶适《题周简公文集》谓："颇记十五六，长老诘何业，以近作献，则笑曰：此外学也，吾怜汝穷不自活，几稍进于时文尔。夫外学乃致穷之道也，余愧，诗即弃去，然时文亦不能精也。"①叶适谓时文不精乃是自谦，而其早年学诗受到师长诘责的经历代表了大多数宋人，尤其是南宋人的共同成长经历。诗乃外学，致穷之学，时文写作才是当务之急。因此，中举后再学诗便免不了时文的写作习惯时时参与进来，正如顾炎武所言："士大夫皆幼读时文，习染已久，不经之字，摇笔辄来，正如康昆仑所受邻舍女巫之邪声，非十年不近乐器，未可得而绝也。"②此虽是论明代时文，但其理乃一。

尽管不同时期的时文，其所指文体及形式特征、内容趋向各有不同，然综观两宋对"时文"的批评内容，则又大体可归纳为形式上之雕琢，内容上之空疏浮浅。但验之各时期之时文，却未必皆有凭据，其所论多指时文之末流。需知时文之所以能流行一时，自有其值得学者取资借鉴之处，如果真如论者所说的那样不堪，则断不可能风行天下。孝宗朝学官彭龟年曾指出："天下之材不可一律取也，朝廷设科止为中材地尔，欲使高者可使俯而就，卑者可使企而及，岂谓天下士尽可以科举之文得之。"③诚如彭龟年所论，考试标准的设置并非是为了特异超拔的人，而是中材之人，因此，与之相应的，参与写作程文的人也是各种层次、水平的都有，其所作有拙劣的，也有优赡的，更多的是平平常常的，这是今人所谓的"正态分布"。以中第的程文而言，亦是如此，其优良中差自然色色有之，不必吹求过甚。此外，尽管老死科场者不乏其人，但就应试者的主要年龄段而言，应为青年。青年之文在推崇老境的宋代文学批评语

---

① 叶适《水心集》卷二十九《题周简之文集》。
② 顾炎武《日知录》卷十八《破题用庄子》。
③ 彭龟年《止堂集》卷一《乞寝罢版行时文疏》。

境中不受欢迎，是可以理解的。但苏轼尚且谓其侄曰：“大凡为文，当使气象峥嵘，五色绚烂，渐老渐熟，乃造平淡。”①吴可亦谓：“凡文章先华丽而后平淡，如四时之序，方春则华丽，夏则茂盛，秋冬则收敛，若外枯中膏者是也。盖华丽茂盛，已在其中矣。”②这种认为文章写作应随时变化，春华秋实，夏盛冬藏，实为通达之论。陶诗之似枯而实腴，正在于融绚烂于平淡当中，愈嚼愈有味。如果今天研究者仍然持宋儒之眼光来立论，则有不妥。时文之弊，与其说是时文本身的问题，不如说是审美疲劳的更迭。由于命题的局限，同一题目，其立意相当有限，能够自出新意者毕竟是少数，这意味着绝大多数举子只能在相同的主题上进行陈说，如果在形式上不允许独具面目，则文章更加混同一律。考官每次面对的是数量众多的雷同文章，出现审美疲劳也是情理之中的事。《古文关键总论》有云：“看文字法：学文须熟看韩、柳、欧、苏，先见文字体式，然后遍考古人用意下句处，苏文当用其意，若用其文，恐易厌，盖近世多读。”③苏文尚且易厌，其他则可知矣。因此，大多数时文均表现出形式精工的特点，这是避免熟滥的必要手段。

## 四、宋代时文与文学现象

### （一）时文功夫是宋代诗、文、词的底色

时文受制于题材、格式及功利目的的程度愈益低下，而时文写作中练就的语言功底和思维方式却在诗、文、词中大放异彩。笔者以为，时文为宋代诗文铺了一个厚重的底子，宋代诗文或隐或显的

---

① 陶宗仪《说郛》卷八十四上。
② 吴可《藏海诗话》。
③ 吕祖谦《古文关键·总论》。

都会透出这层底子来。

　　首先,之所以称之为"底子"有三层意思:第一,进士科是宋代的魁科、将相科,是入仕的最佳途径,因此宋人早年均致力于诗、赋、策、论,尤其是律赋的写作。在宋代的大部分时间里,这些是进士科去取的关键科目。欧阳修称西昆体风行之时"予亦方举进士,以礼部诗赋为事"①,秦观亦谓"少时用心于赋,甚勤而专"②,元祐中大臣上奏论复试诗赋后学者习赋的情况称:"群居切磨,惟是论声韵、调平侧、事属对、校比拟,以轻巧靡丽为务。"③这实际也是整个宋代习律赋者的日常生活状态。这种幼年时期打下的文学功底,对作家后来诗文创作的影响不可低估。张耒曰:"吾党有秦少章者,自余为太学官时,以其文章示余,愀然告我曰:惟家贫,奉命于大人而勉为科举之文也。异时率其意为诗章、古文,后往清丽奇伟,工于举业百倍。"④秦观的经历生动地诠释了时文与诗章古文写作的关系,时文相较于诗词古文有更严格的形式规范及主题限制,由时文而诗词古文,为文则自然较易工致。当然,这又可能出现另一种情况,《隐居通议》载:"后村《跋周益公亲书艾轩林公光朝神道碑后》曰:'平园晚作,益自摩厉,然散语终是洗涤词科气习不尽,惟《艾轩志铭》极简严,有古意然。'予反复熟玩其文,平顺典雅则有之,谓之简古,则未也。因记壮岁与西园傅公共观某人文字,其人亦试词科,傅公曰:'此文未脱词科体也。'予曰:'然盖词科之文,自有一种体致,既用功之深,则他日虽欲变化气质,而自不觉其暗合。犹如工举业者,力学古文,未尝不欲脱去举文畦径也,若且陶汰未净,自然不免暗犯。故作古文而有举子语在其中者,谓之

---

① 欧阳修《文忠集》卷七十三《记旧本韩文后》。
② 李廌《师友谈记》。
③ 李焘《续资治通鉴长编》卷四百二十。
④ 张耒《送秦少章赴临安簿序》,载吕祖谦编《宋文鉴》卷九十二。

'金盘盛狗矢'。"①举文畦径"陶汰"难尽,正说明早年的修习已成为一种稳定的心理结构,虽"益自摩厉",也难以洗尽词科习气。因为时文的写作是早年所奠定下的文学基础,以其"早",是谓之"底子"。其二,时文作为仕途的"敲门砖",往往中第后不复再作。因此它对宋人诗文创作的影响,表现在语言技能及思维模式上。因为其影响是内在的,隐而不显的,所以称为"底子"。第三,时文有严格的形式规范,律赋写作通常需严守规范,其结果就会导致文体的精美与圆熟,从而缺乏新鲜感和表达力。而诗文创作则不受此约束,宋代文士往往在规范之外寻求超越,超越平庸,超越前人。因此时文的写作方法和风格也往往是被超越的对象,是宋人追求卓越的基础,从这个意义上讲,时文也是一层基底。

宋代诗文大家绝大多数都出自进士科,从王禹偁、田锡,到杨亿、范仲淹、欧阳修、宋祁,再到王安石、苏轼、苏辙、曾巩,以及"苏门四学士",无一不是诗赋进士出身。即如夏竦、张方平非由进士科出身者,也有参加进士科考试的经历,石介《安道登茂才异等科》诗有:"三就礼部试,不肯露头角。"②是知张方平数次参加礼部考试。从这个粗略的罗列可以看到宋代进士考试为宋代文学培养了创作主体。以律赋为例,元祐元年尚书省指出十多年的经义取士导致:"承学之士,闻见浅陋,辞格卑弱……为文者惟务解释,而不知声律体要之学。"③洪迈称:"熙宁罢诗赋,元祐复之,至绍圣又罢,于是学者不复习为应用之文。"④以至于南宋初出现词臣的短缺。诗赋的兴废对文学水平的影响正说明科场律诗赋对于宋代文学不但不是促退的,而是大有帮助的。从几次诗赋考试的兴废来

---

① 刘埙《隐居通议》卷十八"平园文体"条。
② 石介《徂徕集》卷三。
③ 徐松《宋会要辑稿·选举》三之四八。
④ 洪迈《容斋随笔·三笔》卷十"词学科目"条。

看,每逢恢复诗赋考试,试诗赋人数总是很快就超过试经义人数。苏轼记元祐恢复诗赋后的情况为:"臣在都下,见太学生习诗赋者十人而七。臣本蜀人,闻蜀中进士习诗赋者十人而九。及出守东南,亲历十郡,及多见江湖福建士人,皆争作诗赋,其间工者已自追继前人。"①《文献通考》谓:"至建炎、绍兴之间,则朝廷以经义取士者且五六十年,其间兼用诗赋才十余年耳,然共场而试,则经拙而赋工,分科而试,则经少而赋多,流传既久,后来所至场屋率是赋居其三之二,盖有自来矣。"②应试举子对试诗赋的支持与响应,被理解为"盖义理之学高明而难通,声偶之文美丽而易入,喜易而恶难者,世俗之常情也"③。这是南宋人的说法,为了说明举子喜赋厌经的原因,律赋被认为是"美丽而易入"。可是如前文所述,当初指责律赋声律严苛也是反诗赋者的理由。同样,此处说义理之学高明难通,但为了支持经义取士,论者又往往说:"六经之有义理,其简易如天地,昭明如日月,用以取人,犹权衡规矩诚陈,而方圆轻重不可欺也。"④此足见在诗赋经义之争中,论说者实际上是难以客观求实的。但是用反方的数据,似乎更能说明宋代科场律诗赋修习者众,因而其影响于宋代文学也更深、更广。

### (二) 时文对宋代诗文的影响:以律赋用典为例

赋从早期就很注重方法的归纳总结,司马相如论赋有"合纂组以成文,列锦绣而为质,一经一纬,一宫一商,此赋之迹也。赋家之心,苞括宇宙,总览人物,斯乃得之于内,不可得而传"⑤之写作心

---

① 苏轼《东坡全集》卷五十六《乞诗赋经义各以分数取人将来只许诗赋兼经状》。
② 马端临《文献通考》卷三十二。
③ 徐松《宋会要辑稿·选举》四之七。
④ 李焘《续资治通鉴长编》卷四百二十。
⑤ 刘歆《西京杂记》卷二。

得。"合纂组以成文,列锦绣而为质,一经一纬,一宫一商"具有很强的可操作性,体现出鲜明的"技术"色彩。以时文之律赋为例,见于史志记载的唐赋格书有佚名的《赋谱》、浩虚舟《赋门》一卷、纥干俞《赋格》一卷、范传正《赋诀》一卷、张仲素《赋枢》一卷、白行简《赋要》一卷、和凝《赋格》一卷,其数量颇为可观。此仅就有存目者而言,盖当时所有尚不止于此。北宋前期以诗赋取士,赋格类书籍的编撰依然兴盛,元祝尧撰《古赋辩体》称:"(宋)渡江前后,人能龙断,声律盛行,赋格、赋范、赋选粹,辩论体格,其书甚众。"①现今文献可考、可征的北宋律赋学书籍有范仲淹《赋林衡鉴》、马偁《赋门鱼钥》、吴处厚《赋评》等。其中《赋门鱼钥》陈振孙解题称:"编集唐蒋防而下至本朝宋祁诸家律赋格、诀。"前引唐代赋格书均为一卷,吴处厚之《赋评》也仅为一卷,而马偁《赋门鱼钥》为十五卷,是知其至少编集了十余家律赋格、诀。此外,从解题来看,宋人已不满足于唐人赋格书,开始编集自己的赋格书籍。宋祁本有场屋盛名,被秦观、王铚推为宋体律赋的代表人物,其手编赋格书应成书于青壮年时期②,当反映了宋人在律赋写作方法及审美追求上不同于唐律赋的新变化。

---

① 祝尧《古赋辩体》卷八。
② 宋祁五十以后,对自己的诗文创作有深刻的反思,称:"余少为学,本无师友,家苦贫无书,习作诗赋,未始在志立名于当世也,愿计粟米,养亲绍家阀耳。年二十四,而以文投故宰相夏公,公奇之,以为必取甲科,吾亦不知果是欤? 天圣甲子,从乡贡试礼部,故龙图学士刘公叹所试辞赋,大称之朝,以为诸生冠,吾始重自淬砺,力于学,模写有名士文章,诸儒颇称以为是。年过五十,被诏作《唐书》,精思十余年,尽见前世诸著,乃悟文章之难也。虽悟于心,又求之古人,始得其厓略。因取视五十以前所为文,颣然汗下,知未尝得作者藩篱,而所效皆糟粕刍狗矣。夫文章必自名一家,然后可以传不朽。若体规画圆,准方作矩,终为人之臣仆,古人讥屋下作屋,信然。陆机曰'谢朝华于已披,启夕秀于未振',韩愈曰'惟陈言之务去',此乃为文之要。'五经'皆不同体,孔子没后,百家奋兴,类不相沿,是前人皆得此旨。呜呼,吾亦悟之晚矣,虽然,若天假吾年,犹冀老而成云。"《宋景文笔记》卷上)揆之情理,在这样的思想意识下,是不太可能再作赋格类书籍的。

唐代诗格类著作也很多,张伯伟《全唐五代诗格校考》列唐诗格著作近三十种。但是从北宋前期来看,举子早年更多地关注赋的写作。欧阳修云:"自科场用赋取人,进士不复留意于诗,故绝无可称者。"这虽然主要指科举考试的情况,但作为个人的文学素养而言,其基础还是主要来自于律赋写作打下的基础。而且宋代诗格类专书寥寥,论诗格、诗法的内容往往散在诗话当中。郭绍虞《宋诗话辑佚序》云:"诗话之称,当始于欧阳修;诗话之体,也创自欧阳修。"①欧阳修之《六一诗话》著于晚年退居汝阴时,从时间来讲远晚于宋人的赋格类书籍,如前引宋祁之赋格等。

诗赋同源,都是讲求结构精巧、声律谐协、句式骈整的文体,所以赋与诗的技法往往也是互通的。《说郛》论"欧苏之文"云:"'仕宦而至将相,富贵而归故乡',此欧公《昼锦堂》第一句也。其后东坡作《韩文公庙碑》,其破题云'匹夫而为百世师,一言而为天下法',语句之工,便不减前作。议者谓欧公语工于叙富贵,坡语工于说道义,盖此二句皆即其人而记其事,已道尽二人平生事实,如此自非笔端有力,那能至是。"②欧、苏二人之句为人所称道者正在于其高度的概括力,而这种功力正来自于律赋破题之"惟贵气貌,有以动人"。王安石虽然极不喜律赋,对诗赋取士必欲废之而后安,但其写诗对字句的推敲、对仗的工巧却是极为讲究,连绝句也要讲声律对仗。而如前文所论,时文之经义、论、策在写作技法上也常常借鉴诗赋,在对偶、声律、用典、藻饰诸手法来看,用典是诸体最为通用的手法,兹以为"用典"例来说明时文在形式技巧方面对于宋诗的影响。

李调元论唐、宋律赋之别时说:"唐人雅善言情,宋人却极讲使

---

① 郭绍虞《宋诗话辑佚》,中华书局,1980 年,《序》。
② 陶宗仪《说郛》卷二十二上。

事。"①"使事"是宋律赋区别于唐律赋最突出的特征。郑起潜《声律关键》总结律赋作法为"认题、命意、择事、琢句、押韵"五诀,其中"认题"、"命意"从属于内容方面,而后三者则是形式技巧方面,而"择事"居形式技巧之首,其重要性超过了"琢句"与"押韵",可见宋人对于时文中"使事"的重要性认识是很明确的。

宋初类书编撰规模空前,产生了许多大型类书,除朝廷下诏编集的《太平御览》、《太平广记》、《册府元龟》外,宋代私人编撰的类书也层出不穷,如宋白《建章集》、吴淑《事类赋》、晏殊《事类赋》、王应麟《玉海》等。这些私撰类书大多有为科场作文借鉴使用的编撰初衷。《吴淑进注事类赋状》称:"伏以类书之作,相沿颇多,盖无纲条,率难记诵。今综而成赋,则焕焉可观……所征既繁,必资笺注,仰圣谟之所及,在陋学以何称。今并于逐句之下,以事解释,随所称引,本于何书,令学者知其所自。"②盖知其为初学者所备也。南宋边惇德为《事类赋》作序称:"切观四声之作,起于齐梁而盛于隋唐,今遂以为取士之阶,其协辞比事,法度纤密,足以抑天下豪杰之气,至于源流派别,凡有补于对偶声韵者,岂可靳而不传? 虽淑之书用意浩博,将以贻惠来今。"在南宋人眼里,《事类赋》就是"有补于对偶声韵者"、"以备士夫章句检讨之益",提供给科场律赋资取渔猎的书。

类书的编撰与传播带动了整个社会对于学识的热衷,加上朝廷科举每每以学识渊博相号召,所以科场文章遂以学识多少作为评判标准之一。《诗话总龟》载:"仁宗朝试《山海天地之藏赋》,长沙进士陈说同进士出身,谒乡人胥偃内翰,因举其赋,胥曰:'赋颇佳,但其间贴故事少耳。'"③胥偃,欧阳修的岳父,也是数掌贡举的

---

① 李调元《赋话》卷五。
② 吴淑《事类赋》卷首《吴淑进注事类赋状》。
③ 阮阅《诗话总龟》卷三十九。

翰林学士,他的态度代表了真、仁之际翰林学者对律赋的评价标准,也是西昆风气在律赋中的体现。在他看来,陈说的赋之所以有欠缺,主要原因是"贴故事"太少,这似乎也是陈说只得了一个"同进士出身"的重要原因。甚至在某些情况下,用典的切当比文章内容之高下还重要:"庆历末,有试《天子之堂九尺赋》者,或云:'成汤当陛而立,不欠一分;孔子历阶而升,止余六寸。'意用孟子、曹交言成汤九尺,《史记》孔子九尺六寸事。有二主司一以为善,一以为不善,争久之,不决,至上章交讼,传者以为笑。"①显然以为善者是从典故的运用着眼,认为这句话引用的两个事典与题目中的"九尺"相关,而认为不善者则是从文章的命意出发,认为这样的句子无异于儿戏。叶梦得对此评价说:"若论文体,固可笑,若必言用赋取人,则与欧公之论何异?亦不可谓对偶不的,而用事不切当也。"叶梦得所言之"欧公之论"是指欧阳修在随州参加秋试(即解试)时作论云:"石言于晋,神降于莘,内蛇斗而外蛇伤,新鬼大而故鬼小。"主文以为一场警策,遂擢为冠。而欧阳修亦因此受到胥偃的赏识,可见胥偃对文章中故实的偏爱。叶梦得也认为,如果从文章的内容来看,这句话着实可笑;而如果单从形式的角度而论,上文中的两句话不仅对偶得当,而且用事也切合题目。因此两考官为此上章交讼,反映的是律赋中"用事"是形式第一,还是内容至上的争议。

　　"用事"在宋代律赋中占有举足轻重的地位,从宋初开始,重学识的风气就在律赋中生根了。张智华博士根据宋初皇帝重学以及朝廷对科场文章学识的看重,指出进士科试诗赋对西昆体重视典故及典赡风格的形成有重大影响②,《诗人玉屑》载:"荆公尝云:

---

　　① 叶梦得《避暑录话》卷下。

　　② 张明华《北宋进士科考试与西昆体的兴衰》,《华南师范大学学报(社会科学版)》2004 年第 4 期,第 71—72 页。

'诗家病使事太多,盖皆取其与题合者类之,如此乃是编事,虽工何益。若能自出己意,借事以相发明,变态错出,则用事虽多,亦何所妨。'"①这种"取其与题合者类之"的做法来源于律赋,秦观有云:"才见题目,便类聚事实,看紧慢,分布在八韵中。"②王安石所批评的诗歌使事不畅的情况,正是律赋写法直接影响诗歌写作的结果。同样的情况在四六文中也有,陈师道论四六文有云:"宋初士大夫例能四六,杨文公笔力豪赡,体亦多变,而不脱唐末五代之气。喜用古语,以切对为工,乃进士赋体尔。"③"喜用古语"即是指引用前人陈语,此为用事方式之一种,陈师道明确地将这种多引古语以造切对的做法称为进士赋体,说明这种做法是赋体的典型手法。

西昆体是宋代诗歌史上以学问入诗的第一次高峰,而其重视典故使用的风气实来自于科场,尤其是科场律诗赋。而且律赋在用典上不断追求精确、新巧的风气,对后来苏、黄诗歌重学问的特点也有直接的影响。周裕锴《宋代诗学通论》指出:"宋人力求从四方面改造六朝隋唐、五代宋初之诗风:其一,以广博富赡的用事来矫正晚唐五代的'学贫才馁'、'气弱格卑';其二,以用事的天然浑厚来矫正李商隐式的'用事僻涩'、'语僻难晓';其三,以用事的精确深密来矫正六朝初唐的'殆同书抄'、'堆垛死尸';其四,以用事的灵活变化来矫正西昆体诗的'挦扯义山'、'蹈袭前人'。宋诗学中有关用事的论述,大抵围绕着这四方面展开。"④而其中除第一点在西昆体诗人中已有体现外,其余三点都主要体现在北宋中后期的诗作当中。而在律赋写作中,对用事的广博、天然浑厚、精确深密、灵活等风格的讲求,时间上都早于诗歌。

---

① 魏庆之《诗人玉屑》卷七"使事不为事使"条。
② 李廌《师友谈记》。
③ 陈师道《后山集》卷二十三。
④ 周裕锴《宋代诗学通论》,上海古籍出版社,2006 年,第 516 页。

用事广博已如前论,而就用事之"天然浑厚"而言,天圣初的科场律赋佳作已用事自如,引事、引语如自己出。吴处厚《青箱杂记》载:"宋莒公兄弟,平时分题课试,莒公多屈于子京。及作《鹙鸟不双赋》,则子京逊兄远甚,莒公遂擅场。赋曰:'天地始肃(按:出自《礼记》),我则振羽而独来;燕雀焉知(按:出自《庄子》),我则凌云而自至。'又曰:'将翱将翔(按:出自《诗经》),讵比海鸥之翼(按:出自《庄子》);自南自北(按:出自《诗经》),若专霜隼之诛。'则公之特立独行,魁多士,登宰相,俱见于此矣。"①观宋庠《鹙鸟不双赋》之警句,其中"天地始肃"出自《礼记》,"燕雀焉知"出自《庄子》,"将翱将翔"出自《诗经》,"讵比海鸥之翼"出自《庄子》,"自南自北"出自《诗经》,其用典不仅密集,而且巧妙,其中多达四句系引自经籍中的原句,而能与文章贯通,颇有浑然之感。天圣五年进士文彦博之《鸿渐于陆赋》云:"翻迅羽(《西京赋》)以噰噰(《尔雅》),弋人何慕(《易经》);仰层峦而炗炗,阳鸟攸居(《尚书》)";"将候雁以同宾,羽翮(《易》)既就;与时龙(《易》)而共起,鸳雀焉知(《庄子》)"。其中"弋人何慕"出自《易经》,"阳鸟攸居"出自《尚书》,"羽翮"、"时龙"出自《易经》,"鸳雀焉知"出自《庄子》,此外如"迅羽"、"噰噰"、"炗炗"等实际都各有出处,李调元评上述句子"运成语如自己出","自然合拍,并忘其为成语也"②。也就是说,至少在天圣年间,律赋中用事已讲究与文章的浑融一体,不再是"广引故实,而不思述事不畅"的情况了。

而在用事之精确、灵活上,皇祐、嘉祐年间的律赋已经很讲究了。前文论嘉祐太学体时,所引吴处厚以"萧规"对"汉约"、"次骨"对"吹毛"已经显示了律赋用事深密精确的程度。至于用事的灵活,秦观论赋中用事之"譬如以金为器,一则无缝而甚陋,一则有缝

---

① 吴处厚《青箱杂记》卷十。
② 李调元《赋话》卷五。

而甚佳，然则与其无缝而陋，不若有缝而佳也。有缝而佳，且犹贵之，无缝而佳，则可知矣。"①其用事方法与《艺苑雌黄》所载之"文人用故事，有直用其事者，有反其意而用之者"不谋而合。秦观之论赋语实际是其熙宁前后用心于律赋的甘苦之谈，从理论的自觉来看，应该远早于严有翼两宋之交所作的归纳。

严羽论宋诗之有云："近代诸公乃作奇特解会，遂以文字为诗，以才学为诗，以议论为诗。夫岂不工，终非古人之诗也，盖于一唱三叹之音，有所歉焉。且其作多务使事，不问兴致，用字必有来历，押韵必有出处。读之反复终篇，不知着到何在。"②严羽所指宋诗之"多务使事"、"用字必有来历，押韵必有出处"，正是宋律赋的写作规范。"用字必有来历"就是指前文所举文彦博赋之"羽翮"、"时龙"、"迅羽"、"嗈嗈"、"炭炭"等词在经、史、子、集中都可以找到出处，律赋写作很讲究这一点。而"押韵必有出处"是律赋写作的基本常识，就是对题目所限的八个韵字，在押每一个韵字的时候，必须要用事。秦观称："赋中工夫不厌子细，先寻事以押官韵。"郑起潜谓："欲压韵有力，须有来处，能赋者就韵生句，不能者就句牵韵。如《圣人被褐怀玉赋》短句云：'宝蓄忠信，丽藏道德。'如《文德王之利器》长句云：'人兵不战也，孰非屈尧、舜之化；技击虽锐也，不足敌汤、武之义。'如《合义天下大戒》联云：'虽扼（阙字）庭，终伏苏君之节；傥逢畏道，愿回王氏之车。'如《圣人以百姓心为心赋》第八韵结句云：'推是心以往，又将以万物之心为心，暨鸟兽鱼鳖之咸若。'如此压韵，不可移动，真可法也。"③其所举数例中，"德"、"义"、"车"、"若"都是官韵，所以押这些字的时候都用了典故。又《声律关键》论破题有"挑转题字押官韵"，其示例为《上圣垂仁义之统

---

①　李廌《师友谈记》。
②　严羽《沧浪诗话》。
③　郑起潜《声律关键》，《续修四库全书》本。

赋》:"上圣继作,化被华夷之远;宏纲独持,统由仁义之垂。"①将"垂"字调整到句末官韵,由于宋代律赋命题皆有出处,因此这种押韵法肯定是最妥当的,可以百分之百地做到"押韵有出处"。即此可知,宋诗之"以才学为诗"特点的成因离不开律赋的影响。

### (三) 时文矜胜与宋代诗文之奇巧风格

周裕锴论宋代唱和诗从"和意"转向"和韵",将欧阳修嘉祐二年任省试知举官时与王珪、梅圣俞等往复唱和视作风气转关,这一事件的象征意义还在于,试官所作之长篇众制中用险韵的行为,隐含着炫示技法的潜在意识。欧阳修对此次唱和活动作了如下记录:

> 嘉祐二年,余与端明韩子华、翰长王禹玉、侍读范景仁、龙图梅公仪同知礼部贡举,辟梅圣俞为小试官,凡锁院五十日,六人者相与唱和,为古律歌诗一百七十余篇,集为三卷。禹玉,余为校理时武成王庙所解进士也,至此新科翰林,与余同院,又同知贡举,故禹玉赠余云:"十五年前出门下,最荣今日预东堂。"余答云"昔时叨入武成宫,曾看挥毫气吐虹。梦寐闲思十年事,笑谈今此一樽同。喜君新赐黄金带,顾我宜为白发翁"也。天圣中,余举进士,国学、南省皆忝第一人荐名,其后景仁相继亦然,故景仁赠余云"澹墨题名第一人,孤生何幸继前尘"也。圣俞自天圣中与余为诗友,余尝赠以《蟠桃诗》,有韩孟之戏,故至此。梅赠余云:"犹喜共量天下士,亦胜东野亦胜韩。"而子华笔力豪赡,公仪文思温雅而敏捷,皆勍敌也。前此为南省试官者多窘束条制,不少放怀,余六人者欢然相得,

---

① 郑起潜《声律关键》,《续修四库全书》本。

群居终日,长篇险韵,众制交作。笔吏疲于写录,僮史奔走往
来,间以滑稽嘲谑,形于风刺,更相酬酢,往往哄堂绝倒。自谓
一时盛事,前此未之有也。①

六人在一个月左右的评卷时间里,共作了一百七十余首诗,平均每
人作了近三十首,几乎一天一首。欧阳修还说明了唱和诗中的某
些诗句的事典背景,如王珪是其庆历二年担任别试所考官时所取
进士,范镇与欧阳修先后为国学、南省的第一名。值得注意的是,
欧阳修把此数人称作"勍敌",其唱和背后的矜胜心理昭然若揭。
欧公自谓"一时盛事,前此未之有也",足见其在这种高手过招的诗
艺游戏中所感受到的快乐。观其唱和所作,"长篇险韵,众制交
作",则其矜胜的方式除险韵外,还有长篇与众制,兼擅众体与能为
长篇大制亦是唱和中矜胜的方式之一。联系唱和诸人每天所从事
的阅卷工作,我们有理由相信,举子科场较艺的争奇斗胜对欧、王
诸公的唱和有一种潜在的催化作用。

事实上,宋代的科举考试是宋人矜胜心理最大的推动力,随着
宋代科举制度的完善和取士规模的扩大,以及进士中举后快速上
升的仕途前景,宋人应科举考试的人数大幅提升。要在数以万计
的应试者中脱颖而出,必须得出奇制胜,正如林希逸论进士赋所
云:"谓之正者,人固知之,时出之奇,多有流辈思索所未及,譬犹孙
膑之减灶削木,淮阴之背水囊沙,初不在堂堂之阵,正正之旗,自可
扼敌吭而破敌胆也。"②在众多类同一律的作品中,如能有流辈思
索未及的内容,则必能决胜千里。故应举者往往有文不惊人死不
休的追求,楼钥的好友张武子自谓其文:"吾宁僻无俗,宁怪无

① 欧阳修《归田录》卷下。
② 林希逸《竹溪鬳斋十一稿续集》卷十二《李君瑞奇正赋格序》。

凡。"①其矜胜之心可谓坚矣。陈亮作论,朱熹拜读后谓:"新论奇伟不常,真所创见,惊魂未定,未敢遽下语。"②尽管朱熹之言未必皆为褒语,但也说明应举文章求奇求巧是一大特色。科场中的"西昆体"也是才学矜胜的体现,其炫博学,广引故事,以致出现述事不畅的情况,正是这种矜胜心理的驱动,而宋初以来科场重学则为这种矜胜行为规定了方向。正如前文论"乾淳体"之奇而不怪所言,时文追求新奇乃是拔萃中科之动力驱使下的必然选择,其表现可分为内容上的自立新意、创为新说和形式上的因难见巧、追求险怪。而长期的时文训练会使创作者形成一种求异心态,尤其是在赋诗作文上,时文的写作心态很难去除。苏轼有"敢将诗律斗深严"之说,而黄庭坚虽不自炫尖新,但其在作诗押险韵方面却是真正的高手。王安石亦喜押险韵,可谓"拗相公"的本色也。费衮论作诗押韵云:"作诗押韵是一奇,荆公、东坡、鲁直押韵最工。"③王安石不仅好押险韵,而且喜作翻案文章,如其咏王昭君诗,一反前人陈说,自立新意。王义山《和清江韩伯善》谓:"理学一门要精密,时文大病在尖新。"④将尖新视为时文一病,而苏辙却谓"更寻诗句斗尖新",在苏辙看来,尖新非但不是病,而且是诗艺之极致。古文创作亦复如此,欧阳修倡导"为道虽同,言语文章,未尝相似"⑤,苏轼作文命意"必超然独立于众人之上"⑥。

　　当然,也应该看到,时文由于有严格的形式规则的限制,所以在形式的发展、创新方面,于南宋逐渐走入仄境,已不再是诗、文、词所借鉴的对象,反而受到鄙弃。以律赋为例,《贡举条式》规定,

---

① 楼钥《攻媿集》卷七十《书张武子诗集后》。
② 朱熹《晦庵集》卷三十六《与陈同甫》。
③ 费衮《梁溪漫志》卷七《作诗押韵》。
④ 王义山《稼村类稿》卷三《和清江韩伯善》。
⑤ 欧阳修《文忠集》卷六十九《与乐秀才第一书》。
⑥ 魏庆之《诗人玉屑》卷六。

"诗赋不对"、"诗赋属对偏枯"①当为一抹。这就使得律赋的对仗只能在工整圆熟的方向上努力，不能如宋诗一样，超越工对，化切对为宽对，以"不工"之对化"稳顺"为"奇特"，甚至对"偏枯对"也表示了相当的理解和赞赏②。在声律方面更是如此，《贡举条式》规定："诗赋不压官韵"、"诗赋落韵"、"诗赋失平仄"、"赋协韵、正韵重迭"都属不考式，无论内容如何可取也是必黜无疑的。但是这些声律规则制定的原则是基于"协调"律的，然而长时间的谐律会造成审美疲劳。律赋对此无能为力，而宋诗却以造拗律、拗句、拗字来纠正诗歌声律圆熟化的趋向，以获得一种句不弱、语不俗的效果③。

绝大多数宋代文士在少年时期都有研习时文的经历，时文重学识、重议论、重形式技巧的特点，已深深融入个人的思维和写作习惯当中，并在日后的诗文创作中显现出来。同时，时文所祖述的主题不出经、史、子、时事范畴，这也从主题上为宋代诗文划出了边界。杨万里《周子益训蒙省题诗序》云：

> 唐人未有不能诗者，能之矣，亦未有不工者，至李杜极矣，后有作者蔑以加矣。而晚唐诸子，虽乏二子之雄浑，然好色而不淫，怨诽而不乱，犹有《国风》、《小雅》之遗音。无他，专门以诗赋取士而已，诗又其专门者也，故夫人而能工之也。自《日五色》之题，一变而为《天地为炉》，再变而为《尧舜性仁》，于是始无赋矣。自《春草碧色》之题，一变而为《四夷来王》，再变而为《为政以德》，于是始无诗矣。非无诗也，无题也。吾倩陈履常示予以其友周子益《训蒙》之编，属联切而不束，词气肆而不

---

① 丁度等《附释文互注礼部韵略》附《贡举条式》。
② 周裕锴《宋代诗学通论》，上海古籍出版社，2006 年，第 477—486 页。
③ 同上书，第 527—534 页。

荡，婉而壮，丽而不浮，骎骎乎晚唐之味。盖以诗人之情性，而寓之举子之刀尺者欤。①

杨万里所主唐诗之盛源于诗赋取士之说虽非的论，但谓宋诗之问题在于"无题"，可谓灼见。诗者发乎性情也，而晚唐以来，进士考试诗赋所用之题渐渐局于经史，诗赋遂变成经论、史论之有韵者。此亦刘克庄所谓有宋三百年间之诗，皆"经义策论之有韵者"之说所指。宋代进士教育为士人划定了经、史、时务的学习范围，从小思考的、练习的都是与这些主题相关的内容，这必然会给将来的写作带来视野上的限制。王水照先生指出"宋代文学具有强烈的政治性格"②，这种政治性格不仅是宋代士人政治地位提升的表现，也是宋代文学主题局限性的表现。如果说北宋欧、苏、黄还有些游戏翰墨的精神，那么，到叶適的时代，便已声称不作无用之文，把文视为政治教化的附庸，其为文的精神与旨趣实与时文无异。

因此，可以说时文无论在形式上，还是内容上，都可谓为宋代诗、文、词之厚重底色。然而由于时文作为考试程文的种种形式束缚，使得它失去了新变的能力，因此受益于时文的宋诗、文、词都超越了时文本身。但我们细心寻绎，总可以找到诗、文、词中的时文的身影。

---

① 杨万里《诚斋集》卷八十四《周子益训蒙省题诗序》。
② 王水照《王水照自选集》，上海教育出版社，2000年，第16页。

# 第七章　程文互通与"破体为文"

"破体为文"是中国古代文学,尤其是近古文学发展史中的一个突出现象,围绕"破体为文"的是非功过,至今仍存在许多的争论。可以说"破体为文"现象几乎是伴随着辨体、尊体观念的发生而发生的,刘孝绰序《昭明太子集》指出:"孟坚之颂,尚有似赞之讥;士衡之碑,犹闻类赋之贬。"①辨体观念的出现正是针对某些破体现象而来的,因此,在魏晋至唐的数百年间,虽然有张融这样敢于宣称"夫文岂有常体,但以有体为常"的作者,但毕竟是极个别者。及至中晚唐,韩愈、柳宗元开"以文为诗"之先河,嗣后的宋代遂成为了"破体为文"的井喷期,各种破体现象层出不穷,诗、文、词之间的互通、出位、融合轰轰烈烈上演,"破体为文"成为了宋代文学的一大特色。当然,在某些时候这也被视为宋代文学的一大弊病。对于为何"破体为文"会在宋代表现得如此突出,吴承学先生解释为:"传统的文体在宋代以前,大都已发展到登峰造极的地步,宋人只能另辟蹊径,方可超越前人的樊篱。他们的破体为文,开拓了文体的表现对象与表现方法,带来了'陌生化'的美学效果,为文体注入新的活力。"②这种说法是清代蒋士铨《辩诗》谓"唐宋皆伟人,各成一代诗。宋人生唐后,开辟真难为"之说的延伸。然细思

---

① 《全上古三代秦汉三国六朝文·全梁文》卷六十。
② 吴承学《辨体与破体》,《文学评论》1991 年第 4 期,第 63 页。

之，不难发现，文学并非一个自主的、仿佛具有进取人格的主体，文学的发展受到诸多因素的制约和影响，文学风貌之呈现绝不是"文学"自主表现的结果。因此，笔者更愿意从宋代文学所处的时代语境中去发现"破体为文"现象如此突出的原因，哪怕只触及冰山一角。

关于破体为文现象产生的条件，刘路、朱玲认为："破体正是在文体自身、社会诸因素、创作主体的合力作用下不断进行的。"①诚哉斯言，然笔者以为，在这三方面因素中，社会因素和创作主体的契合又尤为重要，而创作主体并非独立于社会因素之外的存在，而是被社会因素影响和造就的一个要素，由此，更进一步讲社会因素当是三者中最核心的影响力。当然，要分析"破体为文"之社会因素，乃是一个庞大的命题，而本书能够做的就是提供社会影响因素之一——科举考试，尤其是进士科考试对于宋代"破体为文"现象的影响。为了说明这种影响的存在，笔者拟先从科举文体中广泛存在的"破体"现象谈起。

## 一、科场中的"程文互通"现象

宋代进士考试科目各个时期有所不同，主要的有诗、赋、策、论、经义五科，宋神宗熙宁以前主要以诗赋论策取士；神宗至北宋末，其间除元祐短暂恢复诗赋取士以外，基本上执行的是经义策论取士；南宋时期，进士分为诗赋进士与经义进士，诗赋进士考诗赋策论，经义进士考经义策论。在此政策背景下，科场文章的"破体"首先表现为科场文体如诗赋、论策、经义之间的破用。

科场文体之经义、诗、赋、策、论在不同时期，其地位有所不同，在某一时期占据主导地位、据之以去取的科目，往往对其他考试科

————————

① 刘路、朱玲《关于破体为文》，《陕西师范大学学报》1998 年第 2 期，第 118 页。

目形成强大辐射性影响,使得其他科目产生与主导科目趋同的情况。以南宋杜范所陈述的淳祐元年科场文章情况为例:

> 数十年来,体格浸失,愈变愈差,越至于今,其弊益甚。六经义不据经旨,肆为凿说,其破语牵合字面之对偶,弗顾题意之有无,终篇往往掇拾陈言,缀缉短句,体致卑陋,习以为工。至有结语巧傍时事,图贡诶言,如吾身亲见,此策语也,用之于论,已失其体,今乃于经义言之。辞赋句法冗长,骈俪失体,题外添意,体贴不工,至有第七韵不问是何题目,皆用时事,有如策语,今又于第六韵见之。或原题起句便说时事,甚者终篇竟以时事命意,此皆习为诶言者也。论则语不治择,文无斡旋,粗率成篇,殊乏体制。策则誊写套类,虚驾冗辞,装饰偶句,绝类俳语。至有效歌颂体,四字协韵,用以结尾,甚有用之成篇者。此何等程度之文,兼三场多是雷同一律,炫惑有司,尤为场屋之弊,去取之间,祇见才难,若不示以正体,转移陋习,安得复还典雅之旧。①

南宋中后期,科场重策,淳祐年间,科场策在进士去取中尤为重要,加上策以时务发问,易于成文,导致了策之体制特征在科场的泛滥。如引文所述,科场经义"至有结语巧傍时事,图贡诶言,如吾身亲见"之类,已明显带有了策的意味,而赋的情况则更甚,"至有第七韵不问是何题目,皆用时事,有如策语,今又于第六韵见之。或原题起句便说时事,甚者终篇竟以时事命意",可以说这种写法几乎颠覆了赋体在内容上的规范。而论则早已为策所"侵",所以杜范有云"此策语也,用之于论,已失其体,今乃于经义言之",是知论用策法为之早就不是什么新鲜事了。这样科场本来有所区别的

①  杜范《清献集》卷十一《辛丑知贡举竣事与同知贡举钱侍郎曹侍郎上殿札子》。

经义、诗、赋、论、策，变成了"三场多是雷同一律"。当然，本书选南宋后期的科场现象为例，并非说明科场文体间的互通现象始于南宋，而是仅就其典型性而言。事实上，程文互通现象在两宋科场普遍存在，下文将论及的许多事例，如苏轼以策论手法作为律赋、北宋末科场经义类赋的现象、南宋乾淳律赋以策论手法为之等，都可说明这一点。

虽然科场衡文有较为固定的形式标准，所谓"考较升黜，悉有程序"是也，但是形式的规范，并没有禁绝各体文在内容上的互相借鉴与流通。杜范所陈之情况，主要表现为科场文体之间在内容上的互通。"以文取士"依循的是"叩诸外而质其中之蕴者"的逻辑，"考其经以观其学，考其论以观其识，策之世务以观其才"，标明了程试各科目在考察人才中的不同作用。然而这并没有阻止在某一时期，应试者某一方面的能力成为考察重点，朝廷的政策和主考官的趋向都可能成为左右考察重点的力量。而且很显然，尽管学识很重要，但对于朝廷来说，取士最终还得敷于用，因此执政能力最为关键，能直接体现执政能力的是策这一科目，所以有时会出现三场雷同，尽为策文的情况。

此外，在杜范所述的科场文体违矩的情形中，尚有形式方面的因素，如"破语牵合字面之对偶，弗顾题意之有无"，"辞赋句法冗长，骈俪失体，题外添意，体贴不工"，"装饰偶句，绝类俳语。至有效歌颂体，四字协韵，用以结尾，甚有用之成篇者"之类。其中策以俳体行文，四字协韵，效歌颂体者，反映的是科场文体在形式上向其他文体取资的情况，侧面反映了淳祐时期士气不伸，谀言风行的社会风气。

## 二、科场文体与其他文体的融通

科场文体向其他文类借鉴、取资的情况较之科场文体内部的

互通更为常见,更为频繁,其所显示的科场与社会风气及文学风气
的互动影响也更为明显。北宋前中期,科场以律赋为去取最关键
的科目,因此律赋的创变在此期最为活跃。宋祁与其兄宋庠皆擅
赋,其试馆职时所试之《琬圭赋》,时翰盛度赞曰:"此文有作用,有
劝戒,虽名为赋,实若诏诰词也。"①以赋似诏诰誉之,显示了翰苑
馆阁的审美趣味主导科场,律赋主动学习诏诰之体制、意蕴,此正
王铚所论"至二宋兄弟,始以雄才奥学,一变山川草木、人情物态,
归于礼乐刑政、典章文物,发为朝廷气象,其规模闳达深远矣"②的
生动例证。而盛度对于律赋突破文体边界行为的赞扬,则进一步
助长了律赋在破体上的"兴趣"。宋祁试馆职于仁宗明道元年
(1032年),而就在五年前(天圣五年,1027年),丁忧于家的范仲淹
编集了《赋林衡鉴》一书,并在该书序中首次明确了律赋"规戒人
事"的功能,显示了北宋律赋由宋初的学唐走向自成一体的转折。
如果说宋祁律赋向诏诰风格的靠拢在实践上示范了程文向其他文
体破用的可行性,那么范仲淹的《赋林衡鉴序》则在理论上肯定了
科场律赋破体的合理性。

　　擅长"破体为文"者,论者常提及的有范仲淹之以传奇为记、欧
阳修之以赋为记及苏轼之以文为词、以诗为词、以文为赋等,而上
述诸人在科举文体写作中的"破体为文"尚未被触及。清代学者李
调元对于欧阳修、苏轼之律赋微有疵议,其云:"宋欧阳修《畏天者
保其国赋》虽前人推许,然终是制诰体,未敢为法。"③又谓:"欧公
佳处乃似笺表中语,难免陈无己以古为俳之诮。"④从诏诰到笺表,
欧阳修律赋风格的变化显示了律赋由礼乐刑政、典章文物等显示

---

① 龚鼎臣《东原录》。
② 王铚《四六话序》。
③ 李调元《赋话》,《续修四库全书》,第 1715 册,第 667 页。
④ 同上书,第 665 页。

"朝廷气象"的内容向以赋为谏、议论时事的转变。正如笔者在关于"太学新体"问题的讨论中所指出的,欧阳修在庆历二年写作《拟应天以实不以文赋》,而且上表称"赋者,规谏之文也"①,在理论上重申和突出了范仲淹所界定的律赋之"规戒人事"的功能。欧阳修自言其赋"但直言当今要务"②,明确将策的题材移植到律赋当中。在庆历前后,政治改革山雨欲来之时,士人主体精神高扬,对政事的关注与议论也空前热烈,在这种情况下,律赋进而由诏诰之光明正大发展为笺表之直率犀利。此后,以律赋议论时事的功能被苏轼等进一步发扬,苏轼律赋"以策论手段施之帖括,纵横排奡,仍以议论胜人"③,朱长文在元祐时期的律赋被李调元评为:"寓议论于排偶之中,亦是坡公一派。"④将讽议精神和议论手法融入律赋当中,使律赋获得了与现实政治密切关联的机缘,苏轼在元祐时期所作的诸篇律赋可以视为这种破体的集中尝试。需要指出的是,这种议论手法的掺入实际是与古文对律赋的改造同时进行的,因此,以苏轼律赋为典型的元祐赋代表了古文的载道精神之内容与随言短长的外在形式在律赋中的双重施用,这种以散运骈且长于议论的赋体被南宋人继续推崇并加以改造,形成了"乾淳体"律赋。如果说,文与赋之间的互通属"近亲"融合,那龚鼎臣对于李巽《土鼓赋》的评价则逸出了文学内部的互通,搭起了文学与哲学、注疏之学互通的桥梁,他说:"赋亦文章,虽号巧丽,苟适其理,则与传注何异?"⑤尽管龚鼎臣是就文章功能的角度立论,但究其思维逻辑,则赋亦可以传注之体行文,为阐释儒家经典服务。龚氏之论显示了经学地位日益提高的情况下,赋体转而向其趋附的动向。然而,这

---

① 欧阳修《欧阳修全集》卷七十四。
② 欧阳修《文忠集》卷七十四《进拟御试应天以实不以文赋并引状》。
③ 李调元《赋话》,《续修四库全书》第 1715 册,第 668 页。
④ 同上。
⑤ 龚鼎臣《东原录》。

种趋附还未全面展开,经学已经不满于赋之丽淫,转而以文的体式来表现经学内容,经义因之成为科场主导。然而经义之推行至徽宗朝,不仅华叶波澜,长篇累牍,其作法则更令人意外,韩驹尝谓幼时学作经义时文:"乡先生曰:'童子记之,大略如为赋而无声韵耳。'"①经义与律赋最终只落得有韵无韵之异,在感叹乡先生之迂陋外,更可知宋代进士科目之间文体互用的程度之深。

从宋代律赋通过破体不断向他种文体借鉴的简单勾勒中可以看出,尽管科场文章有严明的程序规范,但它们似乎仍然可以较为自由地从内容和形式等不同角度向其他文体学习,表现出适应时代风气与文风嬗变的巨大灵活性。而且,由于科举衡文在评价上对破体的肯定和鼓励,科举文体中"破体"的可能被极大拓展。此外,科举文体向其他文类的侵袭力度也相当惊人。刘克庄云:"入宋则文人多,诗人少,三百年间,虽人各有集,集各有诗,诗各自为体,或尚理致,或负材力,或逞辨博,少者千篇,多至万首,要皆经义、策论之有韵者尔,非诗也。自二三巨儒,十数大作家,俱未免此病。"②刘克庄此论虽不免过苛,但也指出了科场文体对于诗歌等文学种类的影响之深。

## 三、科场重心的迁转与"破体为文"风气的转变

离开科举这个场域,文学领域中的"破体为文"似乎仍与科场有千丝万缕的联系。以宋初的"破体为文"现象来看,无论是范、欧的以赋为记,还是柳永的以赋为词,"赋"之手法向其他文体的扩张多少反映了此时赋占据科场主导地位的情况。细考范仲淹、欧阳修及柳永对"赋"手法的运用,均表现为对事物情状的生动描绘,是

---

① 杨士奇《历代名臣奏议》卷一百十五。
② 刘埙《隐居通议》卷十"后村论诗有理"条。

"赋"之铺陈传统的发扬。王铚总结唐末以来律赋的特点时指出：
"逮至晚唐，薛逢、宋言及吴融出于场屋，然后曲尽其妙，然但山川
草木、雪风花月，或以古之故实为景题，赋于人物情态为无余地，若
夫礼乐刑政、典章文物之体，略未备也。"①律赋体物之妙自晚唐以
来已发展至极致，这一方面表现为对物象的描绘，如山川草木、雪
风花月的描写；另一方面为"以古之故实为景题"，把历史事件作形
象化陈述，着重于表现人物情态。这种"故事陈述型"的律赋写作
手法，极尽铺陈描绘之能事，似借鉴自传奇，王铚称"赋于人物情态
为无余地"，此中已透露出唐传奇之手法对于律赋的渗透，或可称
为律赋中的"传奇"一体。尹洙、欧阳修等不约而同地称范仲淹《岳
阳楼记》为"传奇体"②、"词气近小说家"③，对此陈振孙表示了不同
意见，他说："文体随时，要之理胜为贵，岂可与传奇同日语哉！盖
一时戏笑之谈耳。"④曾枣庄先生对此也颇为不解，认为："与其说
范仲淹的《岳阳楼记》似传奇小说，还不如说曾巩的《秃秃记》、苏轼
的《子姑神记》、《天篆记》、晁补之的《睡乡记》更像传奇小说。"⑤
《岳阳楼记》似"传奇"的说法，如果脱离了当时的语境确实是不好
理解。但如果结合晚唐律赋以古之故实为景题，引"传奇"手法来
表现人物情态，并遵从律赋形式规则之"对语"，就出现了尹洙所谓
"以对语说时景"，类似于律赋中的"传奇体"。如果再结合宋初以
来律赋之巧构形似之言，极尽铺陈排比之能事的特征，则范仲淹
"传奇体"之运用，其由律赋引之入记体文的轨迹便十分清晰了。
而明代孙绪则从内容角度辨析《岳阳楼记》之师法对象为吕温之
《三堂记》，其谓："范文正公《岳阳楼记》，或谓其用赋体，殆未深考

---

① 王铚《四六话序》。
② 陈师道《后山集》卷二十三。
③ 方苞《方苞集》。
④ 陈振孙《直斋书录解题》卷十一。
⑤ 曾枣庄《论宋人破体为记》，《中国典籍与文化》，2007 年第 2 期。

耳。此是学吕温《三堂记》体制，如出一轴。"①笔者不拟辨析孙绪
所论是否恰当，但孙氏指出"或谓其用赋体"则表明人们对《岳阳楼
记》借镜赋体有明确的感受，而其四六相对的句式，则更易让人联
想到律赋之句法。

　　再看同样作于庆历六年的欧阳修《醉翁亭记》，宋祁、张表臣、
秦观、陈鹄、方苞等都曾指出其文类赋，尤其是宋祁，他读了数遍之
后说："只目为《醉翁亭赋》，有何不可？"②须知宋祁是极享场屋赋
声的人，深知赋体体制、韵味，因此，其数读之后的感受可以说非常
精准，道出了欧阳修创为此记的底蕴何在。欧阳修在文体探索方
面极有胆识和魄力，在此前的庆历二年，时任集贤校理的欧阳修以
该年的殿试赋题，作《拟应天以实不以文赋》，大胆以散句入律赋，
且以时事行文，改变了律赋只是祖述儒家经典，对现实无所关涉的
传统，李调元视其体为笺表。而庆历中，科举改革，欧阳修、宋祁上
奏，主张律赋学元白体，打破体式上的过度拘束。因此，如果说《拟
应天以实不以文赋》是欧阳修对律赋体式的大胆改造，那么《醉翁
亭记》则从文的角度打通了文、赋关系，并且对苏轼的文赋创作有
一定影响。苏轼之《灵璧张氏园记》，何寄澎先生认为其"以作赋之
法为之"③。由于北宋前中期，律赋在科举考试中具有决定去取的
重要地位，赋的文体特征向其他文类扩张的现象就表现得极为
突出。

　　与科场文风散文化、议论化的倾向相伴随的是，北宋中期，文
章破体现象中，"议论"这一表达方式显得特别活跃。诗赋在科举
中的地位因王安石"变进士为经生"之取士思想而衰落，尽管元祐
中苏轼为诗赋取士张目，但经尊赋卑的思想已然稳固。此后，南宋

① 孙绪《沙溪集》卷十四。
② 朱弁《曲洧旧闻》卷三。
③ 何寄澎《北宋的古文运动》，第180页。

虽行经义、诗赋兼将之制,但诗赋进士受追捧的风光已不复存在。伴随着科场诗赋的衰落,策论由于其形式为随言短长的散体,且便于表现经国治政的内容而受到推崇。宋仁宗初年,有鉴于诗赋独尊的局面,朝廷下旨参考策论取士,刘筠、范仲淹、欧阳修等是这种倾向的拥护者,而苏轼则是这种取士新趋向的受益者。嘉祐二年,苏轼应举,因赋落韵,已入不考之列,但因其《刑赏忠厚之至论》雄俊,议论似孟子而受到梅尧臣的偏爱,破例擢拔。而苏轼绝处逢生的及第经历,在当时即传为佳话,这种示范意义似乎与嘉祐二年刘几因文词怪僻被黜一起,构成了古文写作发展的正反例证,推动了古文运动的深化。而叶梦得记录苏轼及第轶事时又谓:"苏子瞻自在场屋,笔力豪骋,不能屈折于作赋。"①苏轼虽短于赋却长于文的特点,恰好适应了北宋中期科场重心由赋而文的转换。而苏轼在早年奠定的善于议论的功底,在其一生的文学创作中都成为一种突出的特质,在论体文中得到了突出的发挥,为南宋人所推尊。苏轼之"论"还作为开疆拓土的武器,在"破体为文"中取得了骄人的战绩。严羽谓宋诗:"至东坡、山谷始自出己意以为诗,唐人之风变矣。"②"以议论为诗"是苏诗的突出特点,因论者多已说明,此处从略。在古文内部,苏轼更是肆意打通,以论为记、以论为赋,纵横上下,无所不用。其所作《醉白堂记》,王安石戏称:"文词虽极工,然不是《醉白堂记》,乃是《韩白优劣论耳》。"③传统上以记叙为主的记体文,在苏轼手中一变而为议论为主,故王安石有似论之讥。然而有趣的是,苏轼听闻王安石的点评后,反唇相讥谓:"不若介甫《处州学记》,乃学校策耳。"④据说,王安石"评文章先体制而后文

---

① 叶梦得《石林燕语》卷八。
② 严羽《沧浪诗话》。
③ 黄庭坚《山谷集》卷二十六《书王元之竹楼记后》。
④ 潘自牧《记纂渊海》卷五十七。

之工拙"①,然其《处州学记》全文几乎都在讨论学校的发展历程,确如苏轼所言,有乖记体,而如策文。同样善长议论的陈亮,其论自己的词作谓:"有长短句四卷,每一章就,辄自叹曰:平生经济之怀,略已陈矣。"用长短句表达建功立业的经济之怀,这是典型的内容题材之破体,承苏轼之以诗为词,变为以策为词。而其《水调歌头》(送章德茂大卿使虏)简直是一篇恢复策②。陈亮所处的淳熙、绍熙年间,科场重策,叶適、陈亮均以策闻名科场。陈亮将其在策文写作上的优势扩展至词作,不仅远绍苏轼,近学稼轩,更显示了科场写作习惯在文学书写中的影响。

## 四、从"程文互通"到"破体为文"的逻辑理路

事实上,程文互通不过是突出呈现于科场的"破体为文"现象,而其具体表现又可分为体格形式之破用与内容题材之破用。苏轼、王安石、陈亮等以论、策手法施之文学书写,展示了文章大手笔在文体开拓方面的大胆尝试,同时更见出科场文体固然有程序、主题方面的种种弊端,但当其脱离了科场衡文的束缚,便显示出极强的生命力。这种生命力表现为,一方面早年科场习作所练就的创作思维模式及表现手法的顽强存在,它总是会在不经意的时候表现出来,在某些语境下就成为了受人诟病的"科场习气";另一方面,科场文章的功底为宋代诗文新变代雄提供了技术手段、思维法则和前期准备,事实上,科场文章内部的互通互用早就为日后文学创作的破体出位奠定了基础、做出了示范。

而就文学与其他学科之间的互通而言,张高评先生《宋诗的新

---

① 黄庭坚《山谷集》卷二十六《书王元之竹楼记后》。
② 虞云国《唐宋变革视阈中文学艺术的新走向》,http://economy.guoxue.com/?p=3295。

变与代雄》"把'出位之思'从诗中有画、画中有诗推广到交通理学、借镜经史、以老庄入诗、以仙道喻诗、诗禅交融、以戏剧喻诗、以书道喻诗、以文为诗、以赋为诗、以诗为词、以文为词、以文为赋、以禅入诗等诸多方面"①。其中,宋诗与理学、经史、老庄、仙道、戏剧、书道之交融,体现了宋诗打通学科界限的出位之思。事实上,宋文更具有上述打通各领域的特点。这种学科之间的互通是在宋人进士考试中就已练就的。首先,进士考试的命题就是一个"交叉研究课题"。以律赋题为例,宋代进士考试自真宗朝开始,除极个别情况以时事命题外,均要求从经、子、史中出题。如《清明象天赋》,其"清明象天"题出《乐记》,原文为:"清明象天,广大象地,终始象四时,周还象风雨。"②以这样一个儒家经典中的文句命题作赋,其要求即是在通晓经文原意的基础上进行敷陈论说,文章写作成为了一个儒学观念的文学传译过程。因此,要说诗与理学、经史的交通,科场诗赋早就为这样的跨越做出了示范。同样的,论题多出经、子,策题多出史、时事,经义更勿论矣,所有的进士考试科目进行的均是不同学科之间的交叉。这种始自幼年且根深蒂固的科场功力,即使主观上想要抑制它的表现亦非易事,何况在北宋防范"科场习气"意识未浓的时期,科场功底更是成为破体的推动因素之一。南宋中后期,文人多有意识遮蔽"科场习气"的蔓延,然其主要作用也仅限于形式层面,而内容层面的底子则无法去除,否则不会出现如刘克庄所论之三百年之诗为经义、策、论之有韵者的情况。其次,从进士衡文的价值取向来看,其中也蕴含着鼓励文体、学科互通的倾向。如前文所述,宋祁创造性地将诏诰之体制内容移用于律赋创作受而到翰林学士盛度的褒赞,其对应试者的暗示作用是可想而知的。虽然进士设科,考其赋以观其志,考其经以观

---

① 周裕锴《整合融会破体出位》,《文学遗产》1997 年第 4 期,第 115 页。
② 《周礼集说》卷一。

其学,考其论以观其识,考其策以观其才,但实际上志向、学识、才能并不能截然分开,所以无论考诗赋,还是经义、论策,其最终目标就是观才识,这种取士倾向的一致性即是科场文章破体互用的内在依据。

如果再从宋代"破体现象"与科场文体的对应中来看,这种关系似乎更为明显。曾枣庄先生指出,宋代记体文中存在着以传奇为记、以赋为记、以策为记、以论为记的破体现象。其中"以传奇为记",本文已有辩证,"传奇体"乃律赋写作之一格,其实质即为"以赋为记"之别说。事实上,宋代记体文几乎尝试过与所有进士科考试科目的互通交融,而且这些典型的破体之文在时序上竟然也与科场文体地位升降相契合,表现为先出现以赋为记,再出现以论为记、以策为记,这显然不是"巧合"能够说明的。这种打通,如前文所论,除了作为作者的创造力和魄力的表现外,更是有宋一代文士难以回避的科场训练功底在文学创作中的必然显现。唯有认识到科举对于文学的这一层面的影响,我们才能更好地解释宋代文学新变代雄背后的潜能量。

科场用书,尤其是其中的指导科场文章写作的格诀类书籍,实是宋代文章学的先声,其对文章体格、表现手法的条分缕析,在理论层面为宋代文体互通创造了条件。以律赋与经义为例,律赋由于有八韵的要求,渐而发展出文章的八段论,而经义虽无律赋之对仗、押韵之要求,但同样是题出于经,且从考校目标来讲,均是要见出作者的学识。因此,二者之间很快便形成借鉴,经义发展出六段、八段之体,并渐渐凝固为程序规范。而同时,经义与律赋又统一在"以文取士"的大前提之下,因此经义也顺理成章地借鉴律赋之骈俪藻饰,钱大昕谓:"宋熙宁中,以经义取士,虽变五七言之体,而士大夫习于俳偶,文气虽疏畅,其两两相对,犹好故也。"①王安

---

① 钱大昕《十驾斋养新录》。

石亦有叹云："本意变进士为经生,不料经生变为进士。"而科场格诀中也不乏打通各体的思想,南宋欧阳起鸣论论体文的结尾有云:"论尾如第八韵赋相似,赋末韵多有警语,如俳优散场相似,前辈所谓打猛诨出,却打猛诨入。或先褒后贬,或先抑后扬,或短中求长,或众中拈一,或以冷语结,或以经句结,但末稍文字最嫌软弱,更须百丈竿头复进一步。"①他将论尾与律赋之第八韵相提并论,指出末尾须有力,要百丈竿头更进一步。此论不仅指出论与律赋在结构上的相似,而且以戏剧为喻,指出文末当如俳优散场。这种文体结构的类同思维,在解构文章步骤的基础上,打通了科场内外各文体之间的关节,为文体之间的互通破体扫清了障碍,宜乎科场中出现"三场多是雷同一律"的现象。

## 五、结论:兼及宋代科举与文学的关系

综上所述,宋代"破体为文"风气的发端与流行首先来自于科场,由于命题方式及评价标准的类同,科场程文之间的破用在整个宋代都普遍存在。而不同时期,根据科场占据主导地位的文体的不同,程文之间的互通又有不同的趋向和表现,如北宋前中期主要是其他诸体对赋体的袭用,而北宋中后期及南宋则表现为论、策等被广泛借用。值得注意的是,科场程文互通的这种趋向变化与宋代文学风气的迁转节奏一致,表现为北宋前中期诗文中赋体特征的漫延,如范仲淹、欧阳修的以赋为文、柳永等的以赋为词等;北宋中后期,论体的地位上升,议论的手法被广泛运用,表现为苏轼的以论为赋、以论为记等;及至南宋中后期,策体独尊,表现于文学便是陈亮的以词表达"平生经济之怀",政治谋略一陈于词体之中。考察此二者之间的一致性,可以发现这并非偶然。宋代的破体为

---

① 魏天应编选、林子长笺解《论学绳尺·论诀》。

文现象,无论是内容之破如苏轼之以诗为词,还是形式之破如柳永、周邦彦之以赋为词,都可以从科场训练所造就的功底与科场文体间的互通里找到依据。

科举取士塑造了有宋一代士人的文化性格,文学作为文化之一隅,毫无例外地受此笼罩。首先,科场命题出自经、子、史的一贯方式,加上举子为修辞之需广泛涉猎文学辞章,从根本上构成了宋代文士经史兼修、不废文辞的知识视野,从而规定了宋代文学表现的主题。其次,科场评卷所规定的重学识、重文才的衡文取向,也影响了宋代文学的审美标准,以宋诗为例,其"以文字为诗,以议论为诗,以才学为诗"特征的形成,正是此种审美标准的体现。其三,大量的程文写作所造就的创作思维定势与艺术手法也不会随着科考的结束而消失,而是会成为伴随学者一生的习惯,尽管南宋人对此有明确的规避意识,但科场习气还是时时显现于诗文写作之中,以致有宋三百余年的文士都无法褪去科场程文的影响。其四,宋代科场写作及评价中隐含了"尊古"与"求新奇"的价值观,一方面是程文题材对经、子、史等经典的追崇与祖述,科场崇古的现实需求使得一些传统的文学观念内涵都发生了转变,范仲淹《赋林衡鉴序》定义律赋之"缘情"体为"缘古人之意者谓之缘情",足见科场对经典的膜拜;另一方面科场拔萃的现实需求又迫使举子在立意、论证及艺术手法方面尽可能地推陈出新,这种"好古"与"好奇"的结合,成就了宋代文学中的诸多文学现象,宋代"古文运动"其实质即是"师古"与"创新"的辨证合一,"江西诗派"的"以故为新"、"夺胎换骨"也是追求一种古奥而新鲜的诗歌新境界,而宋代文学中的"檃栝"一体,其实质也是从旧诗文中挖掘新意境、新风味的文学游戏。

宋代科场风气与文风嬗变之间的同步与同构也许源自二者的相互作用,但从个体成长及诸多文学现象的先后关系来看,科场对于文学的影响是先决性的、根本性的,而文学对于科场的影响则是更具体的、个别的现象。以宋代"破体为文"现象观之,刘克庄痛陈三百年之诗,不啻为经义策论之有韵者,其所指论正是对于迷入其中、不知归路的破体现象的批评。而破体在两宋之所以绵延不绝,终成一代文学的"出位"现象,科举这一士人求学过程中的必经路和试验场是一个决定性的因素。

# 第八章　宋代古文在进士考试中的渗透发展

　　北宋古文运动不仅远绍韩、柳所开创的"文以明道"的古文传统，而且重新确立了"古文"的内涵，实现了古文精神上的"复古"与形式上的"平易畅达"的结合，"古文"真正成为了"今文"，成为了士人表情达意最主要的文体，成为了宋代文学最耀眼的成就之一。古文在宋代不仅一枝独秀，还蔓延、扩张至其他文体写作中，造就了以文字、才学、议论为之的宋诗，也造就了以文为之的宋词和以文为之的宋代文赋。然而，古文在宋代取得如此独尊的地位、独大的效应，除了宋代"佑文"的良好氛围外，更要归功于宋代一以贯之的"崇儒"国策。古文运动并不是单纯的文学运动，推动其跨代接续发展的是儒学的力量。韩愈提倡古文，目的在于恢复古代的儒学道统，将改革文风与复兴儒学视为相辅相成的运动。如果说，韩愈以古文的旗帜为号召，追求儒学复兴，那么，北宋则是举着恢复儒学的大旗，号召写作古文。同时，北宋古文写作能够彻底改变整个社会的书写传统，则有赖于科场这个最广泛、有效的宣传推广平台，苏轼曾云："夫科场之文，风俗所系，所收者天下莫不以为法，所弃者天下莫不以为戒。"①历代帝王和司文衡者也深明此理，因此国家对于文化的指导、调整总是通过科场来进行的。关于古文运动与科举的关系，宋娟指出："古文家与科举考试有着相违与相依

---

① 朱熹《宋名臣奏议》卷一百十三苏轼《上神宗缴进拟御试策》。

的双重关系。从宋代起古文渐渐在科举考试中发挥作用,'唐宋八大家'的出现正反映着古文与科举的这种双重关系。"①此论甚是,然其未对宋代古文运动与科举之细部关联做细致解绎,因此本书拟在宋娟所论基础上,梳理宋代古文运动如何与科场配合,取得最后成功的。

## 一、宋代儒学兴起的历程
### ——以官方文件为视角

　　宋初崇尚古文写作的人数似乎并不少,据祝尚书先生《北宋古文运动发展史》考证,宋初写作古文的除大家熟知的柳开、王禹偁、孙何、丁谓外,还有身居高位的王祜、梁周翰、范杲、宋白、张咏、田锡等,以及南来之士徐铉等,而且其中还不乏掌取士大权的人物如宋白、王祜等,为何这样一个无论从地域来讲,还是从社会层面来讲都不算狭窄的"爱古"群体,不能形成古文写作的潮流? 其原因除了祝先生所提到的人才不继的问题以外,似有进一步深究的必要。

　　吴渊在《鹤山集序》中指出:"艺祖救百王之弊,以道理为最上,一语开国,以用读书人,一念厚苍生,文治彬郁。"②宋太祖在立国的第三年即刻立誓碑,要求新天子即位必默识之。其誓词为三条,其中一条为"不得杀士大夫,及上书言事人"③,而所谓"士大夫",即吴渊所说"读书人",既指文士,更指儒者,此即宋代"崇儒佑文"基本国策的由来。但宋初的"崇儒佑文"主要表现为重用文官,并实行"以文取士"之制。韩驹尝谓:"太祖皇帝时,天下初定,未遑文

---

① 宋娟《古文运动、科举与"唐宋八大家"》,《北方论丛》2005 年第 2 期。
② 吴渊《鹤山集原序》,载魏了翁《鹤山集》卷首。
③ 陶宗仪《说郛》卷三十九上。

学之事,太宗皇帝数与侍臣论文,由是风俗翕然而变。尝喜而谓侍臣曰:近时文物渐盛,它日必有著名者。其后累圣临御,皆以叡文神学超轶百王,又皆崇儒表善。盖自端拱、淳化之后,天下乂安,士得笃于文事,磨砻缀缉以副上意,百余年间,异人间出矣。臣尝思之,此岂一朝夕力哉? 是殆累圣奖励激劝之所致也。"①韩驹将北宋百余年间文学的兴盛归功于"累圣奖励激劝之所致",虽不免有谀美之意,但在高度集权的宋代,由于科举取士的深入和完善,士人对皇权有极强的认同感和归宿感,皇帝的趣味好尚影响艺文确是事实。正如韩驹所指出的,太祖皇帝还未遑文学之事,而太宗数与侍臣论文、唱和,而真宗则更是爱好词学。多数研究者都看到了宋初帝王好艺文对文学发展的激励作用,但却忽视了在佑文的同时,"崇儒"才是帝国统治真正的需要,所以韩驹又补充说后来的历代皇帝也都"崇儒表善"。

事实上,太宗朝对儒学的推重是与爱好艺文同步进行的。罗从彦记:"太平兴国中,太宗谓宰相曰:'迩来贡举混杂,乃有道释之流,还俗赴举,此等不能专一其业,他日居官必非廉士。进士须先通经术,遵周孔之教,亦有迭相仿效,止习浮浅文章,殊非务本之道也,当下诏切责之。'"②以"进士须先通经术,遵周孔之教"来扭转当时举子止习浮浅文章的弊病。罗从彦所记载的这段轶事,亦可以从史书的记载中得到印证,《宋会要辑稿》载:(太平兴国)八年十二月二十三日,诏曰:朝廷比来设贡举以待贤材,如闻缁褐之流,多弃释老之业,反袭襃博,来窃科名。自今贡举人内,有曾为僧道者,并须禁断。其进士举人,只务雕刻之工,罕通缃素之学,不晓经义,何以官人?"③检会宋初至太平兴国八年以前的科举诏书,其选士

---

① 杨士奇《历代名臣奏议》卷一百十五。
② 罗从彦《豫章文集》卷三《遵尧录二》。
③ 徐松《宋会要辑稿·选举》三之四。

准则多表达为"才艺高低"①、"校艺求人"②，无怪乎举子唯务雕刻之工。也就是在同一年，下第举子梁颢上书，指陈以文取士之弊，其云："国家兴儒，追风三代。方今科名之设，俊造毕臻。秉笔者如林，趋选者如云。贡于诸侯，考于春官。陛下躬临慎择，必尽至公。奈何所取不出于诗、赋、策、论……陛下诚能设科以擢异等之士，俾陈古人之治乱、君臣之得失、民生之休戚、贤愚之用舍，庶几有益于治，不特诗、赋、论、策之小技，以应有司之求而已。"③梁颢的上疏其意在扬制科之利，但也反映了当时北方士人在面对南人在科场程文中的优势时共同的危机感，而这也是朝廷所暗暗担忧的。淳化三年，殿试赋题为"厄言日出"，大异于此前的命题习惯，以致许多举子无从下笔，当年的状元孙何也在扣殿槛询问题目出处之列。宋太宗解释出题动机为："比来举子浮薄，不求义理，务以敏速相尚。今此题渊奥，故使研穷意义，庶浇薄之风可渐革也。"④出难题是为了打压科场敏速相尚的风气，而就在当年，会稽钱易因第一个进卷被黜，而此前科场的惯例是"先进擢上第"⑤。钱易时有能赋声，"颇为时辈所许"⑥，数年后王旦还向真宗称道钱易有李白之才，但就是这样一个南士中的佼佼者，竟然因首先进卷而被黜，而不是放在名次或等级稍次的位置及第，这对于南方士人的打击可想而知。同时，宋太宗所提出的要求举子"研穷意义"、"求义理"，其指向正是儒家经籍。这一点，可以从王禹偁的相关反应中得到印证。淳化三年，时在商山的王禹偁在得知殿试题目为"厄言日出"时，骇其题之异且难也，因赋一篇。这首开拟科场题目作赋的

① 徐松《宋会要辑稿·选举》三之二《贡举杂录》。
② 徐松《宋会要辑稿·选举》七之 《亲试》。
③ 《宋史》卷二百九十六《梁颢传》。
④ 魏泰《东轩笔录》卷十。
⑤ 李焘《续资治通鉴长编》卷三十三。
⑥ 徐松《宋会要辑稿补编》，中华书局，1956年，第462页。

先例,而且王禹偁还拣汰此前所作律赋九篇,和拟作之《厄言日出赋》一起,编集为《律赋集》。此九篇律赋的题目分别为《天道如张弓》、《仲尼为素王》、《君者以百姓为天》、《复其见天地之心》、《尺蠖》、《圣人无名》、《櫜钥》、《醴泉无源》、《火星中而寒暑退》,赋题的出处多为儒家、道家经籍,如"天道如张弓"出自《老子·天道》,"仲尼为素王"出自杜预对《左传》的注释,"君者以百姓为天"出自《韩诗外传》引管仲语,"火星中而寒暑退"出自《诗经》毛注,可以说该律赋小集的选编充分体现了王禹偁"宗经树教"的文道观。王禹偁对于文风走向的觉察是敏锐的,其拟作御题赋和编选赋集的动机也是为了向举子示以律赋之正则。

　　真宗亦好文,景德年间兴起的西昆文风几乎掩盖了此时朝廷对于文风的关注与调控。景德四年,开制科试贤良方正,参加考试的有陈绛、史良文和夏竦。对于此次择才,宋真宗提出:"比设此科,欲求才识,若但考文义,则积举者方能中选,苟有济时之用,安得而知? 朕以为六经之旨,圣人用心,固与子史异矣。今策问宜用经义,参之时务。"①真宗强调六经相对于子、史,其立意用心有更高尚之处,所以提出策问用经义。针对真宗的提议,王旦立即回应:"臣等每奉清问,语及儒教,未尝不以六经为首,迩来文风丕变,实由陛下化之。"王旦所谓"文风丕变"未免夸张,但也可以窥知,侍臣轮对时,君臣之间经常会讨论一些儒学问题,而侍臣也借此机会向皇帝灌输宗经遵道的思想。与之相对应,当年夏竦等拿到的策题正是讨论如何指导文风向道的,其题为:"六籍之存,日星是喻。百氏之说,爝火攸同。恶实尚华,实繁厥类。斲雕为朴,岂无其时。欲使荐绅之民并宗经术,青衿之士专习圣言,能黜异端,渴闻谠论。贡举之设,茂异斯求,爰自唐朝,独考辞赋,虽云小辨破道,壮夫耻为,然而定妍否于有司,观工拙于作者,苟或舍兹衡石,诚虑失之毫

---

① 李焘《续资治通鉴长编》卷六十五(宋真宗景德四年)。

厘,将俾俊乂用章,文风丕变,其用何术,以副虚怀。"①此当西昆文风正劲之时,而朝廷已在思考如何斲雕为朴,丕变文风,而其指出的变革途径即是宗尚经典。而身为文学侍臣的杨亿,对于朝廷崇儒是有敏锐的意识的,他在为章群落第所写的诗中有云:"九天下诏崇儒术,好绝韦编待至公。"②他夸奖陈在中《易赋》称:"君博综文史,详练经术,词彩奋发,学植坚深。"③事实上,杨亿在其诗文写作中也力求融铸经史,只是这种对经史的融入,其着眼点在"文",而不在"道"。

　　宋初三朝,南方士人在科场中总体受排挤,尤其是高科如前三名南方士人数比例不高。而事实上,南方由于五代时期受战乱影响较小,故经济文化较北方发达,但由于新朝建立之初,尚恐南方政权复兴,故加压制,另朝廷还持"中原正朔"观念,贬抑南方文化,宋初四十年科场的考官也主要为北方人④。因此,在南文北进的过程中,北人起而弹压,是为了保持北方文化正统的地位。而太宗所指责的"雕琢之文"也主要针对南方举子的程文而言。尽管如此,南方文学的优势还是不可遏制地在科场凸显出来。真宗爱好词学,杨亿等南方文臣作诗献赋,很好地渲染了皇朝统治的文质彬彬,受到帝王的礼遇。但与此同时,对南方文化的排抑政策仍未改变。大中祥符元年,真宗问王旦:"南人喜诵诗赋,及就公试,或攘剽旧诗,主司能辨之乎?"⑤真宗此问,一方面显示出他对南人的不信任,认为南人之作有剽窃之嫌;另一方面,问主文衡者能否辨别得出剽用旧诗,意在强调对于这类程文要严加黜落。这种对南方士人的偏见,直到南宋偏安江南仍未消除,绍熙元年,彭龟年上疏

---

① 夏竦《文庄集》卷十二《崇政殿御试贤良方正能直言极谏科制策》。
② 杨亿《武夷新集》卷五。
③ 杨亿《武夷新集》卷七。
④ 冯志弘《北宋古文运动的形成》,上海古籍出版社,2009,第292—296页。
⑤ 孙逢吉《职官分纪》卷十。

仍称:"自古文士多出东南,东南之士,不患乏词藻,惟患不笃实。"①而同时,真宗还响应冯拯请求兼考策、论的提议,说:"大凡文论可见其才识。"宋初进士考试之诗、赋、策、论,诗赋为骈体,而策、论为散体,真宗如此肯定文论"可见才识",对于"古文"运动来讲,的确是一个利好的消息。大中祥符二年,针对西昆浮艳文风,真宗下诏讽励学者:"国家道莅天下,化成域中。敦百行于人伦,阐六经于教本。冀斯文之复古,期末俗之还淳。而近代以来,属辞多弊,侈靡滋甚,浮艳相高。忘祖述之大猷,竞雕刻之小巧。爰从物议,俾正源流。咨尔服儒之人,示乃为学之道。夫博闻强识,岂可读非圣之书;修辞立诚,安可乖作者之制。必思教化为主,典训是师,无尚空言,当遵体要。"②朝廷用以纠正西昆偏弊的方法是读圣贤书、主教化、师典训,这些要求无不与"古文"之使命及体制相应,这离朝廷直接倡导写作古文只差一步了。

　　欧阳修曾数次提到,天圣年间天子患时文之弊,下诏讽勉学者以近古,这说明天圣年间是文风转变的一个关键时间点。考仁宗朝科举诏令,天圣七年朝廷罕见地先后两次下诏讽励举子,其内容如下:

　　　　国家稽古御图,设科取士,务求时俊,以助化源。而褒博之流,习尚为弊,观其著撰,多涉浮华。或磔裂陈言,或荟萃小说,好奇者遂成于谲怪,矜巧者专事于雕隽。流宕若兹,雅正何在? 属方开于贡部,宜申儆于词场;当念文章所宗,必以理实为要。探典经之旨趣,究作者之楷模,用复温纯,无陷偷薄。庶有俾于国教,期增阐于儒风。咨尔多方,咸体朕意。③

---

① 彭龟年《止堂集》卷一《乞寝罢版行时文疏》。
② 石介《徂徕集》卷十九《祥符诏书记》。
③ 徐松《宋会要辑稿·选举》三之一六《科举条制》。

朕试天下之士，以言观其趣向。而比来流风之敝，至于荟萃小说，碟裂前言，竞为浮夸靡曼之文，无益治道，非所以望于诸生也。礼部其申饬学者，务明先圣之道，以称朕意焉。①

此两诏书内容相似，其所指斥即为当时仍余波未息的西昆文风，而其所申明的国家取士的方向则是"明先圣之道"之文。而在此前的天圣五年，刘筠知举，是年下诏确定"将来贡院考试进士，不得只于诗、赋进退，今后参考策、论以定优劣"②。回顾宋真宗所言之"文论可见才识"，再到正式提出参考策、论以定优劣，进士考试科目地位的变化已经预示着"古文"的春天真正来到了。与此同时，天圣八年欧阳修上书时相晏殊，请制科考试"先之以六经，次之以正史，该之以方略，济之以时务。使天下贤俊翕然修经济之业，以教化为心，趋圣人之门，成王佐之器"，并称"救文之弊自相公之造也"③，其实质也是欲以宗经之古文救文章之柔靡。

国家在天圣这个时间节点明确文化发展方向，还显示在其他一些相关的事件上。范仲淹在天圣五年为母亲守丧期间所作之《赋林衡鉴》一书，其对赋之功能的阐释及对律赋分类的诸多方面都显示出向儒学的倾斜。同样，王铚称宋律赋至"二宋兄弟，始以雄才奥学，一变山川草木、人情物态，归于礼乐刑政、典章文物，发为朝廷气象，其规模阔达深远矣"④。李调元论宋律赋，也把天圣年间作为一个转关之时："大略国初诸子矩矱犹存，天圣、明道以来，专尚理趣，文采不赡。"⑤而欧阳修则明确将天子下诏认定为文风转变的关键，其《记旧本韩文后》云："后七年，举进士及第，官于

---

① 李焘《续资治通鉴长编》卷一百八。
② 徐松《宋会要辑稿·选举》三之一五《科举条制》。
③ 范仲淹《范文正集》卷九《上时相议制举书》。
④ 王铚《四六话序》。
⑤ 李调元《赋话》卷五。

洛阳,而尹师鲁之徒皆在,遂相与作为古文,因出所藏《昌黎集》而补缀之,求人家所有旧本而校定之,其后天下学者亦渐趋于古,而韩文遂行于世。"①欧阳修天圣八年得中进士,释褐授官西京(洛阳)留守推官,与尹洙、钱惟演等相与作为古文。欧阳修是参考策论取士的第一批受益者,因而对当时朝廷下诏变革文风较他人感受应该更深刻。因此,从这个角度说,欧阳修与尹洙等于西京的古文创作实践实际有"奉旨作为古文"的底气。由此,我们也更能了解何以古文运动在宋代取得了对骈体文的全面胜利,朝廷出于治理的需要,推进儒学复兴,而古文恰好有"明道"、"传道"的良好资质,由此成为科场推崇儒风的选择。由此,古文运动不是由柳开、王禹偁来完成,而是由欧阳修、苏轼,除了个人才情高下的差异之外,时代的风云际会是一个更为关键的因素。所谓时势造英雄,欧阳修刚好赶上了朝廷变革文风的关键时期。而此后,庆历年间科举改革提出先策论,后诗赋,则是古文试图占据科场制高点的尝试,虽然最终未能获得稳定的制度支撑,但在实际的运作领域,以策论进退天下士在仁宗朝中后期成为取士潜规则,苏轼之中举即受益于此潜规则。

## 二、欧阳修以古作导于前

关于发生在北宋仁宗朝的两次排抑"太学体"事件,近来屡有新见,研究渐趋深入。而关于"太学体"与"古文"的关系,宋人已给予了欧阳修排抑"太学体"事件以"文风丕变"的评价,肯定了此事件对于明确古文发展方向的意义。本书前文也已指出前后两次太学新体中,欧阳修所起的不同作用。在此再次讨论"太学体"问题,主要想说明古文是如何影响"太学体"的形成,及随着庆历以后各

① 欧阳修《文忠集》卷七十三《记旧本韩文后》。

级学校的建立,作为国家最高教育机构的"太学"如何与"科场"结盟,共同影响文风走向,而翰苑馆阁的影响力与之又发生了怎样的较量。

如前文所论,太宗、真宗朝文化政策经历了由"佑文崇儒"向"崇儒佑文"的重心转移过程。与此相伴随,通过天圣年间科场打压西昆文风和进士科参考策、论以定优劣的诏令,"古文"获得了"官方认证",并由首先闻知感受到这一风向变化的科场精英欧阳修等在洛阳形成第一波的古文写作热潮。此后朝廷在增重儒学,强调古文方面又数有举措。景祐元年,再次下诏:"除诗、赋依自来格式考定外,其策、论亦仰精研考校,如词理可采,不得遗落。"①景祐四年,富弼因献文,命试馆职,弼以不能为诗赋辞,仁宗特令其试策论,并因此下诏:"自今制策登科人,并试策论各一道。"②富弼之能文而不能赋已隐含了士人在文章上的趋向,而仁宗特旨命试策论,则再次表明了国家取士风向的转变。所以宝元元年,李淑侍经筵时,仁宗即以诗赋论策先后向其请教,李淑建议:"今陛下欲求理道,而不以雕篆为贵,得取士之实矣。然考官以所试分考,不能通加评校,而每场辄退落,士之中否特系于幸不幸。愿约旧制,先策,次论,次赋及诗,次帖经墨义,而敕有司,并试四场,通较工拙,毋以一场得失为去留。"③李淑认为应先策论、后诗赋,可以说深得仁宗之心意,但他又认为应通较工拙,那实际上先后又没有了意义,但至少先后秩序中所显示的轻重轩轾还是很明显的。然而举子习于放逸,似乎风气未能遽变,因为宝元元年,仁宗还在下诏诫励举子:"贡举人等,自今当覃研古义,景慕前良;为学务于资深,属词尚乎

---

① 徐松《宋会要辑稿·选举》三之一七《科举条制》。
② 李焘《续资治通鉴长编》卷一百二十。
③ 马端临《文献通考》卷三十一。

体要；宗师雅正，旋去浮华。"①这说明科场的浮华之习似未尽消，加上十余年间只在景祐元年和宝元元年施行过两次科举，实施调控的机会不多。但从朝廷的政令和举措来看，国家意欲通过科场来扭转浮华雕琢的文风，并使学者留意儒典，研究经义的行动没有丝毫放松。

庆历二年，御试赋题为"应天以实不以文"，此题出自西汉贤相王嘉之口，其意在以天象戒人君修德向善。庆历之前的几年时间里，天灾不断，如康定元年的沙尘暴，庆历元年的河东地震、天下大旱，庆历二年春的冰冻天气，加上契丹对边疆的侵扰及数十年来累积起来的内政积弊，庆历初年的政坛酝酿着变革的种子。而恰在此时，殿试赋题给出了这样一个极有发挥空间的题目，欧阳修在进呈赋作的上表中说："题目初出，中外群臣皆欢然，以谓至明至圣，有小心翼翼事天之意……时谓出题以询多士，而求其直言。"②虽然欧阳修以群臣为言，而其实所说乃是他本人对于皇帝此次出题动机的理解。观此前的景祐元年御试题目有《房心为明堂赋》、《和气致祥诗》和《积善成德论》，可以说未脱颂美的基调，欧阳修抱怨"自来科场只是考试进士文辞，但为空言，无益时事"，除了举子缺乏直言的勇气外，命题的限制也是一个重要因素。而庆历二年的题目却一反常规，留下了给举子畅论时事的空间，欧阳修称此为"自有殿试以来，数百年间最美之事"。

然而，观此年取在甲等的进士金君卿之作，其赋不过谨遵律赋贴题及按平仄相间押韵的规定，引经史以证，反复辩说，却无一语及于时政。恰如欧阳修所担心的："远方贡士，乍对天威，又迫三题，不能尽其说，以副陛下之意。"③因此，忝列书林的欧阳修决定

---

① 徐松《宋会要辑稿·选举》三之一九《贡举条例》。
② 欧阳修《文忠集》卷七十四《进拟御试应天以实不以文赋并引状》。
③ 同上。

亲自作赋一首，并明言旨在"直言当今要务"，而非按照律赋广引故事的传统。诚如前文所引之欧赋全文，其文若非有句末的押韵和四六的对称，很难视为律赋，因为它离当时典型的科场律赋太远了，没有引经据典，没有丝毫的藻饰，没有结构上的精心安排，完全是一篇有韵之奏疏。欧阳修此作当然是想陈"陛下之所欲闻"，改变士风萎靡、不敢直言的风气。然而笔者更关心的是此文在宋代古文发展中的意义。到庆历二年前后，欧阳修与尹洙等相与作为古文已有十二年时间，洛阳文人集团的创作活动已产生了一定的影响，而对欧阳修而言，十年的积累使他更有信心在居官书林的有利时机里发挥翰苑馆阁对科场的影响力。诚如前文所论，尽管朝廷积极提升策论在进士考试中的地位，文人群体的古文创作也颇有成就，然而离"天下向风"尚且很远，而科场中浮华之习未革。景祐四年，欧阳修在给一位数次给他写信请教的一名湖北籍举子回信中说到："天圣中，天子下诏书敕学者去浮华，其后风俗大变。今时之士大夫所为，彬彬有两汉之风矣。先辈往学之，非徒足以顺时取誉而已，如其至之，是直齐肩于两汉之士也。"①欧阳修在信中一再解释当年省试、殿试皆取第一不过是浪得虚名，并不曾有自立之言，不过取悦于人罢了，据此似乎乐秀才在信中盛道欧阳修的科场战绩，足见其时举子仍迷信藻丽文风。同时，欧阳修指出时下风气是写作有两汉之风的古文，这不仅能取科第，得名声，而且可以追踪古人，其诱进后学向风古文可谓苦口婆心。而从另一侧面看，在天圣末到庆历之间的十余年间，写作古文的主力还是士大夫。那么如何使得文风丕变，这是朝廷和欧阳修等古文作家共同焦虑的问题。在这种形势下，欧阳修此赋大胆引入古文气格、韵度，对于天下举子的示范作用就更大了。而仁宗下旨褒奖欧阳修进呈拟作御试赋的行为，更强化了此赋的示范效应。此赋在散体的策论迟

---

① 欧阳修《文忠集》卷四十七《与荆南乐秀才书》。

迟未能主导科场去取的情况下,直接以策论手段写作律赋,将古文精神引入骈体律赋中,实现了一次令人瞩目的破体为文,也意味着古文对骈体的一次成功征服。欧阳修早时所作四六亦如杨亿等讲究骈俪、藻饰、用典,而后期则以文体为四六,开创了宋四六的新境界。陈师道称:"国初士大夫例能四六,然用散语与故事尔。杨文公刀笔豪赡,体亦多变,而不脱唐末与五代之气。又喜用古语,以切对为工,乃进士赋体尔。欧阳少师始以文体为对属,又善叙事,不用故事陈言,而文益高。"①欧阳修之以"文体为对属"虽未必始于此赋之拟作,但在当时形成最大影响力的、以"文体为对属"之骈体文,则非此赋莫属。此赋的出现显示了宋代古文写作向其他文体扩张的强力推进过程,而此过程中,欧阳修借助科场文体策论与律赋之间的破用,成功地扩大了古文的影响,并开创了"融入古文的体制,运以散体之法,单行之气,以文体为对属,不求切对之工,不用故事及陈言,纯用自己的语言,风格平淡委曲,语言清新平易"的宋四六。而其与范仲淹《岳阳楼记》同样作于庆历六年的《醉翁亭记》使用了类似的手法,以赋为记,显示了政治改革失利后(其中包括科举欲先策论,后诗赋的变革),基于现实,融合骈体与文体,试图走骈散融合之路的尝试。事实证明,骈、散并非绝对对立,而是可以互以为用的,宋代文赋的出现即是一个极佳的例证。

张方平庆历六年阻抑"太学新体"的理由主要有二:一是"太学新体"在内容上以怪诞诋讪为高;二是形式上以流荡猥烦为赡,其具体表现为赋、论篇幅和句子过长。张方平将此风形成的责任归咎于石介兴许有一定道理,但其把源头追溯到景祐元年,则不尽然。理由是庆历二年御试给出了一个极具现实针对性的赋题,而殿试程文却并未显示出敢言时事的风气,否则欧阳修不会拟作律

---

① 陈师道《后山诗话》。

赋以献。而且在赋中，欧阳修将赋定义为"谏议之文"，从理论上赋予了律赋新的功能。这种理论和实践兼而有之的示范之作，对于紧接而来的下一次科举，必然产生影响。观张方平所言之"策有置所问而妄肆胸臆，条陈他事者"①，完全不理会题目所问，条陈他事。其行为背后的逻辑，除了对所问之事无话可说以外，恐怕正是举子把科场题目当成了"出题以询多士"②，故认为只要是有关时务的问题，皆可借此机会表达。而欧赋内容上的切直，于律赋写作而言已经是一个大胆的突破，但其毕竟有备位翰林的身份，将之视为上疏亦无不可，而举子如果片面效仿欧赋之直言不讳，加上举子在时政阅历上的阙如，那么程文出现张方平所说的"怪诞诋讪"则是完全可能的。

而从形式上来看，过长的篇幅和句子则明显是律赋中古文特质的过度入侵所致。据常识可知，若句子长达十六、十八字，其间必然包含较多的起承转接的词语，此乃散体之特征。可以说张方平所言之文弊，在欧阳修所拟御题赋中皆有之，比如篇幅长达704个字，长句有19字者，而内容上之切直，如果换成举子的身份，指其诋讪亦不为过。因此，与其把"太学新体"文弊之责归诸石介，不如说欧阳修之拟作是更近的范本。正如洪本健先生所论，欧阳修入主文坛的时间应该为庆历年间，此时，石介的影响力完全不能与欧阳修相比。

虽然庆历六年，张方平对科场文章逾制进行了规范，但并没有涉及对古文写作本身的否定。毕竟庆历四年制定先策论、后诗赋的科举改革方案时，张方平也是联名上奏的官员之一。庆历科举改革措施虽然未及施行，但作为庆历政治改革重要一维的科场，只要崇儒近古的政策未变，那么"先策论"所标示的科场古文写作方

---

① 张方平《乐全集》卷二十《贡院请诫励天下举人文章》。
② 欧阳修《文忠集》卷七十四《进拟御试应天以实不以文赋并引状》。

向就不会调转。庆历六年"太学新体"之弊从侧面反映了科场古文写作风气的蔓延。

由于欧阳修与尹洙等的积极倡导,尤其是此时在文坛上已有较高影响力的欧阳修拟作律赋,大胆引入古文手法,加上庆历中先策论、后诗赋的科举改革方案的颁布,科场风气由崇尚骈俪向追随古文转变。然而,"科场之中,得人失人,皆在试官"①,科场中兴起的古代散行之风可以有不同的发展方向,试官对于文章之"古"的把握决定着科场中古文的发展方向。庆历六年,孙抃知举,张方平、高若讷、杨伟、钱明逸同知;王畴、葛闳、邵必、曾公定、王安石、王淑、蔡振、沈康充进士科点检试卷。皇祐元年,赵概知举,张锡、王贽、张揆、赵师民同知,范镇、司马光、解宾王、蔡杭、江中孚、陈洙、张刍充进士科点检试卷。皇祐五年,王拱辰知举,曾公亮、胡宿、蔡襄、王珪同知,黄泊、宋敏修、韩维、裴煜、吕夏卿充进士科点校试卷②。庆历六年,同知贡举的张方平代表"阅卷组"发表了对当年程文的批评意见,阻抑了科场的流荡汗漫和攻讦诋讪之风。但其后的两次考试,知举官赵概、王拱辰分别为天圣五年、天圣八年进士,王拱臣还是状元出身,因此他们对于国家推行古文应该是有深刻的领会的。然而,赵概和王拱臣在古文方面的成就不高,其态度不易考定,而当时曾参加点检试卷,即具体做阅卷工作的葛宏,乃苏颂挚友,苏为其撰墓铭称:"雅好评论时文,每得一篇一咏,摘其佳句,成诵于口。两为南宫点检试官,凡经赏识者数十公,后皆大显于时。"③葛闳参加了庆历二年、庆历六年两次阅卷,而其所赏识者数十人,后皆大显于时,说明其眼光是很专业的。同时,苏颂又说葛闳喜欢评论时文,其评时文的方式为摘其佳句,成诵于

① 李焘《续资治通鉴长编》卷四百八载赵挺之上疏。
② 参龚延明、祖慧《宋登科记考》。
③ 苏颂《苏魏公文集》卷五十六《光禄卿葛公墓志铭》。

口。同样于此期及第的吴处厚，其之所以在解试中拔萃，评卷老师津津乐道者也是其一联一句之工巧。是知，此时虽然科场中写作古文已成共识，但评价方法和手段似乎并未能及时跟进。考官的趣味趋向如此，必然导致举子闻风跟进。而同时，朝廷要求举子深明理道，穷究义理，针对科场需求，市场快速作出了反应，苏轼谓"近岁市人，转相摹刻诸子百家之书，日传万纸。学者之于书，多且易致如此。"①然而书籍易致不等于文词易学，举子对于六经的领会和参解显然不可能短时间提升，这不仅涉及举子的兴趣和智识，而且真正有深厚儒学修养的老师并不多。缘此，年轻举子对六经的宗尚就会如真宗时期一样，限于修辞运用的水平，而非真正的从学理上阐释。观欧阳发所举之嘉祐"太学体"之例："周公伻图，禹操畚锸，傅说负版筑，来筑太平之基。"②周公、禹、傅说属于上古不同时期的人物，周公有规划之才，禹有治水之绩，而傅说则尝为筑墙的奴隶，于是，例句中三人被拼凑成"筑太平之基"的"建筑队"。将上古圣贤作如此游戏化的修辞，显然偏离了朝廷崇儒之本意。故苏轼谓当时时文"务奇者怪僻而不可读"③，上例即属务奇所致。任何时期的时文都有过度讲求形式的弊病，苏洵回答孙叔静关于论体文的问题时说："如《中正论》引舜为证，此是时文之病，凡论但意立而理明，不必觅事应副，诚未思之。"④时文使事是惯例，但对于一些勿需证明的问题，不必使事，否则就变成了为使事而使事，是应付。同时，石介、孙复先后任太学教官，作为儒师，他们过度推

---

① 苏轼《苏轼文集》卷十一《李氏山房藏书记》，中华书局，1986年，第359页。
② 欧阳发《先公事迹》，《欧阳文忠公文集·附录》卷五。
③ 苏轼《东坡全集》卷七十五《谢欧阳内翰书》。
④ 苏洵《嘉祐集》卷十三《与孙叔静》。

崇六经的地位及作用①，对于经学固无害，但对于为文而言，除了六经，还须广泛涉猎书史，方能有丰富的文字经验。

当然，也应当看到，欧阳发所举之例应当是一些较为极端的例子，是否嘉祐二年被黜落的刘几也是这样行文不得而知。但是，至少刘几在科场律赋上是有很高水平的，这不仅表现在嘉祐四年他易名重考时其赋深得欧阳修赏识，还表现在他的律赋被推崇为宋律赋之高标，王铚论宋律赋称："滕（甫）、郑（獬），吴处厚、刘辉（按，即刘几），工致纤悉备具，发露天地之藏，造化殆无余巧，其檃栝声律，至此可谓诗赋之集大成者。"②"工致纤悉备具"是从形式手法方面而言，趋于无懈可击；"发露天地之藏"是肯定其宗经述道的内容，评价极高。那么刘几辈的问题当属"求深者或至于迂"③的类型，这可以从刘几之深负时望和厚德善行中看出来。

由此，与其说欧阳修是有惩于嘉祐"太学体"之怪谲，不如说是痛愤于"太学体"之缺乏实学实用。如果从这个角度讲，张兴武先生称欧阳修排抑"太学体"在于得才，而非革文弊，也是有道理的。苏轼《谢梅龙图书》就称："知诗赋之不足以决其终身也，故试之论以观其所以是非于古之人，试之策以观其所以措置于今之世。"④对于嘉祐二年取士，不专于诗赋，而是侧重论策取人，苏轼认识得很清楚，毕竟他本人就是因论而拔萃的。应该说欧阳修嘉祐二年取实才实学的倾向表现在其科场的一黜一收之间，黜险怪迂曲之刘几，取议论纵横之苏轼，其于天下之材的是与非显而易见。欧阳

---

①　孙复在天圣年间给范仲淹的书信（《寄范天章书》）中说："主上思复虞、夏、商、周之治道于圣世也，考四代之学，崇桥门辟水之制，故命执事以莅之。大哉，主上尊儒求治之心也至矣！然则虞、夏、商、周之治，其不在于'六经'乎？舍'六经'而求虞、夏、商、周之治，犹泳断潢污渎之中望属于海也。"

②　王铚《四六话序》。

③　苏轼《东坡全集》卷七十五《谢欧阳内翰书》。

④　苏轼《东坡全集》卷七十五《谢梅龙图书》。

修在御史官拆号明确得人情况后,和王珪之《喜定号》诗云:"但喜真才得,宁虞横议攻。欲知儒学盛,首善本三邕。"①一方面由于封弥誊录的原因,欧阳修等考官也只有此时才能知道被取中的是哪些人,想必此时欧公对自己取中苏轼、曾巩诸人是满意的。另一方面,欧阳修认为自己所取之士是文道合一的儒士,并预见太学学风也会因此而改变。只是不久后,取士标准又开始变化了,议论之才与儒学素养、道德行义相比,已落第二义。而在客观上,考官之是此非彼,对于时风的影响也在欧阳修的预料之内,其离开锁院时赋诗称:"文章纸贵争驰誉,朝野人言庆得才。共向丹墀侍临选,莫惊鳞鬣化风雷。"②"文章纸贵"的传播效果对于扭转文风的作用本在欧公计划之内,稍后的殿试多少可以检验省试考官之鉴识是否精到,对此,欧阳修也是充满信心。今日观之,也不得不佩服欧阳修对时风的判断,事后的举子聚噪欧宅与殿试的成功验证皆如欧公所料。只是欧阳修在事后写信给王素谈及此事时谓:"某昨被差入省,便知不静,缘累举科场极弊,既痛革之,而上位不主,权贵人家与浮薄子弟多在京师,易为摇动,一旦喧然,初不能遏。然所得颇当实材,既而稍稍遂定。"③很明显,在省试之后和殿试之前的这段时间,欧阳修承受了巨大的压力。"科场极弊"既指挟书作弊,也指文风怪谲,因此欧阳修知举志在得人,而客观上确实对于古文之走向产生了深远的影响。欧阳修的文宗地位,由于有三苏、曾等的拱卫更加稳固,而欧阳修等古文家的文章也真正成为了科场追风的对象。以欧阳修之文为例,四库馆臣述欧阳修文集的编集过程,指出周必大等人曾从《文纂》、《薛齐谊编年庆历文粹》、《熙宁时文》、《文海》、《文薮》、《京本英辞类稿》、《缄启新范》、《仕途必用》、《京师

---

① 欧阳修《文忠集》卷十二《喜定号和禹玉内翰》。
② 欧阳修《文忠集》卷十二《和出省》。
③ 欧阳修《文忠集》卷一百四十六《与王仲仪》。

名贤简启》①等书中广为搜讨,精加考核,可见欧文在当时广为传读的情况。

　　事实上,取在前列的苏轼也承受了"群嘲而聚骂者,动满千百"②的"殊遇"。由此也可见当时太学在主导科场文风及评价方面实具有超越台阁的影响力。所以一旦其影响力受到挑战,便可能出现上述极端事件。两宋自太学之建,其与翰苑馆阁便共同在科场上发挥影响,太学与台阁之间既表现出依附、应和,有时也出现对立和争夺,此又系宋代文学发展的另一值得探讨的问题。

　　范仲淹曾总结北宋初中期古文发展历程谓:"五代文体薄弱,皇朝柳仲涂起而麾之。洎杨大年专事藻饰,谓古道不适于用,废而勿学者久之。师鲁与穆伯长力为古文,欧阳永叔从而振之,由是天下之文一变而古。"③此论最为学者所认同,但其认为杨亿专事藻饰,废古道不学则失之粗率,杨亿未尝不崇尚儒学,只是其"以儒饰文"的崇尚方式难以被接受。在宋代古文复兴的历程中,柳开有首倡之功,但由于其个人地位和时代因素,古文未能借科场这一有力平台进行推广,因而倡而复衰;尹师鲁、穆修则于时人皆不为古文时,独为之,难能可贵。然若无欧阳修从而振之,则难收"天下之文一变而古"之奇效。而欧阳修能成为宋代古文运动的中流砥柱,除了其过人的文学才华外,更在于他顺应了圣朝崇儒的潮流,并成功利用科场的扩大传播效应,使天下之文一变而古。可以说,真正对宋代古文运动产生强大推动力的是朝廷的崇儒政策,而朝廷初期崇儒的实现方式之一即推动科场文章向古文倾斜。科场成为宋代崇儒与佑文政策的结合点,也成为"崇儒"与"佑文"两种势力的角力场。

----

　　① 《四库全书总目》卷一百五十三《〈文忠集〉提要》。
　　② 苏轼《东坡全集》卷七十五《谢欧阳内翰书》。
　　③ 范仲淹《范文正集》卷六《尹师鲁河南集序》。

### 三、王安石以经术成于后

在欧阳修、尹洙大力推动"明道"之古文,并试图提高科场策论的地位,以使"文"与"道"获得双赢的时候,对于"文"的不信任,甚至贬低的言论就已出现。孙复认为:"文者,道之用也;道者,教之本也。"而作文不过是"左右名教,夹辅圣人而已"①,文对于道德、教化而言,不过是工具而已。司马光《送郑景微序》亦云:"进士此科见重于时久矣,自两汉而下,选举之盛无与为比。乃至贩鬻给役之徒皆知以为美尚,是以得之者矜夸满志,焜耀于物,如谓天下莫己若也,亦何惑哉? 贤者居世会当蹈仁履义,以德自显,区区外名,岂足恃邪?"②作为太学教官的孙复和作为朝廷大员的司马光都推高儒道教化,贬低文章,甚而皇帝也不讳言诗赋之无益于治。《宋史》载沈遘(皇祐元年进士)献《本治论》,仁宗叹曰:"近献文者率以诗赋,岂若此十篇之书为可用也?"③帝王于文章的取向在于"资用",何为有用之文,诗赋当然不在此列,策论也有易于剽用的弊端,经义在内容上克服了诗赋之无用,在形式上继承了策论之散体,成为了科举改革者的首选。

经义,亦称大义,其出现是为了革除诸科专于记诵之弊。庆历科举改革方案就规定诸科试大义。值得注意的是,参与庆历科举改革讨论的蔡襄提出:"以试策为去留进士之术,以大义为去留明经之术。"同时,蔡襄又建议进士策:"请一道问经义异同,以观其识;一道问古今沿革,以观其学;一道问当世之务,以观其才。"④这

---

① 孙明复《孙明复小集·答张洞书》。
② 司马光《传家集》卷七十《送郑景微序》。
③ 《宋史》卷三百三十一。
④ 蔡襄《端明集》卷二十三《论改科场条制疏》。

就意味着大义不仅在明经科中成为了去取的关键,而且也成为了以策定去留的进士科的关键之一,而蔡襄的建议最后形成的方案为:"进士试三场……先试策三(二)道,一问经旨,二问时务。"①在策题中,应试者首先要做的就是阐释六经旨意的策文,这说明进士科之"尊经"有了具体落实之地。尽管此改革方案未能施行,但进士科推崇经学的风气已开。

至仁宗朝后期,对经学的重视与日俱增。嘉祐二年,在诸科之外,正式设立明经科,一改经科试帖经、墨义的旧法,而试以大义,并且考中者与进士等同出身,这意味着有了能与进士科同等尊荣的科目。帖经、墨义只能考见应试者对儒家经籍的记诵情况,而大义却能考出应试者对经典的理解正确与否。这显然大大优于从前的考法,有利于改变诸科应试者但知记诵之学,却对儒家学说义理一窍不通的情况。如前文所论嘉祐"太学体"之引经据典不过是为修饰文章服务一样,诸科之徒为记诵显然亦非朝廷对士人儒学的要求。嘉祐六年八月,司马光上《论举选状》,建议从进士名额内减三十人,用于试明经之士,其及第授官与进士第一甲相同②。观此,司马光削弱进士,壮大明经的意图是显然的。在考校标准上,司马光还要求"但以义理优长为上,不取文辞华美",显示出经学家的卫道本色,对文辞之华美有本能的反感。治平二年十二月司马光又上奏,乞请资荫人初授差遣的考试只考大义三道。而此前该项考试的内容通常是"试省格诗、或赋、或论一首、或五经墨义十道,各从其便"③。司马光为了扶持明经科,在考校标准上也放得很宽,他说:"其所试大义,不以明经、诸科,但能具注疏本意,讲解

①　徐松《宋会要辑稿·选举》三之二四至二九《科举条制》。

②　司马光《传家集》卷二十《论举选状》(嘉祐六年八月二十一日)。

③　司马光《传家集》卷三十七《乞令选人试经义上殿札子(治平二年十二月十七日上)》。

稍详者为通;虽不失本意,而讲解疏略者为粗;余并为不通。若能先具注疏本意,次引诸家杂说,更以己意裁定,援据该赡,义理高远,虽文辞质直,皆为优等。"①可谓不遗余力地扶持明经,而且在扶持明经的同时,司马光还表现出对诗赋策论的排斥和贬抑。曾经携手共进、和谐共生的"文"与"道",面临着分道扬镳的可能。

　　宋神宗熙宁二年,进士科罢诗赋,改试经义、策、论三科,《文献通考》记载熙宁二年改科试经义时称:"试义者须通经,有文采乃为中格,不但如明经墨义初解章句。"②可见经义的设立既是对诗赋进士的彻底摒弃,更是对此前的明经科的超越。嘉祐二年,"仁宗患辞赋致经术不明,初置明经科"③,"其试法凡明两经或三经、五经者,各问墨义、大义十条,两经通八,三经通六,五经通五为合格。兼问《论语》《孝经》十条,策三条,分八场,出身与进士等。以《礼记》《春秋左氏传》为大经,《毛诗》《周礼》《仪礼》为中经,《周易》《尚书》《穀梁传》《公羊传》为小经,其习《礼记》为大经者,许以《周礼》《仪礼》为中经,习《春秋左氏传》者,许以《穀梁传》《公羊传》为小经。"④此正王安石所谓"明经墨义,初解章句"所指。显然,诗赋进士的设立是期望举子在习儒水平上有更大的提升。又据上引文可知,熙宁经义考校的有两个重要标准:一为通经,二为有文采。其实这与宋真宗以来所提倡的"文辞与理致俱佳"的要求并无二致,只是理致被提到了高于文辞的位置,并且经义命题的内容与所拘限的范围也有更明确的限定。

　　关于宋代经义的命题方式、分期、程序、代表作品及其流弊,祝尚书先生已有详论⑤,兹简述经义的命题方式及考校标准。经义

①　司马光《传家集》卷二十《论举选状》。
②　马端临《文献通考》卷三十一。
③　《宋史》卷三百四十二《王岩叟传》。
④　李焘《续资治通鉴长编》卷一百八十六。
⑤　祝尚书《宋代科举与文学》,中华书局,2008 年,第 321—349 页。

分经考试,据进士所专之经,取一句话或几句话作为题目,举子据题意,结合注疏,用论证的方式结撰成文。与诗赋相比,经义无声病对偶之拘执,内容集中于儒家经典之五经,取才追求的是通经致用,因此似乎比诗赋考试要优越和合理。然而,经义设科之初所确立的"通经"与"有文采"的综合目标,已经埋下了经义与诗赋走向趋同的隐患。

经义设立之初,其行文并没有定规,如前文所引嘉祐六年司马光《论选举状》对明经所试大义的要求,最初的经义在程序上不过三部分:"具注疏本意"、"引诸家杂说"、"断以己意"。然三段论已初显经义程序之雏形。至元祐张庭坚之《自靖人以自献于王》,已具冒、原、讲、证、结等基本构成。徽宗朝时,程序渐趋严密,后南宋孝宗朝虽略有厘改,但未损于程序化的进程。应该说,作为优秀之作中的高明之处的汇聚和集萃,程序本身是各种优越性的集合。叶適曾说:"诚使知义理者常为主司,学者不得以悖理之文希合于一时,虽因今之时文不改,亦足以得士。"[1]朱熹亦云:"前辈做文字,只依定格、依本分做,所以做得甚好。后来人却厌常格,则变一般新格做,本是要好,然未好时先差异了。"[2]也就是说,程序化并非经义时文最大的弊病。启功论八股也曾申说八股结构之合理性。诗、词、赋在形式上都有细密的规则,但古今佳作并未因形式之拘而止步。要之,经义之症结不在程序化,或俪偶、用事等形式技法,而在于命题的封闭性。

据现有的数据来看,经义之程序并未见诸官方文件,并未作为考试评卷的固定标准。不仅如此,科场诗赋、论策对行文的结构均未有明确的考校标准,那么这些所谓的六段、八段之结构解析,确乎是来自于优秀之作的总结与荟萃,是一种高格,也是写作经义最

---

① 叶適《习学记言》卷五十。
② 朱熹《朱子语类》卷一百三十九。

完备、完善的思路模式。因此,举子对程序的选择和遵从是自主性的行为,包含了应试者对应试经义形制的认同。如果一定要查找官方对于程序的认可,那么各级官学所刊行的格诀类书籍和时文选集可能起到了类似官方认证的作用,《宋会要辑稿》载:"板行监学所选《经义赋格》一书。"①加上官学刊行的各类时文选集,科场文章的程序在理论上和实践上得到了传播和仿效。

比较经义和律赋的程序,可以发现二者具有相似的行文逻辑,即如省试诗,明人黎久亦谓:"经义之破题,即律诗之起句也;承题,即其第二句也;大、小讲,即中二联也;结题,即末二句也。"②经义与诗赋、论在结构上的趋同,使得宋人一直以来在科场应试中练就的分析性思维方式得到了一以贯之的传承。这种方式甚至内化为宋人的一般思维模式,深深契入宋人行事、论政、论文的习惯当中。南宋的乡先生甚至竟谓,经义大略如诗赋,只无韵尔。

宋代经义之出现首先是不满于"诗赋"之无实学,而策论因其最终也未担当起衡鉴材能的大任而被置于其次的位置。但是经义取士施行至徽宗时期,出现了两种极端现象,首先是儒士轻文,认为文章不足尚,导致科场文章人自为体,无复法度。唐庚在给蔡京的上书中说:

> 迩来士大夫崇尚经术,以义理相高,而忽略文章,不以为意。夫崇尚经术是矣,文章于道有离有合,不可一概忽也。唐世韩退之、柳子厚,近世欧阳永叔、尹师鲁、王深父辈,皆有文在人间,其词何尝不合于经,其旨何尝不入于道,行之于世,岂得无补,而可以忽略,都不加意乎。窃观阁下辅政,既以经术取士,又使习律习射,而医、算、书、画悉皆置博士,此其用意岂

---

① 《宋会要辑稿・选举》六之二〇。
② 黎久《黎子杂释》,《四库存目丛书》子部第 83 册,第 607 页。

独遗文章乎？而自顷以来，此道几废，场屋之间，人自为体，立意造语，无复法度。宜诏有司，取士以古文为法，所谓古文，虽不用偶俪，而散语之中，暗有声调，其步骤驰骋亦皆有节奏，非但如今日苟然而已。①

唐庚首先肯定了崇尚经术的合理性，指出文章与道并不是绝对的对立关系，而是有分有合，因此有道之文如"古文"还是应该提倡的。唐庚特别指出古文虽是散语，但暗有声调、节奏，并非是随意为之的，言下之意是，科场质讷之文并非真正的古文。事实上，黄庭坚在诲谕其侄子洪氏兄弟时，就已经道出科场时文当入于绳墨，但又不能囿于绳墨，其云："鸿父更加意举业，须少入绳墨乃佳。"②又谓："文章最为儒者末事，然索学之又不可不知其曲折，幸熟思之。至于推之使高如泰山之崇，崛如垂天之云，作之使雄壮如沧江八月之涛，海运吞舟之鱼，又不可守绳墨，令俭陋也。"③只有拿捏好了"入绳墨"与"不囿于绳墨"之间的微妙尺度，才能作文如山海之高崛浩荡。此即古文亦有声调、步骤之意。唐庚、黄庭坚对科场时文有法度的观念，为南宋乾淳时期吕祖谦等评点古文在理论上开了风气。

其次是经义在行文上骈俪成风，长篇大轴，却无理致可言。如前引徽宗朝科场偶俪成风之事，又晁补之《汴都赋序》称："窃怪比来进士举有司者，说五经皆喜为华叶波澜，说一至百千语不能休，曰不如是，旨不白，然卒不白。"④"说五经"显然系指经义而言，而华叶波澜至百千语，却不能把经旨说明白，这只能说明举子不过是

---

① 唐庚《眉山文集》卷八《上蔡司空书》。
② 黄庭坚《山谷集》卷十九《答洪驹父书三首》之一。
③ 黄庭坚《山谷集》卷十九《答洪驹父书三首》之二。
④ 晁补之《鸡肋集》卷三十四《汴都赋序》。

以"华叶波澜"掩盖经学的浅疏。李纲也指出："贡士程文猥酿不纲,气格卑弱。刻意以为高者,浮诞恢诡而不协于中;骋辞以为辩者,支离蔓衍而不根于理。文之不振,未有甚于此者。"①举子为了出类拔萃,要么在立意上追求高自标持,但不免流于浮诞恢诡;要么在文辞上下功夫,却不能根于理,更勿说通经了。

考察北宋经义时文之弊,从学科门类角度看,反映的是经学与文学、史学关系的反目。从文学内部来看,经义时文之弊反映了宋人在"文"、"道"关系认识上的徘徊,即对于何谓"文"、"文"之价值何在的困惑。上文所述的经义时文,要么视"文"为洪水猛兽,弃而弗用;要么只是将"文"的某些形式手法引入时文写作,而忽视"文"在言志传情方面的价值。"道"对"文"的挤压与误读,更使得即便是推重"文"的人也未能真正认识"文"的价值。如江西诗人韩驹在向皇帝力陈文之用时,也不过将文视为"太平之伟观,治世之休光"②,文的作用仅止于润色鸿业而已,将之与此前欧阳修等所主张的"文以明道","赋者,规谏之文也"相比,其境界已差之千里。文士地位的急速衰落,使得文人的志向也因之颓靡,而徽宗朝时期文学的荒芜,除了禁诗赋的原因以外,文士自我期许的变化,当亦是因素之一。

然而,需要指出的是,尽管经义试士出现了上述弊端,但是,宋代经义进士自设立开始,除元祐时期有短暂的停顿外,其他时间都一直沿用。就朝廷"崇儒"的目标而言,由于经义进士的推行,全社会崇儒尊道的学风由此建立起来,不管是王学独尊,还是程朱当道,儒者的地位遂不可动摇地高居文士之上。南宋士人讳言文学、更忌讳以文士自居,便是最好的证明。李纲述北宋文风谓:"宋兴划五季之余习,欧阳修以古作导之于前,王安石以经术成之于后,

---

① 李纲《梁溪集》卷三十六《诫谕学者辞尚体要诏》。
② 杨士奇《历代名臣奏议》卷一百十五《韩驹上论》。

而蜀人亦有以奇辞佳句铿锵于其间者,是以文乡之盛,接武三代,而下视汉唐为不足多也。"①李纲认为宋文之盛,欧阳修、王安石及蜀人(苏轼)为三个代表。王安石之以经术成之,显然在狭义的"文以载道"的路上走得更坚决。同时,徽宗朝敏感时期,李纲不便直言之蜀人苏轼,在李纲看来,苏文的价值似在于"奇辞佳句",这固然是对苏轼的片面理解。然而,这也许代表了时人对蜀学的直观印象,而且,南宋高、孝时期推崇元祐学术,崇尚苏文也主要是肯定其"奇辞佳句"等形式,而对苏文内容之雄辨,甚至强词夺理处,也不甚满意。

　　钱钟书先生列宋人论韩愈语,指出王安石论韩愈多贬抑之词,认为王安石之论"与刘昫、契嵩之讥《毛颖传》,皆焚琴煮鹤,杀风景语"②。然观其对韩愈的评论,主要是不满于韩愈在"道"的体认和把握上颇多疏失和抵牾之处,如谓"退之嘲鲁连,顾未知之耳,顾之醇孟轲,而驳荀杨氏;至其趣舍间,亦又蔽于己",并认为韩愈过于留意"文",如谓:"纷纷易尽百年身,举世无人识道真。力去陈言夸末俗,可怜无补费精神。"③王安石对韩愈与孟、荀、扬雄的是非去取,显示了宋代儒学由借力于文传播儒道,向独立彰显"道"指导社会人生的哲学价值的转变。韩愈被推尊是基于借文传道的现实需求,而当儒道独大的时候,韩愈作为文人的一面受到挑剔,作为儒宗的价值受到挑战也是必然的结果。王安石对韩愈文人特质的疵议,显示了王安石对于儒者人格和为文的新标准,在王安石看来,"力去陈言"、"类俳"都不过是究心于文之形,"徒语人以其词,失文之本意"④。古文运动的旗帜是"文以明道"、"文以载道",师法的

　　① 李纲《梁溪集》卷一百三十二《文乡记》。
　　② 钱钟书《谈艺录》载《宋人论韩昌黎》,商务印书馆,2011年,第159—160页。
　　③ 王安石《临川文集》卷三十四《韩子》。
　　④ 钱钟书《谈艺录》载《宋人论韩昌黎》,商务印书馆,2011年,第159—160页。

对象是韩、柳，而王安石对韩愈之文的批评，显示了王安石对于仁宗朝古文写作的不满。这种不满或针对后辈之习文忘道，或针对古文所载之"道"含糊不清。因此，王安石于古文之写作有自己的心得和主张，表现在取士制度上为以经义取士，表现于文章则为"准经义"。方笑一指出："王安石的经术对其古文产生了重要影响，它非但催生了经义文，更导致了'准经义'的产生。为将自身思想融入对经典的诠释之中，王安石还在论说文中采用了独特的表述策略，在为文章立意时，经术往往起到关键作用。"①用经术的思想统摄古文写作，这是王安石对于"古文"的新理解和新期待。因此李纲指出宋文的发展环节中有王安石以经学成于后之功。南宋人虽对王安石颇多微词，但仍称其文章"纯洁"，其着眼点也在于王安石古文以经术成之之特质。

## 四、乾淳文章集其成

南宋初，在拨乱反正的政治形势下，崇尚"元祐学术"，苏轼作为元祐文学的最高成就者受到热捧。尽管高宗也有崇苏的言论，而真正掀起崇苏热潮的是宋孝宗。他在《赠苏文忠公太师敕文》中将苏轼推为儒者之宗，并对苏轼在政事、学识和文学上的成就大加赞美。然而，正如李纲眼中的苏轼是以"奇辞佳句"对古文有所贡献一样，孝宗虽推苏轼为儒者之宗，而论据并不充分，苏轼没有一本关于六经、子书的注释笺传之作，孝宗所津津乐道者亦不过是苏轼之文辞"玉振而金声"、论事不逊于陆贽。而就元祐学术内部的学科分野来讲，苏轼是文学的代表，司马光是史学的代表，而二程则是道学的代表。

苏轼在元祐时期力主恢复诗赋取士时的诸多言说，虽然是为

①　参见方笑一《论"经术"与王安石古文之关系》，《文艺理论研究》，2008年第3期。

文学张目,但同时伤害了经学和史学等同道。元祐元年,刘挚请复诗赋,请以"第一场试经义,第二场试诗赋,第三场试论,第四场试策"①,而司马光则反对恢复诗赋,只是请求科场不专用王安石之学,苏辙也认为科场之制不可轻易改变。然最后议定的改革方案却是立经义进士、诗赋进士两科,可见要求诗赋取士一方的意志在此时占据了上风。元祐二年,苏轼作《复改科赋》,热情歌颂文彦博更张之举,认为"探经义之渊源,是非纷若;考辞章之声律,去取昭然",从评卷的技术角度贬抑经义难考。而元祐三年,苏轼知贡举,与赵挺之针锋相对地就试官的差遣问题发难,认为:"凡差试官,务在有词学者而已","人之有材,何施而不可,经义、诗赋等是文词,而议者便谓治经之人,不可使考试赋,何其待天下之士大夫之薄也?"②苏轼指出试官只需有词学就行,意即无论是经义、还是诗赋,其最终所考都是词学。他还进一步指出,经义、诗赋等是文词,既然都是文词,那么考校标准和要求也都是一样的。这不仅与朝廷最终确立诗赋进士、经义进士分科考试的本意相违,而且公然贬低经义的价值,完全无视其恢阐儒学的作用。其实赵挺之提出经义、诗赋考试分差经义、诗赋出身人评卷,从逻辑上讲是有合理性的,术业有专攻,对于举子也能显评卷之客观公正。而苏轼之气盛于辞,亦不免有强词夺理之嫌。联系苏轼在熙宁中议贡举改制所云:"通经学古者,莫如孙复、石介,使孙复、石介尚在,则迂阔矫诞之士也,又可施之于政事之间乎?"③可见其对儒学人士的轻视其来有自。因此,虽同为元祐学术,其实苏轼与二程、司马光等在学术旨趣及政治见解方面分歧颇多,苏轼指儒士迂阔,二程等认为文士轻浮无学,这种分歧必然会影响到南宋人对苏轼的取则。

---

① 刘挚《忠肃集》卷四《论取士并乞复贤良科疏》。
② 苏轼《东坡全集》卷五十四《乞不分差经义诗赋试官》。
③ 苏轼《东坡全集》卷七十《议学校贡举状》。

另一方面,在推重苏轼的同时,元祐之学中的二程理学与司马光的史学也同样受到推崇,加上自宋初以来的崇儒政策和经义取士的施行累计已近百年,士人尊经崇儒的观念已经根深蒂固。孝宗更是经常褒崇大儒,延请经筵讲道,道学在孝宗朝获得全面发展。叶适描述理学在孝宗时期兴起的情况谓:"昔周、张、二程考古圣贤微义,达于人心,以求学术之要。世以其非笺传旧本,有信,有不信,百年之间更盛衰者再三焉。乾道五六年,始复大振,讲说者被闽浙,蔽江湖,士争出山谷,弃家巷,赁馆贷食,庶几闻之。"①足见孝宗崇儒之效。因此,南宋人对于苏文的接受是在理学复兴背景下进行的,在科场推行古文的吕祖谦本人即是乾淳时期的三大儒宗之一,而陈傅良中举后之潜心儒学,朱熹之极不喜苏文,这都使得南宋人对苏文的取资主要局限于文学形式方面。

对苏文最热衷的地区是江浙一带,乾淳时期的科场程文则是学习苏文的代表。吕祖谦以兼融并包的开阔心胸,欲弥合元祐以来的周程、欧苏之裂,以恢复古文载道的传统。吴子良《荆溪林下偶谈》曰:"自元祐后谈理者祖程,论文者宗苏,而理与文分为二。吕公病其然,思融会之,故吕公之文早范而晚实。逮至叶公,穷高极深,精妙卓特,备天地之奇变,而只字半简无虚设者,寿老一见亦奋跃,策而追之几及焉。然则所谓统绪正而气脉厚也,又岂直文而已。"②作为永嘉后学的吴子良,对于永嘉文学融合周程、欧苏之裂的特点有清晰的认识。此种思想从一个侧面反映出永嘉学人认为苏文在传道、明道或载道方面是有欠缺的。陈傅良中举后尽焚旧稿,独从郑伯熊、薛季宣讲义理、经制之学即是一个具有典型意义的事件,弃文从理的背后,反映的是陈傅良对于苏文之缺乏义理的幡然悔悟。因此,时为国子蔡酒的芮烨也仅主张学习"苏文之长",

---

① 叶適《水心集》卷十三《郭府君墓志铭》。
② 吴子良《筼窗集续集序》。

朱熹在回复芮烨的信中说:"苏氏之学,以雄深敏妙之文煽其倾危变幻之习,以故,被其毒者沦肌浃髓而不自知。今日正当拔本塞源,以一学者之听,庶乎其可以障狂澜而东之。若方且惩之,而又遽有取其所长之意,窃恐学者未知所择,一取一舍之间,又将与之俱化而无以自还,是则执事者之所宜忧也。"①朱熹对学苏文所致的倾危变幻之习深恶痛绝,而芮烨则似乎有意于取苏文之长,以教后学,这所谓的苏文之长应当即指苏文在文学手法上的过人之处。今观南宋人言论,对于苏文在学识、义理方面的疵病议论甚多,如吕祖谦即认为:"看苏文法。波澜:出于《战国策》、《史记》,亦得关键法,当戒他不纯处。"②所谓"不纯处"即指苏文之立论不谨之处。叶适论苏文亦称其"理有未精"③。杨万里更指出苏轼省试《刑赏忠厚之至论》中"三宥"之典的出处,除了孔融一事外,《礼记》中尧三宥甸人之典与苏轼所用之意更近④。由此可见南宋人较之才情天纵之苏轼,在学识方面更谨严,立论更讲究义理之正,而对苏轼之文在某些时候表现出的强词夺理并不认可。此外,对于苏文之好骂,南宋人也深戒之。陈傅良认为:"论事不欲如戎兵,欲如衣冠佩玉,严整而和平。"⑤议论文章固然需要气势,但陈傅良所推崇的不是苏文之剑拔弩张,而是衣冠佩玉之气度雍如,气盛言宜,追求平知之气。故吴子良称:"止斋之文初则工巧绮丽,后则平淡优游,无一毫少作之态。"⑥叶适也常诲谕后生晚进勿作讥切之文。楼钥次韵刘望之文卷说:"从今使诸生,教育均蒙被。论议归正平,辞章

---

① 朱熹《晦庵集》卷三十七《与芮国器》。

② 吕祖谦《古文关键》论"看苏文法"条。

③ 叶适《习学记言》卷五十。

④ 参见杨万里《诚斋诗话》"欧阳作省试知举"条。

⑤ 吴子良《荆溪林下偶谈》卷四《止斋送陈益之诗》,又见《止斋集》卷二《送陈益之架阁》。

⑥ 吴子良《荆溪林下偶谈》卷四"陈止斋"条。

扫浮靡。古人去已远，时毋分彼此。君其挽之回，续弦须凤髓。"①也是看重刘望之文卷之议论正平、斥去浮靡，可以为时文楷范。所以，元人徐明善序东月师诗文称："予返林下六年，欲闻平近之言不可得，时取乾淳诸老文字讽诵，有会心处。"②后人有取于乾淳学者的正是文中的平近之言，无怒邻骂座之态。

　　南宋科场有取于苏轼的往往是议论之文，宋人有取于苏轼议论之"架虚行危，纵横倏忽数千百言"，而戒其文章中的不平之气。永嘉学者认为去除这种不平之气的方法是提升儒学修养，涵养心胸，理明则辞平。学儒之至当以语言平近为征象，这也是乾淳体内在之"质"保证外在之"文"不逾度的内在规定性。而苏文之好骂似也反证了其儒学修养不到位。

　　由此观之，乾淳学者对于苏文的是与非，其观念更近于黄庭坚。黄庭坚不喜苏文好骂，众所周知，而黄庭坚对于科场时文当入绳墨，又须不囿于绳墨的思想，以及强调举子"更须治经，深其渊源"等说，皆为南宋人所行之法则。其"自作语最难，老杜作诗，退之作文，无一字无来处，盖后人读书少，故谓韩、杜自作此语耳。古之能为文章者，真能陶冶万物，虽取古人之陈言入于翰墨，如灵丹一粒，点铁成金也"③诸语，实为叶适"自家瓦缶"之说的先声。黄庭坚所谓"文章最为儒者末事"，亦是南宋人之基本观念。因此，从上述黄庭坚在科场与文章方面与南宋乾淳文风的相似性而言，有理由相信，乾淳学者学苏的口号虽响，但在最终的学习效果上则更趋近于黄庭坚。这种学习效果的获得，一方面是理学复兴背景下，对苏文的取则较注重文章格法方面的学习，另一方面也源于南宋古文的转益多师。学苏的同时，也学欧阳修文的平炎，学曾巩文之

---

① 楼钥《攻媿集》卷二《刘望之国录惠示文卷次韵为谢》。
② 徐明善《芳谷集》卷下《东月师诗文》。
③ 黄庭坚《山谷集》卷十九《答洪驹父书三首》之二。

简净平和,学韩文之简古,学柳文之关键,更有向上一路,学汉魏文章,如楼昉编《崇古文诀》选文上溯至秦汉文章,其师法的对象非常广泛和多样化。

祝尚书先生在论宋代的古文以"时文为法"时指出:科场时文因"以古文为法"的推动而焕然一新,时文与古文之间互相取法,而且时文对古文的取法只是纯文法、技法的学习。① 诚哉斯言,前文所述对时文为何仅仅取法古文之形式提供了一种解释。而古文向时文的取法,与其说是主动的行为,不如说是被动地接受。因为彼时时文和古文的写作主体是同一的,应举时勤习时文,中举后辄作古文。好在此时的时文"以古文为法",过渡起来很方便,但也容易留下痕迹,如前文所论所谓"时文气"即是如此。南宋古文与南宋时文实际已经难以截然分开,可以说,南宋古文、时文都是在"文"、"道"融合的大背景下发生发展的。"道"最终再次挣脱"文"的拖累。然而"行道"与"传道"并非一回事,没有了"文"的参与,形于文字的"道"流于迂陋、质讷。而没有了"道"的约束管制,"文"似乎也未唤回自己本来的"魂"。故刘师培《论文杂记》叹云:"由文而质,至南宋而文愈质……若夫废修词之功,崇浅质之文,则文与道分,安望其文载道哉?"②

宋代古文的发展实际是两宋"崇儒佑文"政策的一个投影,其表现为"文"与"道"的协作与对立,其中既包含着儒士对文学的轻视,也包含了文士对儒学的误读,而这种"文"与"道"的分分合合都在科场一一显现,既左右着科场文章的走向,也随之影响着宋代古文风气的转换。柳开的落寞是因为缺少了科场的参与;杨亿的西

---

① 祝尚书《论宋代时文的以古文为法》,《四川大学学报》,2007 年第 4 期,第 18—25 页。

② 刘师培《论文杂记》。

昆体虽然有意顺应"崇儒"的时风,但却没有摸清朝廷"崇儒"的目标;欧阳修之所以能从而振之,很大程度上是因为古文之"明道"的功能与圣朝"崇儒"的需求相适应;而王安石之以经义取士,则显示出"儒道"独尊的趋势,经历元祐之更张与覆辙,道与文的对立正式上演。南宋则在儒学复兴的背景下,重推文学经典欧、苏古文。此时对于古文的需求首先来自科场,因此对古文的接受也是在科场思维的主导下进行的,对古文章法的解构、对奇辞佳句的模仿,均以类似解剖学的方法进行,因此,纵然总结了无数的诀窍,终喟叹:"独苏轼用一语,立一意,架虚行危,纵横倏忽数千百言,读者皆如其所欲出,推者莫知其所自来,虽理有未精,而词之所至莫或过焉,盖古今议论之杰也。"①苏轼之理有未精,却可称古今议论之杰,显然与南宋人"理胜则文自至"的观念相违。无法理解这样的悖反,正是南宋古文不能超越前人的原因所在。综观两宋古文之发展,每一阶段均与科场有着无法分割的联系,本书只是对这一关系做了一个较为粗疏的梳理,如果能够结合各期古文与时文的实例进行文本分析,此种联系将获得微观上的例证,当更稳贴。

---

① 叶適《习学记言》卷五十。

# 第九章 《赋林衡鉴》对宋体律赋及宋代诗文的影响

天圣五年(1027年),范仲淹丁母忧,寓居应天。时晏殊为应天知府,尤重兴学,闻范仲淹之名,召置府学①。在教学之余,范仲淹撰成赋格专书《赋林衡鉴》,此书今佚,但范仲淹自作之序尚存于《范文正集》中。通过《赋林衡鉴序》不仅可以了解真、仁之际科场律赋的状况,还可以更深刻地理解宋律赋在天圣、明道间的风气转变及典型的宋体律赋的形成。

## 一、《赋林衡鉴》出现的科场背景

真宗朝后期,科场中西昆风气盛行,其中学西昆而不至者的弊病也日益突出,朝廷一再下诏诫励,但效果并不明显。而另一方面宗尚韩、柳之文的古文家开始崛起,士人间相与砥砺散体文的风气也开始复萌,成为西昆文风的对立面。这种由于文学主张、好尚的差异而导致的分歧,也反映到科场律赋的写作与评价当中。夏竦《议贡举奏》云:"况主司不一,好尚差殊。学古者注意于策论;修辞者宅心于诗赋。简略者鄙其闳衍,绮丽者轻其质直。鉴裁既纷,品题乃惑,缁素无常色,金土无定价。燕雀遇便风则高翔千仞,蛟龙

---

① 《宋史》卷三百十四《范仲淹传》。

无尺水则困于泥涂。故工拙之状，多乖外望。"①学古者当指宗尚韩、柳古文之士，而修辞者则谓钟情西昆体者。尽管科场的考官并非清一色的西昆派文人，但西昆派文人在其中所占比例较大却是事实。所以李觏在与范仲淹的书信中写道："虽有仁如伯夷，孝如曾参，直如史鱼，廉如于陵，一语不中，则生平委地。况执其柄者，时或非人，声律之中，又有遗焉。荐于乡、奏于礼部，第于殿庭，偶失偶得，如弈棋耳。"②李觏所谓"执其柄者，时或非人"，即指当时科场考官中西昆文人占主导的情况。"绳墨不进，曲直终非"，并导致学子"进者岂尽其才，而退者愈惑于命"，学古者与西昆文士各执一端，器题差殊，导致的是天下学子迷其端源，无所适从。于是律赋的创作呈现"其如好高者鄙而弗攻，几有肴而不食；务近者攻而弗至，若以莛而撞钟"③的情况。好古者不屑于写作律赋，而急功近利者但知"荟萃小说，碟裂前言"，学之不由其径。

　　针对这种状况，时为府学教官的范仲淹试图为科场律赋建立起新的风范，以统一律赋写作与评价中的分歧。范仲淹早年在科场即有盛名，在担任应天府学主讲期间，每"出题使诸生作赋，必先自为之，欲知其难易及所用意，使学者准以为法"④，故深知律赋写作的甘苦，加上作为教育家与政治家的立场，《赋林衡鉴》一书可谓是范仲淹精心结撰的为律赋廓清迷障、指示方向的著作。不同于一般赋格类书籍一味迎合举子速成之需，范氏《赋林衡鉴》在宋代律赋史上可以说是一部继往开来之作，对于宋体律赋的成型有奠基作用。

---

① 夏竦《文庄集》卷十五。
② 李觏《旴江集》卷二十七《上范待制书》。
③ 范仲淹《范文正集·别集》卷四。
④ 司马光《涑水记闻》卷十。

## 二、《赋林衡鉴序》对律赋功能与题材的开拓

《赋林衡鉴序》首先肯定了赋"感人神"、"穆风俗"的崇高价值，介绍了律赋形成的历史及其主要的功能，并指出现实中律赋写作、评价昧于"向趋"的情况。范仲淹将律赋按题材和表现手法分为二十个大类，并分门别类地加以解说，还说明了例文多取唐人作品的理由。后人称范氏所分律赋之二十类为"赋二十体"。在序文末，范仲淹表达了对国家取士易方的期望。《赋林衡鉴》一书对宋律赋的重要贡献之一就是开拓了律赋的功能与题材。可以说这是一篇为宋体律赋定调的重要赋学专文，兹录其全文如下：

> 人之心也，发而为声，声之出也，形而为言。声成文而音宣，言成文而诗作。圣人稽四始之正，笔而为经；考五声之和，鼓以为乐。是故言依声而成象，诗依乐以宣心。感于人神，穆乎风俗，昭昭六义，赋实在焉。及乎大醇即醨，旁流斯激，风雅条散，故态屡迁，律吕派分，新声间作。

> 而士衡名之体物，聊举于一端；子云语以雕虫，盖尊其六籍。降及近世，尤尚斯文，律体之兴，盛于唐室，贻于代者，雅有存焉。可歌可谣，以条以贯。或祖述王道，或褒赞国风，或研究物情，或规戒人事，焕然可警，锵乎在闻。

> 国家取士之科缘于此道，九等斯辨，寸长必收。其如好高者鄙而弗攻，几有肴而不食；务近者攻而弗至，若以莛而撞钟。作者几希，有司大患，虽炎炎其火，玉石可分，而滔滔者流，泾渭难见。曷尝求备，且务广收，故进者岂尽其才，而退者愈惑于命。临川者鲜克结网，入林者谓可无虞，士斯不勤，文何以至。撰述者既昧于向趣，题品者复异其好尚。绳墨不进，曲直终非。

仲淹少游文场，尝禀词律，惜其未获，窃以成名。近因余闲，载加研玩，颇见规格，敢告友朋。其于句读声病，有今礼部之式焉，别析二十门，以分其体势。叙昔人之事者谓之叙事；颂圣人之德者谓之颂德；书圣贤之勋者谓之纪功；陈邦国之体者谓之赞序；缘古人之意者谓之缘情；明虚无之理者谓之明道；发挥源流者谓之祖述；商榷指义者谓之论理；指其物而咏者谓之咏物；述其理而咏者谓之述咏；类可以广者谓之引类；事非有隐者谓之指事；究精微者谓之析微；取比象者谓之体物；强名之体者谓之假像；兼举其义者谓之旁喻；叙其事而体者谓之叙体；总其数而述者谓之总数；兼明二物者谓之双关；词有不羁者谓之变态。区而辩之，律体大备。

然古今之作莫能尽见，复当旅次，无所检索，聊取其可举者类之于门，门各有序，盍（盖）详其指。古不足者，以今人之作者附焉，略百余首，以示一隅，使自求之，思过半矣。虽不能贻人之巧，亦庶几辩惑之端，命之曰《赋林衡鉴》，谓可权人之轻重，辨已之妍媸也。

所举之赋，多在唐人，岂贵耳而贱目哉？庶乎文人之作，由有唐而复两汉，由两汉而复三代。斯文也，既格乎雅颂之致；斯乐也，亦达乎韶夏之和。臣子之心，岂徒然耳。

若国家千载特见，取人易方，登孝廉、举方正，聘以伊尹之道，策以仲舒之文，求制礼作乐之才，尚经天纬地之业，于斯述也，委而不论，亦吾道之志欤。时天圣五年正月日高平范仲淹序。①

---

① 范仲淹《范文正集·别集》卷四《赋林衡鉴序》。

### (一) 律赋功能定位的调整

在序文中范仲淹首先追述了赋作为"六义"之一的崇高价值，这是祖述历代儒家诗教观的传统说法，似无新意，然而范氏对律赋的功能的界定却有些与众不同，其云："或祖述王道，或褒赞国风，或研究物情，或规戒人事，焕然可警，锵乎在闻。"①"褒赞国风"与"规戒人事"是对班固"或以抒下情而通讽谕，或以宣上德而尽忠孝"之说的继承，并且突出强调讽谕之"规戒人事"的功能，这一点开启了律赋议政论政的风气，张方平曾指出："国朝自真宗以前，朝廷尊严，天下私说不行，好奇喜事之人不敢以事摇撼朝廷。故天下之士知为诗赋以取科第，不知其他。……自设六科以来，士之翘侻者，皆争论国政之长短……其始也范讽、孔道辅、范仲淹三人，以才能为之称首。"②由于六科给事中这一职位的设立，使得谏官的地位大为提高，投射到科场则表现为举子喜议时事，而范仲淹等则是首开风气的人。这种倡导律赋关注时事的风气在庆历年间达到了高潮，欧阳修亲拟《应天以实不以文赋》，并在进呈仁宗皇帝的表状中明确指出："赋者，规谏之文也。"③苏轼在元祐年间也写作了不少议论时政的律赋，欧、苏在律赋上明显是继承了范氏的观念并变本而加厉了。

而"祖述王道"与"研究物情"却是范仲淹赋予律赋的"新职任"。"王道"当指"外王之道"，即治理天下的大道理，自中唐时期提倡律赋题自经籍中来开始，祖述王道的内容在律赋写作中就日趋普及。及至宋代，以儒教治国，科场律赋更注重考察应举者的学

① 范仲淹《范文正集·别集》卷四。
② 朱熹《宋名臣言行录·后集》卷三。
③ 欧阳修《文忠集》卷七十四。

识、器业,遍习六经已经成为科场进士写作律赋必修的基本功。范仲淹在这里将"祖述王道"放在首要的位置,说明了"祖述王道"已然成为了宋律赋最重要的一项功能。而"研究物情"中的"研究"二字则使律赋对"物"的描写有别于过去赋作"写物图貌,蔚似雕画"的传统。"研究"为仔细研磨,反复探究之意,这与六朝写物赋专注于物象外在情状的描绘大异其趣,"研究物情"意在超越事物的外在形式去探求事物之理,即"物情"。这种界定对于改变西昆体律赋讲究"刻画入微"的风气无疑是很有拨乱反正的意义,对于宋律赋重议论、重理趣特征的形成也有重要影响。

### (二)"赋二十体"与宋律赋之学理化

《赋林衡鉴序》按"体势"将律赋分为二十类,詹杭伦先生认为:"他分类的依据主要有二:一是按照题材分类,前十类大致如此;一是按照写作方法分类,后十类大致如此。"①范仲淹对二十种类型的律赋分别作了界定,"取其可举者类之门,门各有序,盉(盖)详其旨"。② 在每一类型的律赋下范仲淹附列了例文,每类之下还有较总序更为详尽的各类小序。而今其书早佚,仅存总序。二十类之名颇有费解之处,比如有叙事类,又有叙体类;有咏物类,复有体物类,诸如此类者甚多。笔者参以郑起潜《声律关键》对律赋的分类,并结合范仲淹本人的律赋作品,对二十类律赋辨析如下:

1. 叙事:"叙昔人之事谓之叙事"。此类律赋在唐代最为多见,多以古事为题,通篇叙其事。《声律关键》"认题"下有"叙全篇"一类,举《金城图上方略赋》为例,即叙事类律赋。郑起潜在该类下

---

注曰:"古赋多铺叙出处本末,八韵贯通。"①盖知此类律赋在南宋已较少出现。范仲淹《铸剑戟为农器赋》即属叙事类。

2. 颂德:"颂圣人之德者谓之颂德"。此类律赋在宋律赋中最为常见,是典型的润色鸿业的作品。值得注意的是范仲淹谓"颂圣人之德",与班固之"宣上德"有所区别,"圣人"既可用以指帝王,也可以指儒家先圣,如孔、孟等。范仲淹所定义的颂德较班固更有进步意义,颂先圣之德可以引起今世之人对先圣风节的向往,从而起到教育、升华的作用,较一味"宣上德"以讨好皇帝有根本的区别。范仲淹《老人星赋》为颂德类律赋。

3. 纪功:"书圣贤之勋者谓之纪功"。《声律关键》有"品藻"类,下举《善政不如善教》、《孟氏功不在禹下》,论圣贤之功,庶几与范仲淹所言之"纪功"相类。范仲淹《尧舜率天下以仁赋》即属纪功类。

4. 赞序:"陈邦国之体者谓之赞序"。赞序本为史书作者为传主所作的评语及为各志写的引言,《文心雕龙·史传》论班固《汉书》"十志该富,赞序弘丽"即是这个意思。万光治先生《汉赋通论》谓:"汉代颂、赞、箴、铭,与赋同体异用。"②指出了赞与赋之间的近亲关系。以赞序命名律赋之一体,似取赞序之总括、评价之意,而"邦国之体"意即治国道理。范仲淹此类律赋最多,《历代赋汇》"治道"类收入范氏律赋20篇。而《历代赋汇》的分类与范仲淹所分"二十体"有所区别的,笔者以为《历代赋汇》收入"农桑"类的范氏《稼穑惟宝赋》也应属于"赞序"类律赋。

5. 缘情:"缘古人之意者谓之缘情"。赋可缘情并非新论,而所谓"缘情"通常指缘作者之情,情动于中而形于言,此通论矣。但范仲淹对"缘情"的定义却是"缘古人之意者谓之缘情",将动情的

---

① 郑起潜《声律关键》,《续修四库全书》本。

② 万光治《汉赋通论》,巴蜀书社,1989年,第79页。

主体由作者变为古人，且为古人之"意"。"意"与"情"其含义大有区别，相信范仲淹并非不知，他之所以如此定义，臆测其理由是：对于古人，我们有"知人论世，以意逆志"的通识，却无逆料古人之情的说法，所以用"意"不用"情"。在全部二十类中，除名不符实的"缘情"类外，我们看不出任何一类与抒情有关联。这种看似奇怪的现象，其实正反映了宋律赋创作中主体性的消融、文学性的隐遁。

6. 明道："明虚无之理者谓之明道"。所谓"虚无之理"多指道家学说，老子《道德经》有"明道若昧，进道若退"之说。此类当为北宋初律赋多道教题目而设。太祖和真宗都崇信道教，关于道家的学说成为显学，律赋中也有很多以道家学说命题者。范仲淹《老子犹龙赋》应属此类。

7. 祖述："发挥源流者谓之祖述"。祖述是赋体写作中的一种风气，如纪行赋始于刘歆《遂初赋》，其后有班彪的《北征赋》、班昭的《东征赋》、蔡邕的《述行赋》、西晋潘岳的《西征赋》，续作者难于毕陈。但范仲淹这里所谓的"祖述"显然有别于前述意思，观范仲淹谓律赋之功用有"祖述王道"一项，"祖述"类所指当即祖述王道。范仲淹律赋祖述王道者较多，如《君以民为体赋》、《礼义为器赋》等。

8. 论理："商榷指义者谓之论理"。"商榷指义"当指其义有可议之处。范仲淹《贤不家食赋》、《得地千里不如一贤赋》应属此类。论理一类的确立与范仲淹"尊经疑传"的主张有关。其后的大文豪欧阳修、苏轼，在律赋写作中都极善议论，李调元谓苏轼《通其变使民不倦赋》、《三法求民情赋》、《六事廉为本赋》三赋"以策论手段施之帖括，纵横排奡，仍以议论胜人"[1]，浦铣《复小斋赋话》指出："东坡《黠鼠赋》：'人能碎千金之璧，不能无失声于破釜；能搏猛虎，不

---

① 李调元《赋话》，《续修四库全书》第 1715 册，第 668 页。

能无变色于蜂蛰。'二语乃东坡少年《夏侯泰初论》也。"①苏轼十岁时,曾作《夏侯太初论》,而浦铣所引之句不仅见于《黠鼠赋》,而且还在《颜乐亭诗并叙》中出现,且一字不差,苏轼本来就善于破体为文,加上范仲淹所确立的律赋论理一路,已有欧阳修的龟鉴在前,故苏轼律赋之"以议论胜人"其来有自。

9. 咏物:"指其物而咏者谓之咏物"。"咏物"之赋,六朝尤盛,其多以刻画入微,雕琢细腻见长。如前文所论,宋人咏物讲究"研究物情",不汲汲于物象的描绘,而是究心于事物之理,如范仲淹《水车赋》破题云:"器以象制,水以轮济。假一榖汲引之利,为万顷生成之惠。扬清激浊,诚运转而有时;救患分灾,幸周旋于当世。"②总言水车之用,而全赋无一句专门描写水车之形状,其重点完全转移至"咏"上。

10. 述咏:"述其理而咏者谓之述咏"。与咏物类似,既然咏物的重心在于"物之理"、"物之用",那么直接咏理当然也顺理成章。范仲淹《水火相入而相资赋》就是取《周易·说卦》中的一句话为赋题,即为述咏类。

11. 引类:"类可以广者谓之引类"。引物连类是写作议论文章的方法之一,《淮南子》一书就多用此法,使议论显得气势充沛,雄辩滔滔。范仲淹所云之"引类",亦当指引类以明理。

12. 指事:"事非有隐者谓之指事"。指事本为"六书"之一,引申为阐明事理,叙述事物,刘勰《文心雕龙·明诗》云:"造怀指事,不求纤密之巧。"③元稹《杜君墓志铭》:"词意简远,指事言情,自非有为而为,则文不妄作。"④范仲淹此处尤指阐述明白、显豁之理,

---

① 浦铣《历代赋话校正》(附《复小斋赋话》),何新文、路成文校注,上海古籍出版社,2007 年,第 372 页。
② 范仲淹《范文正集》卷二十。
③ 王利器《文心雕龙校证》,上海古籍出版社,1980 年,第 35 页。
④ 元稹《元氏长庆集》卷五十六。

《声律关键》有"名义"类,举《天子曰辟雍》、《五帝名学曰成均》为例,其与范仲淹"指事"类相近。范仲淹有《圣人大宝曰位赋》可为指事类的代表。

13. 析微:"究精微者谓之析微"。《易》通常被认为是"六经"中最为精微者,胡瑗《周易口义·系辞上》谓:"其道至大,以至纤至悉之事,无不备载,虽有爻象之辞以解释之,然其辞义深远,其理精微,至渊至奥,不可以易晓。"①宋人对《易》很热衷,留下的易学注疏仅见于《四库全书》著录的就有近百余种。《宋史》称"仲淹泛通六经,长于《易》"②,其律赋中有多达七篇专门论《易》理者。笔者以为范仲淹所谓"析微"类很可能是指讲说《易》理为主的律赋。

14. 体物:此类律赋下文专论,此略。

15. 假像:"强名之体者谓之假像"。"假"即"借","假像"意即"借象",当指以有形有体之物名无形之事理。范仲淹《干为金赋》即属此类。

16. 旁喻:"兼举其义者谓之旁喻"。意即反复举例以明义,这是赋体写作中最典型的手法,在历代论理赋中,这种写法也很常见。

17. 叙体:此类律赋下文专论,此略。

18. 总数:"总其数而述者谓之总数"。《声律关键》有"数目"一类,下举《皇极之主叙九畴》、《回闻一以知十》为例。范仲淹《六官赋》即属此类,其赋分门别类叙述"冢宰"、"司徒"、"宗伯"、"司马"、"司寇"、"司空"之职掌。

19. 双关:"兼明二物者谓之双关"。《声律关键》有"两全"类,其下举《太宗功德兼隆》、《汉文武相配》为例,所谓两全,即其所举例中"功"与"德"、"文"与"武"两两相配,此与范仲淹之"双关"为同

---

① 胡瑗《周易口义·系辞上》。
② 《宋史》卷三百十四。

一类别。《大礼与天地同节赋》应属"双关"类,其赋破题云:"惟大礼之有节,同二仪而可详。其大也,通庶汇之伦理;其节也,着万化之纪纲。贵贱洞分,列高卑而不爽;弛张冥契,制舒惨而有常。"①每联分别叙写"大礼"与"天地",故为兼明二物。

20. 变态:"词有不羁者谓之变态"。詹杭伦先生谓:"所谓'词有不羁'的'变态'类,这一类作品也许是由律赋转化为文赋的先兆。"②此说有一定道理,"不羁"即不受约束,律赋最大的约束就是声律与对偶,文赋就不受声律、对仗的限制。不过文赋显然还有更远的渊源,不宜拘限于律赋之变。笔者以为,范仲淹列"变态"一类,实际上是庆历律赋新体产生的远源。庆历科举新制允许依仿以白居易、独孤绶为代表的唐人赋体,不限字数、不限联数,在形式上获得了很大的解放,其思想远源似在范仲淹"变态"一类中可以约略见出。范仲淹《水车赋》、《临川羡鱼赋》都不按平仄相间的规则押韵③,且语句多楚辞风格,亦可谓范赋中的"变态"之作。

范仲淹在《上时相议制举书》中指出最佳的科举考试内容应是"先之以六经,次之以正史。该之以方略,济之以时务。使天下贤俊翕然修经济之业,以教化为心,趋圣人之门,成王佐之器"。④ 儒家六经应该在考察内容中占据最重要的位置,同时经济实务的能力也不可偏废。综观范仲淹所列的二十类律赋,其实质都是言理之赋,包括命名为"缘情"、"咏物"、"体物"的赋类。与范仲淹所言之律赋的功能相参照,不难看出范仲淹着意于提升律赋的价值,将六经、史书,甚至道家经典作为律赋创作的灵感来源,截断创作主

---

① 陈元龙《历代赋汇》卷四十四。

② 詹杭伦《范仲淹的赋论与赋作》,载《唐宋赋学研究》,中国社会科学出版社、华龄出版社,2006 年(第二版),第 265 页。

③ 同上书,第 271 页。

④ 范仲淹《范文正集》卷九。

体与作品之间的情感联系,将律赋定位于经史的文学化传译,以响应朝廷要求学子宗经修德的号召。提倡为文宗尚六经、祖述王道并不始于范仲淹,北宋古文运动的先驱如王禹偁、孙何等早有此论,西昆体作者也讲究引述儒家经典。范仲淹与前人不同之处在于,作为北宋疑传派的代表,他主张"尊经疑传",儒家的经籍需要重新注解,还原经典的本意,同时为时政提供指导与借鉴。因此写作以经、子、史为题的律赋其实与重注六经并无本质的区别,范仲淹《易兼三材赋》就专门探讨《易》学。北宋龚鼎臣就曾指出:"赋亦文章,虽号巧丽,苟适其理,则与传注何异?"①这正是范仲淹及后学们乐于写作律赋的内在动因。

## 三、"体物"之"体"与宋律赋的学理化

"体物"是赋体的一项基本特征,《文心雕龙》云:"体物为妙,功在密附。故巧言切状,如印之印泥,不加雕削,而曲写毫芥。故能瞻言而见貌,印字而知时也。"②在刘勰看来,"体物"就是将物象生动地描绘出来,达到"蔚似雕画"的效果,这也是对"体物"最通行的一种解释。但是范仲淹所定义的"体物"类律赋却与通行的定义大相径庭,其云"取比象者谓之体物"。南宋郑起潜《声律关键》律赋写作第一诀"识题"下分列了三十余种题目类型,第一便是"体物",并举《文德帝王之利器》、《天子游六艺之圃》为例,揆以范仲淹"取比象者"的定义,正相符合。《文德帝王之利器》,即用利器象喻帝王之文德。为了与譬喻相区别,郑起潜又注云:"取物之义,非譬喻也。"③《天子游六艺之圃》用园圃象喻六艺,并从而派生出"游"圃

---

①　龚鼎臣《东原录》。
②　王利器《文心雕龙校证》,上海古籍出版社,1980年,第279页。
③　郑起潜《声律关键》,《续修四库全书》本。

的行为,与譬喻实不相类。郑起潜在"譬喻"类题目下举《天形如倚盖》、《高祖从谏若转圜》为例,从今人的眼光来看,两类题目的根本区别在于"体物"为暗喻,而"譬喻"为明喻,有明确的象喻词如"若"、"如"之类。根据"体物"的界定,范仲淹的《礼义为器赋》应属"体物"类。

范仲淹用"取比象"来定义"体物"是创新之举,还是有所祖述?要探明这个问题,还得从《赋林衡鉴序》当中来找线索。"体物"一词在序文中还出现过一次,即"士衡名之体物,聊举于一端",观此语可知范仲淹对陆机"赋体物而浏亮"之说还是部分肯定的。然而赋体之功能前有"登高而赋可以为大夫","或以抒下情而通讽谕,或以宣上德而尽忠孝"诸说,缘何范仲淹皆弃而不取,独言陆机之"体物说"?曹虹先生《陆机赋论探微》受庄子"体道"说的启发,并联系"浏亮"一词的意义,指出陆机"赋体物而浏亮"之说与过去通常所理解的"体物即赋物"的含义有所不同:"一方面,所谓'体物',已不停留在为着某种效果而作的叙事性描述,所以,'体物'并不等同于纯粹肖像式的'写实'。另一方面,'浏亮'的风格又必须在摹形图貌之中得以呈现,不可能超绝于具体的'物'。那么,这里实际上暗示了由物象形貌而进入物象神理的问题。只是在陆机心目中,似更注重'体物'所获得的理或意。"①曹虹先生敏锐地意识到了陆机"体物"说不同于刘勰"体物"说之处,但其对于陆机"体物"思想的来源——庄子体道的解析却不够准确。陆机"体物"说其实来源于《周易·系辞》,其云:"子曰:'书不尽言,言不尽意,然则圣人之意其不可见乎?'子曰:'圣人立象以尽意,设卦以尽情伪,系辞焉以尽其言,变而通之以尽利,鼓之舞之以尽神。'"②"立象以尽意"正是"体物而浏亮"之说的源头。范仲淹深于易学,仅律赋中就

① 曹虹《中国辞赋源流综论》,中华书局,2005年,第166—167页。
② 林栗《周易经传集解》卷二十五。

有七篇之多讨论《易》理,正是其深厚的易学修养,使得范仲淹准确地领会了陆机"体物"说的真正内涵,故在序言中特意指出陆机之说的合理性。陆机"体物"是指"由物象形貌而进入物象神理",根据这个界定,"取比象"中的"象"为所体之"物",而文章的重点却在于该"物象的神理",即郑起潜所取之"物之义",这一至关重要的界定使体物与"咏物"区别开来。

至此,前述的疑惑涣然冰释。对"体物"的解释,"体"字是关键,由物象及于神理的过程与庄子的"体道"行为相类似。在范仲淹所析的二十类律赋中,还有一类名为"叙体",其定义为"叙其事而体者谓之叙体"。此句中第一个"体"字将此类律赋与"叙事"类区别开来,叙事类律赋着意于事件的描述,而叙体类则究心于事件背后所传达之理。事件也可以成为"体"的对象,这大概算是范仲淹的一个创举,难怪他认为陆机体物"聊举于一端"。《临川羡鱼赋》是典型的叙体类律赋,该赋罕见地用了较多的笔墨来刻画"临川羡鱼"的情状,李调元评此赋云:"宋范仲淹《临川羡鱼赋》中幅云:'惜矣空拳,眷乎颁首。止疢怀而肆目,自朵颐而爽口。几悔恨于包无,徒讽咏于南有。心乎爱矣,愧疏破浪之能;敏以求之,惧速冯河之咎。'虚处传神,句句欲活,唐人无以过之。"[①]而此番描绘功夫,其目的在于道出"居人之常,为邦之彦。欲高位而是蹈,当崇德而无倦。修天爵而人爵从之,何烦健羡"之理,是谓"叙其事而体者"也。

李调元云:"唐人体物最工,么么小题却能穿穴经史。林滋《木人赋》云:'来同避地,举趾而根柢则无;动必从绳,结舌而语言何有。'又云:'进退合宜,依然在斯。既无丧无得,亦不识不知。迹异草莱,其言也无荂;情同木讷,其行也有枝。'陈章《艾人赋》云:'当户而居,恶荂言兮结舌;负墙而立,甘菜色以安身。'李子卿《水萤

---

① 李调元《赋话》,《续修四库全书》第 1715 册,第 666 页。

赋》云：'色动波间，状珠还于合浦；影悬潭下，若星聚于颍川。'字字典则，精妙无双，宋以后诸公所不能及。"①从李调元所举之赋来看，他对于"体物"一词的理解与刘勰相同，是曲尽其妙地传达物态，而李调元欣赏唐人体物之工在于他们在白描之外，能将经史典故不露痕迹地运用到物态的描绘上。在范仲淹律赋的分类中既有"咏物"类，又有"体物"类，既有"叙事"类，又有"叙体"类，盖由于他深知"咏"和"体"之区别。

范仲淹与理学兴起之间的关系，哲学界早有共识，而范仲淹对理想人格的追求造成了巨大的时代影响，这种影响与理学思潮之发生存在着潜在的关联，而他的以易学为中心的哲学思想则为理学的兴起创造了理论条件②。傅宇斌指出范仲淹的性道赋中包含了他重要的理学思想③。理学的内容进入律赋是范仲淹律赋的一个重要特点，而理学中达至"内圣"之道的途径就是体道，所以"体"才在性道类律赋中占据了特殊的一席。此外，正如前文所述，天圣、明道之际，西昆文风实际还有相当的影响力，科场中，律赋受其影响最深。范仲淹如此强调"体"的作用，意在改变西昆文风影响下律赋写作徒事罗列堆砌，不顾思理逻辑的状况，以"体"引人深思，引起士人对六经的重新思索。

范仲淹作为宋学规模的建立者，其身边聚集了一大批宋学的奠基人，如孙复、张载、胡瑗、周敦颐、石介、吕希哲等，这些拥有共同学术追求的高平讲友、门人对于性道话题的热衷与朝廷取士"宗经修德"方针适当其会，宜乎性道类律赋大行其道。祝尚书先生指出诗赋策论题出经史意在革除律赋的"无用"之弊，而结果却使得

---

① 李调元《赋话》，《续修四库全书》第 1715 册，第 663 页。

② 郎国华、范立舟《略论范仲淹与理学思潮产生的关系》，载《广东社会科学》2003 年第 6 期，第 87 页。

③ 傅宇斌《范仲淹的性道赋与其理学思想》，载《文史知识》2007 年第 11 期。

律赋走向了论政说理的极端①。欧阳修嘉祐中打击的"太学体"实际就有阻抑理学在文学中的入侵之意②。正如宋诗以文字、才学、议论为诗而自成特色一样，宋律赋中探讨性理的佳作也不失为特色，当然写得不好的性理律赋殆同语录者也是有的。

## 四、《赋林衡鉴》的影响：宋体律赋的定调
### ——兼论其对宋代诗文的影响

### (一)《赋林衡鉴》与宋体律赋的定调

赋至唐宋，变而为律，唐宋取士多用之，由是律赋有唐体、宋体之别。然而，宋代律赋在何时开始变唐自立，其发展演化的脉络又是如何？关于这一点，宋人王铚有论，其谓：

> 赋之兴远矣，唐天宝十二载始诏举人策问外试诗、赋各一首，自此八韵律赋始盛。其后作者如陆宣公、裴晋公、吕温、李程犹未能极工，逮至晚唐薛逢、宋言及吴融出于场屋，然后曲尽其妙。然但山川草木、雪风花月，或以古之故实为景题，赋于人物情态为无余地，若夫礼乐刑政、典章文物之体，略未备也。国朝名辈犹杂五代衰陋之气，似未能革。至二宋兄弟始以雄才奥学，一变山川草木、人情物态，归于礼乐刑政、典章文物，发为朝廷气象，其规模闳达深远矣。继以滕、郑、吴处厚、刘辉，工致纤悉备具，发露天地之藏，造化殆无余巧。其隳栝声律，此可谓诗赋之集大成者。亦繇仁宗之世太平闲暇，天下安静之久，故文章与时高下。盖自唐天宝远讫于天圣，盛于景

---

① 祝尚书《论宋体律赋》，载《社会科学研究》，2006 年第 5 期，第 166 页。
② 朱刚《"太学体"及其周边诸问题》，载《文学遗产》，2007 年第 5 期。

祐、皇祐,溢于嘉祐、治平之间。①

　　这大致勾画出了宋体律赋形成的全过程,即宋初远绍唐律赋,天圣时期形成宋体特色,盛于景祐、皇祐,大成于嘉祐、治平。清李调元基于对宋律赋作品的历时考察认为宋律赋:"大略国初诸子矩矱犹存,天圣、明道以来,专尚理趣,文采不赡。"②李调元也把宋律赋风气转关的时间确定为天圣、明道之际。如果说天圣、明道之际"二宋"的出现,代表了宋律赋在创作上的转向,那么范仲淹在天圣五年所著的《赋林衡鉴》一书则是基于这种风气转关的深刻理论思考,如前文所分析的其关于律赋价值、内容以及表现方式的全新树立,正是对这种风气的响应与总结,甚或是前瞻性的导向。

　　曾枣庄先生《论宋代律赋》指出宋代律赋多为议政之作,格式限制很严,有"步武前贤"与"横鹜别趋"两种体式,且对宋代文学颇有帮助,因此不宜一概否定③。而祝尚书先生《论宋体律赋》一文则具体说明了宋律赋在命题范围、韵数、用韵次序及其格法程序等方面的规定,并指出宋体律赋明显地具有两个倾向:一是以议政、说理为主要内容;二是"以学为赋"。鉴于宋律赋在内容及形式上受到种种限制,祝尚书先生认为对宋体律赋的综合评价不应过高。曾、祝二先生尽管在宋律赋的总体评价上意见不同,但都认同宋代律赋源出于唐,又自成特色,并以论政、说理为主。而这种"论政、说理为主"的导向在《赋林衡鉴》一书中已是旗帜鲜明,并在此后的律赋写作中更明显地表现出来。宋祁明道初试学士院做《琬圭赋》,时翰林盛度奏,极褒称之曰:"此文有作用,有劝戒,虽名为赋,

---

① 王铚《四六话序》。
② 李调元《赋话》,《续修四库全书》第 1715 册,第 671 页。
③ 曾枣庄《论宋代律赋》,载《文学遗产》,2003 年第 5 期,第 47—61 页。

实若诏诰词也。"①李调元云:"宋欧阳修《畏天者保其国赋》虽前人推许,然终是制诰体,未敢为法。"②诏诰代天子行文,义尚光大,但欧阳修《应天以实不以文赋》显然已突破了诏诰的风格,而近于笺表,这也是欧赋的突出特征,所以李调元有评论云:"欧公佳处乃似笺表中语,难免陈无己(师道)以古为俳之诮。"③由于试赋取士的目标是为朝廷选拔治理之才,因此赋作为观才之具,必然会渗入文以外的其他价值期待,包括其经学的素养、治理的才干等。宋初太宗、真宗朝文教政策由"佑文"向"崇儒"的转移,并促使科场文章更趋向于表现才识,初现学理化倾向④,《赋林衡鉴》正是在这种发展方向上对律赋创作的理论总结与导向。

《赋林衡鉴序》云:"近因余闲,载加研玩,颇见规格,敢告友朋。""载加研玩"一语说明范仲淹的选文原则非率意而为,而是深思熟虑的结果。在范仲淹丁母忧期间,他对时政有深入的思考,并于天圣五年上书王曾、吕夷简等执政大臣,提出一系列的改革建议,其中就包括了"慎选举"的内容。律赋是当时进士科最重要的考试科目,范仲淹在天圣五年编选《赋林衡鉴》不可能不融入自己对选举制度的思考与期待。范仲淹的许多律赋都与他的政治、学术思想有关,《任官惟贤材赋》、《六官赋》与他"明黜陟、抑侥幸"、"择长官"、"覃恩信"的主张一致,《稼穑唯宝赋》与其"厚农桑"的主张相关,《政在顺民心赋》反映的是其"均公田、减徭役"的主张,诸如此类,不胜枚举。范仲淹《用天下心为心赋》,李调元叹为:"此中大有经济,不知费几许学问,才得到此境界,勿以平易忽之。"⑤四

---

① 龚鼎臣《东原录》。

② 李调元《赋话》,《续修四库全书》第 1715 册,第 667 页。

③ 同上书,第 665 页。

④ 许瑶丽《西昆文风在科场程文中的传播与影响考论——以科场律赋为考察中心》,载《西南民族大学学报》,2012 年第 11 期。

⑤ 李调元《赋话》,《续修四库全书》第 1715 册,第 665 页。

库馆臣称范仲淹："盖行求无愧于圣贤，学求有济于天下……观仲淹之人，与仲淹之文，可以知空言实效之分矣。"①是知范仲淹之文非空言之作，盖有定论矣。正因为如此，范氏律赋及其有关律赋的思想才对宋体律赋的形成产生了深刻的影响。

《赋林衡鉴》一书在引领宋律赋的"天圣、明道之变"中起到了相当重要的作用。《赋林衡鉴》所树立的，以论政说理为主的律赋风格正是宋体律赋的特点。秦观论律赋结构，认为从第三韵至第七韵，皆要以议论充之。这是典型的宋律赋，而奠立这种风格的正是范仲淹。因此笔者认为《赋林衡鉴》一书所树立的律赋体式从题材和体势等方面为宋律赋的发展定了调。这种格调可以归纳为重议论、重学理、重时事，这种指导思想间接促成了庆历末"太学新体"的形成，对仁宗朝中后期宋体律赋定型也产生了深远的影响。

### (二)《赋林衡鉴》与宋代诗文

吴渊论宋文"三变"之二云："已而回澜障川，黜雕返朴，崇议论，励风节，要以关世教、达国体为急，则欧、苏擅其宗。"②吴渊以欧、苏为宋文"二变"的代表，主要是基于他们的文学成就。若谓在欧阳修、苏轼之前开疆拓土，指引宋代文风之第二变者，则《赋林衡鉴》已启其端。"崇议论，励风节，要以关世教、达国体为急"正是范仲淹律赋的特点，崇议论、励风节固不必说，"关世教、达国体"在范仲淹律赋中处处可见，对此周兴涛在《巧心浚发，妙句云来——评范仲淹的律赋》一文中已有详尽的论述③。范仲淹认为律赋可以

---

① 《四库全书总目》卷一百五十二《〈文正集〉提要》。

② 吴渊《鹤山集原序》。

③ 周兴涛《巧心浚发，妙句云来——评范仲淹的律赋》，载《西南交通大学学报(社会科学版)》，2006 年第 4 期。

起到"规戒人事,焕然可警,锵乎在闻"的效果,正是重视律赋的针砭、济世的功能,而这种观念被欧阳修进一步发挥为"赋者,规谏之文也"。如前文所述,天圣年间是国家文化政策由"佑文"向"崇儒"转变的关键时期,欧阳修与尹洙相与作为古文在天圣九年,此前一年,范仲淹在对时相晏殊的上书中请求科举考试:"命试之际,先之以六经,次之以正史,该之以方略,济之以时务,使天下贤俊翕然修经济之业,以教化为心,趋圣人之门,成王佐之器。"①是知,天圣五年,范氏之《赋林衡鉴》非仅为举业而作,实包含了其对王朝文化发展方向的深沉思考。其将"体物"定义为"取比象者谓之体物",既准确理解了陆机"赋体物而浏亮"的真正意旨,又以其对易学的精深体悟,将赋之"体物"由一般认识中的物象铺陈转换为循象以入理,将最终的落脚点放在"物理"的体悟上,摆脱了赋对物象的执著,开启了宋代诗文中不囿于物的内省态度和月印万川的理性精神。其后,宋祁赞友人之诗谓:"若君之于诗,不金匏而欢,靡盐梅而味,云朱蓝而采,摈兰芷而馨。足乎中而不囿于物,可谓得其理矣。"②诗歌批评以摒去声、色、味,而独造至理为上,正是范仲淹《赋林衡鉴》所提倡的为文"重理"思想的发展。而欧、苏之崇议论、励风节、关世教、达国体之古文创作,其体虽异,而其审美倾向则是一致的。其后的宋代诗文的发展轨迹表明,范仲淹在天圣五年所提出的诸多文学理念最后都一一实现,甚至变本而加厉,如刘敞著《雕虫小技壮夫不为赋》谓律赋"言胜则道微,华盛而实丧"③,在刘敞年看来,华词与道实之间是一种悖反的关系。元祐元年上官均奏议亦云:"经术以理为主,诗赋以文为工。以理者于言为实,而所

① 范仲淹《范文正集》卷九《上时相议制举书》。
② 宋祁《尚书工部郎中太原王君诗序》。
③ 刘敞《彭城集》卷二《雕虫小技壮夫不为赋》。

根者本。以文者于言为华,而所逐者末。"①追逐言语之华必然会丧失理道之真。

《赋林衡鉴》作为一本赋格专书,与宋代的其他赋格类书籍在编撰意图、风格及创新性方面都很不相同。一般赋格类书籍都有逐利的动机,因此大多以如何示举子以快捷方式为主要内容,注重技巧的解析,而范仲淹之书则明确表示"不能贻人以巧",对于涉及技巧的如句读、声病等内容置而不论,把编选的重心放在辨析体势上。与一般赋格书籍多因陈前人之说,类聚诸家格诀不同,范仲淹以体势分门别类地讲解各类作品的风格,意在引导举子在律赋中表达真知灼见,关注世教国体,其对各类律赋的定义已经很清楚地表明了这一点。如果从宋代帝王和文学宗主都把科场视为变革文风的试验场和扩音器的事实来看,范仲淹此书的写作目的不在于教举子如何应对科举考试,而是想要通过解决科场中品题分殊,举子昧于趋向的问题,为考官和举子树立一个清晰的标准和方向,其对宋代诗文发展方向的深刻洞鉴基于其对国家文教政策的准确理解和超卓的远见。范仲淹《赋林衡鉴》一书的第一批受惠者是应天府学的学子,司马光记范仲淹教学事云:"四方从学者辐辏,其后宋人以文学有声名于场屋、朝廷者,多其所教也。"②藉由这些拔萃于科场、有声于朝廷的范氏后学,范仲淹对律赋的主张被广泛接受和传播,由此不仅渐渐形成了有别于唐律赋风格的宋体律赋,也深刻影响了宋代诗文的发展走向。

---

① 李焘《续资治通鉴长编》卷三百七十四。
② 司马光《涑水记闻》卷十。

# 参 考 文 献

## 典籍类

《钦定续文献通考》,上海古籍出版社,1987年,文渊阁《四库全书》本。

《续资治通鉴长编》,(宋)李焘,中华书局,1979—1986年。

《文献通考》,(元)马端临,浙江古籍出版社,2000年。

《通志》,(宋)郑樵,中华书局,1987年。

《宋会要辑稿》(第五册),(清)徐松辑,中华书局,1957年。

《宋会要辑稿·崇儒》,苗书梅等点校,王云海审订,河南大学出版社,2004年(第二版)。

《宋史》,(元)脱脱等,中华书局,2000年。

《历代制度详说》,(宋)吕祖谦,上海古籍出版社,1987年,文渊阁《四库全书》本。

《京口耆旧传》,(宋)佚名,中华书局,1991年。

《福建通志》,上海古籍出版社,1987年,文渊阁《四库全书》本。

《宋宰辅编年录》,(宋)徐治明,上海古籍出版社,1987年,文渊阁《四库全书》本。

《宋史纪事本末》,(明)徐邦瞻,中华书局,1977年。

《无锡县志》,上海古籍出版社,1987年,文渊阁《四库全书》本。

《姑苏志》,上海古籍出版社,1987 年,文渊阁《四库全书》本。

《建炎以来系年要录》,(宋)李心传,中华书局,1956 年。

《建炎以来朝野杂记》,(宋)李心传,徐规点校,中华书局,2000 年。

《山西通志》,上海古籍出版社,1987 年,文渊阁《四库全书》本。

《四朝闻见录》,(宋)叶绍翁,商务印书馆,1937 年。

《南宋馆阁录续录》,(宋)陈骙,张富祥点校,中华书局,1998 年。

《江西通志》,上海古籍出版社,1987 年,文渊阁《四库全书》本。

《盘洲文集》,(宋)洪适,上海古籍出版社,1987 年,文渊阁《四库全书》本。

《骑省集》,(宋)徐铉,上海古籍出版社,1987 年,文渊阁《四库全书》本。

《诚斋集》,(宋)杨万里,上海古籍出版社,1987 年,文渊阁《四库全书》本。

《西溪集》,(宋)沈遘,上海古籍出版社,1987 年,文渊阁《四库全书》本。

《小畜集》,(宋)王禹偁,上海商务印书馆,1935 年,《四部丛刊》初编第 175 册。

《公是集》,(宋)刘敞,中华书局,1985 年,《丛书集成初编》第 1899—1906 册。

《豫章文集》,(宋)罗从彦,上海古籍出版社,1987 年,文渊阁《四库全书》本。

《河东集》,(宋)柳开,上海商务印书馆,1935 年,《四部丛刊初编》第 174 册。

《乖崖集》,(宋)张咏,上海古籍出版社,1987年,文渊阁《四库全书》本。

《武夷新集》,(宋)杨亿,上海古籍出版社,1987年,文渊阁《四库全书》本。

《东坡全集》,(宋)苏轼,上海古籍出版社,1987年,文渊阁《四库全书》本。

《文庄集》,(宋)夏竦,上海古籍出版社,1987年,文渊阁《四库全书》本。

《范文正集》,(宋)范仲淹,上海古籍出版社,1987年,文渊阁《四库全书》本。

《盱江集》,(宋)李觏,上海古籍出版社,1987年,文渊阁《四库全书》本。

《文忠集》,(宋)欧阳修,上海古籍出版社,1987年,文渊阁《四库全书》本。

《文恭集》,(宋)胡宿,上海古籍出版社,1987年,文渊阁《四库全书》本。

《端明集》,(宋)蔡襄,上海古籍出版社,1987年,文渊阁《四库全书》本。

《传家集》,(宋)司马光,上海古籍出版社,1987年,文渊阁《四库全书》本。

《乐全集》,(宋)张方平,上海古籍出版社,1987年,文渊阁《四库全书》本。

《孙明复小集》,(宋)孙复,上海古籍出版社,1987年,文渊阁《四库全书》本。

《景迂生集》,(宋)晁说之,上海古籍出版社,1987年,文渊阁《四库全书》本。

《鹤山集》,(宋)魏了翁,上海古籍出版社,1987年,文渊阁《四库全书》本。

《后山集》，(宋)陈师道，上海古籍出版社，1987年，文渊阁《四库全书》本。

《隆平集》，(宋)曾巩，上海古籍出版社，1987年，文渊阁《四库全书》本。

《东原录》，(宋)龚鼎臣，上海古籍出版社，1987年，文渊阁《四库全书》本。

《徂徕集》，(宋)石介，上海古籍出版社，1987年，文渊阁《四库全书》本。

《临川文集》，(宋)王安石，上海古籍出版社，1987年，文渊阁《四库全书》本。

《青山集》，(宋)郭祥正，上海古籍出版社，1987年，文渊阁《四库全书》本。

《彭城集》，(宋)刘攽，上海古籍出版社，1987年，文渊阁《四库全书》本。

《金氏文集》，(宋)金君卿，上海古籍出版社，1987年，文渊阁《四库全书》本。

《华阳集》，(宋)王珪，上海古籍出版社，1987年，文渊阁《四库全书》本。

《南阳集》，(宋)韩维，上海古籍出版社，1987年，文渊阁《四库全书》本。

《鸡肋集》，(宋)晁补之，上海古籍出版社，1987年，文渊阁《四库全书》本。

《山谷别集》，(宋)黄庭坚，上海古籍出版社，1987年，文渊阁《四库全书》本。

《忠肃集》，(宋)刘挚，上海古籍出版社，1987年，文渊阁《四库全书》本。

《龟山集》，(宋)杨时，上海古籍出版社，1987年，文渊阁《四库全书》本。

《栾城集》,(宋)苏辙,上海古籍出版社,1987 年,文渊阁《四库全书》本。

《淮海集》,(宋)秦观,上海古籍出版社,1987 年,文渊阁《四库全书》本。

《西台集》,(宋)毕仲游,上海古籍出版社,1987 年,文渊阁《四库全书》本。

《潏水集》,(宋)李复,上海古籍出版社,1987 年,文渊阁《四库全书》本。

《乐圃余稿》,(宋)朱长文,上海古籍出版社,1987 年,文渊阁《四库全书》本。

《乐静集》,(宋)李昭玘,上海古籍出版社,1987 年,文渊阁《四库全书》本。

《龙云集》,(宋)刘弇,上海古籍出版社,1987 年,文渊阁《四库全书》本。

《祠部集》,(宋)强至,上海古籍出版社,1987 年,文渊阁《四库全书》本。

《灌园集》,(宋)吕南公,上海古籍出版社,1987 年,文渊阁《四库全书》本。

《云溪居士集》,(宋)华镇,上海古籍出版社,1987 年,文渊阁《四库全书》本。

《景文集》,(宋)宋祁,上海古籍出版社,1987 年,文渊阁《四库全书》本。

《山房集》,(宋)周南,上海古籍出版社,1987 年,文渊阁《四库全书》本。

《攻媿集》,(宋)楼钥,上海古籍出版社,1987 年,文渊阁《四库全书》本。

《竹溪鬳斋十一稿续集》,(宋)林希逸,上海古籍出版社,1987 年,文渊阁《四库全书》本。

《景迂生集》,(宋)晁以道,上海古籍出版社,1987 年,文渊阁《四库全书》本。

《乐静集》,(宋)李昭玘,上海古籍出版社,1987 年,文渊阁《四库全书》本。

《竹隐畸士集》,(宋)赵鼎,上海古籍出版社,1987 年,文渊阁《四库全书》本。

《升庵集》,(明)杨慎,上海古籍出版社,1987 年,文渊阁《四库全书》本。

《栟桐集》,(宋)邓肃,上海古籍出版社,1987 年,文渊阁《四库全书》本。

《文忠集》,(宋)周必大,上海古籍出版社,1987 年,文渊阁《四库全书》本。

《昌谷集》,(宋)曹彦约,上海古籍出版社,1987 年,文渊阁《四库全书》本。

《樠溪居士集》,(宋)刘才邵,上海古籍出版社,1987 年,文渊阁《四库全书》本。

《香溪集》,(宋)范浚,上海古籍出版社,1987 年,文渊阁《四库全书》本。

《清献集》,(宋)杜范,上海古籍出版社,1987 年,文渊阁《四库全书》本。

《诚斋集》,(宋)杨万里,上海古籍出版社,1987 年,文渊阁《四库全书》本。

《九华集》,(宋)员兴宗,上海古籍出版社,1987 年,文渊阁《四库全书》本。

《晦庵集》,(宋)朱熹,上海古籍出版社,1987 年,文渊阁《四库全书》本。

《雪坡集》,(宋)姚勉,上海古籍出版社,1987 年,文渊阁《四库全书》本。

《象山集·象山语录》,(宋)陆九渊,上海古籍出版社,1987年,文渊阁《四库全书》本。

《定庵类稿》,(宋)卫博,上海古籍出版社,1987年,文渊阁《四库全书》本。

《韦斋集》,(宋)朱松,上海古籍出版社,1987年,文渊阁《四库全书》本。

《渭南文集》,(宋)陆游,上海古籍出版社,1987年,文渊阁《四库全书》本。

《叠山集》,(宋)谢枋得,上海古籍出版社,1987年,文渊阁《四库全书》本。

《文溪集》,(宋)李昴英,上海古籍出版社,1987年,文渊阁《四库全书》本。

《灌园集》,(宋)吕南公,上海古籍出版社,1987年,文渊阁《四库全书》本。

《文山集》,(宋)文天祥,上海古籍出版社,1987年,文渊阁《四库全书》本。

《香溪集》,(宋)范浚,上海古籍出版社,1987年,文渊阁《四库全书》本。

《巽斋文集》,(宋)欧阳守道,上海古籍出版社,1987年,文渊阁《四库全书》本。

《清献集》,(宋)杜范,上海古籍出版社,1987年,文渊阁《四库全书》本。

《文选注》,(南朝·梁)萧统编,(唐)李善注,中华书局,1975年。

《唐文粹》,(宋)徐铉,上海古籍出版社,1994年。

《宋文鉴》,(宋)吕祖谦编,齐治平点校,中华书局,1992年。

《西昆酬唱集》,(宋)杨亿等,上海商务印书馆,1935年,《丛书集成初编》,第1782册。

《历代名臣奏议》,(明)杨士奇等编,上海古籍出版社,1987年,文渊阁《四库全书》本。

《历代赋汇》,(清)陈元龙编,凤凰出版社,2004年。

《明文海》,(清)黄宗羲编,上海古籍出版社,1994年。

《新刊国朝二百家名贤文粹》,北京图书馆出版社,2005年。

《玉海》,(宋)王应麟,江苏古籍出版社,1987年。

《事类赋》,(宋)吴淑,中华书局,1989年。

《文赋集释》,(西晋)陆机,张少康集释,人民文学出版社,2002年。

《文心雕龙注》,(南朝·梁)刘勰,范文澜注,人民文学出版社,1958年。

《石林燕语》,(宋)叶梦得,侯忠义点校,中华书局,1997年(第二版)。

《默记》,(宋)王铚,中华书局,1991年,《丛书集成初编》第3891册。

《容斋随笔》,(宋)洪迈,孔凡礼点校,中华书局,2005年。

《儒林公议》,(宋)田况,上海古籍出版社,1987年,文渊阁《四库全书》本。

《习学记言》,(宋)叶適,上海古籍出版社,1992年。

《寓简》,(宋)沈作喆,上海古籍出版社,1987年,文渊阁《四库全书》本。

《涑水记闻》,(宋)司马光,邓广铭、张希清点校,中华书局,1989年。

《群书考索》,(宋)章如愚,上海古籍出版社,1992年。

《东轩笔录》,(宋)魏泰,李裕民点校,中华书局,1983年。

《诗话总龟》,(宋)阮元,周本淳校点,人民文学出版社,1987年。

《历代名贤确论》,上海古籍出版社,1987年,文渊阁《四库全书》本。

《庶斋老学丛谈》，（元）盛如梓，上海古籍出版社，1987 年，文渊阁《四库全书》本。

《东斋记事》，（宋）范镇，中华书局，1985 年。

《六一诗话》，（宋）欧阳修，郑文点校，人民文学出版社，1962 年。

《文昌杂录》，（宋）庞元英，中华书局，1985 年，《丛书集成初编》第 2792 册。

《四六话》，（宋）王铚，上海古籍出版社，1987 年，文渊阁《四库全书》本。

《类说》，（宋）曾慥，北京文学古籍刊行社，1955 年。

《青箱杂记》，（宋）吴处厚，中华书局，1991 年，《丛书集成初编》第 2852—2853 册。

《玉照新志》，（宋）王明清，中华书局，1985 年，《丛书集成初编》第 2769 册。

《龙川略志·别志》，（宋）苏辙，中华书局，1985 年，《丛书集成初编》第 3887 册。

《玉壶野史》，（宋）释文莹，上海古籍出版社，1987 年，文渊阁《四库全书》本。

《湘山野录》，（宋）释文莹，中华书局，1991 年，《丛书集成初编》第 2746 册。

《北梦琐言》，（五代）孙光宪，贾二强点校，中华书局，2002 年。

《困学纪闻》，（宋）王应麟，孙通海校点，辽宁教育出版社，1998 年。

《归田录》，（宋）欧阳修，浙江古籍出版社，1984 年。

《能改斋漫录》，（宋）吴曾，长沙商务印书馆，1939 年，《丛书集成初编》第 289—291 册。

《古今事文类聚》，（宋）祝穆，上海古籍出版社，1992 年。

《居易录》,(清)王士禛,中华书局,1985 年,《丛书集成初编》第 2824 册。

《仕学规范》,(宋)张镃,上海古籍出版社,1987 年,文渊阁《四库全书》本。

《临汉隐居诗话校注》,(宋)魏泰,陈应鸾校注,巴蜀书社,2001 年。

《宋景文笔记》,(宋)宋祁,上海古籍出版社,1987 年,文渊阁《四库全书》本。

《事实类苑》,(宋)江少虞,上海古籍出版社,1993 年。

《荆溪林下偶谈》,(宋)吴子良,上海古籍出版社,1987 年,文渊阁《四库全书》本。

《燕翼诒谋录》,(宋)王栐,中华书局,1985 年,《丛书集成初编》第 3888 册。

《曲洧旧闻》,(宋)朱弁,中华书局,1985 年,《丛书集成初编》第 2768 册。

《古赋辨体》,(元)祝尧,上海古籍出版社,1987 年,文渊阁《四库全书》本。

《稗编》,(明)唐顺之,上海古籍出版社,1987 年,文渊阁《四库全书》本。

《余师录》,(宋)王正德,中华书局,1985 年,《丛书集成初编》第 2616 册。

《藏海诗话》,(宋)吴可,上海古籍出版社,1987 年,文渊阁《四库全书》本。

《文章精义》,(宋)李涂,王利器点校,人民文学出版社,1960 年。

《渔隐丛话(前后集)》,(宋)胡仔,上海商务印书馆,1937 年,《万有文库》第二集第 411 册。

《中山诗话》,(宋)刘攽,上海古籍出版社,1987 年,文渊阁《四库全书》本。

《草堂诗话》,(宋)蔡梦弼,上海古籍出版社,1987 年,文渊阁《四库全书》本。

《后村诗话》,(宋)刘克庄,上海古籍出版社,1987 年,文渊阁《四库全书》本。

《师友谈记》,(宋)李廌,中华书局,2002 年。

《东都事略》,(宋)王称,上海古籍出版社,1987 年,文渊阁《四库全书》本。

《诗话总龟》,(宋)阮阅编,周本淳校点,人民文学出版社,1987 年。

《孙公谈圃》,(宋)孙升,中华书局,1991 年。

《宋名臣言行录》,(宋)朱熹,上海古籍出版社,1987 年,文渊阁《四库全书》本。

《黄氏日抄》,(宋)黄震,上海古籍出版社,1987 年,文渊阁《四库全书》本。

《韵语阳秋》,(宋)葛立方,上海古籍出版社,1987 年,文渊阁《四库全书》本。

《岁寒堂诗话笺注》,(宋)张戒,陈应鸾笺注,四川大学出版社,1990 年。

《风月堂诗话》,(宋)朱弁,中华书局,1991 年,《丛书集成初编》第 2557 册。

《书斋夜话》,(宋)俞琰,上海古籍出版社,1987 年,文渊阁《四库全书》本。

《迩言》,(宋)刘炎,上海古籍出版社,1987 年,文渊阁《四库全书》本。

《癸辛杂识》,(宋)周密,中华书局,1991 年,《丛书集成初编》第 2777—2778 册。

《隐居通议》,(元)刘埙,中华书局,1985 年,《丛书集成初编》

第 0212—0215 册。

《佩文斋书画谱》，（清）孙岳颁等，上海古籍出版社，1991 年。

《诗品集注》，（南朝·梁）钟嵘，曹旭集注，上海古籍出版社，1994 年。

《说郛三种》，（明）陶宗仪等编，上海古籍出版社，1988 年。

《履斋示儿编》，（宋）孙奕，上海商务印书馆，1935 年，《丛书集成初编》第 205—207 册。

《宋稗类钞》，（清）潘永因编，书目文献出版社，1985 年。

《四朝闻见录》，（宋）叶绍翁，上海商务印书馆，1937 年，《丛书集成初编》第 2763—2765 册。

《桯史》，（宋）岳珂，中华书局，1985 年，《丛书集成初编》第 2869—2870。

《野客丛书》，（宋）王楙，郑明、王义耀校点，上海古籍出版社，1991 年。

《嘉祐杂志》，（宋）江休复，上海古籍出版社，1987 年，文渊阁《四库全书》本。

《鹤林玉露》，（宋）罗大经，上海书店，1990 年。

《直斋书录解题》，（宋）陈振孙，上海古籍出版社，1987 年。

《郡斋读书志校证》，（宋）晁公武，孙猛校证，上海古籍出版社，1990 年。

《钦定四库全书总目》，上海古籍出版社，1987 年，文渊阁《四库全书》本。

《文渊阁书目》，（明）杨士奇等编，中华书局，1985 年，《丛书集成初编》第 0029—0031 册。

《千顷堂书目》，（清）黄虞稷，瞿凤起、潘景郑整理，上海古籍出版社，2001 年。

## 当代学者专著

《宋登科记考》,龚延明,江苏教育出版社,2009 年。

《中国古代职官科举研究》,龚延明,中华书局,2006 年。

《宋代古文运动发展史》,祝尚书,巴蜀书社,1995 年。

《北宋的古文运动》,何寄澎,上海古籍出版社,2011 年。

《北宋古文运动的形成》,冯志宏,上海古籍出版社,2009 年。

《科举与诗艺——宋代文学与士人社会》,[日]高津孝,上海古籍出版社,2005 年。

《宋代科举与文学考论》,祝尚书,大象出版社,2006 年。

《北宋科举考试与文学》,林岩,上海古籍出版社,2006 年。

《诗赋合论稿》,邝健行,江苏古籍出版社,2002 年。

《中晚唐赋分体研究》,赵俊波,中国社会科学出版社、华龄出版社,2004 年。

《北宋初中期辞赋研究》,刘培,万卷楼图书股份有限公司,2004 年。

《两宋文学史》,程千帆、吴新蕾,上海古籍出版社,1991 年。

《王霸义利:北宋王安石改革批判》,赵益,南京大学出版社,2000 年

《赋学概论》,曹明纲,上海古籍出版社,1998 年。

《中国通史》(第七卷),白寿彝主编,上海人民出版社,1989 年。

《宋代文学思想史》,张毅,中华书局,1995 年。

《魏晋南北朝文学思想史》,罗宗强,中华书局,2002 年(第二版)。

《中国大文学史》第八卷,谢无量,中州古籍出版社,1992 年影印本。

《赋体文学的文化阐释》，许结，中华书局，2005 年。

《宋人别集叙录》，祝尚书，中华书局，1999 年。

《江西宗派研究》，伍晓蔓，巴蜀书社，2005 年。

《赋学论丛》，程章灿，中华书局，2005 年。

《诗赋文体源流新探》，韩高年，巴蜀书社，2004 年。

《律赋论稿》，尹占华，巴蜀书社，2001 年。

《王禹偁事迹著作编年》，徐规，商务印书馆，2003 年。

《中国辞赋源流综论》，曹虹，中华书局，2005 年。

《宋文论稿》，朱迎平，上海财经大学出版社，2003 年。

《朱熹文学研究》，莫砺锋，南京大学出版社，2000 年。

《汉赋与经学》，冯良方，中国社会科学出版社，2004 年。

《宋明理学史》，侯外庐等编，人民出版社，1984—1987 年。

《宋金元文论集》，陶秋英编选，人民文学出版社，1984 年。

《宋学与宋代文学观念》，李春青，北京师范大学出版社，2001 年。

《北宋儒学与文学》，马茂军，暨南大学出版社，1999 年。

《赋史》，马积高，上海古籍出版社，1987 年。

《宋诗话考》，郭绍虞，中华书局，1979 年。

《宋文六大家活动编年》，洪本健，华东师范大学出版社，1993 年。

《宋诗选注》，钱钟书，生活·读书·新知三联书店，2001 年。

《历代辞赋研究史料概述》，马积高，中华书局，2001 年。

《隋唐五代文学史料学》，陶敏、李一飞，中华书局，2001 年。

《宋人赋论及作品散论》，何玉兰，巴蜀书社，2002 年。

《宋代诗学通论》，周裕锴，上海古籍出版社，2006 年。

《宋诗话辑佚》，郭绍虞，中华书局，1980 年。

《南宋文学史》，王水照、熊海英，人民出版社，2009 年。

《复古与创新——欧阳修散文与古文创新》，[日]东英寿，上海古籍出版社,2005 年。

# 论　文

《历代赋汇新序》,程章灿,载《历代赋汇》,凤凰出版社,2004 年。

《南北宋之际的政治学术分野与诗学分派》,谢思炜,载《唐宋诗学论集》,商务印书馆,2003 年。

《论秦观贤良进策》,朱刚,载《新宋学》(第一辑),中华书局,2001 年。

《宋代文学主体论纲》,沈松勤,载《宋代文学研究丛刊》(第六辑),张高评主编,台湾丽文文化事业公司,1995 年。

《唐宋赋学批评述要》,王以宪,《江西师范大学学报》(哲学社会科学版),1998 年第 3 期。

《律赋论体》,邝健行,载《四川师范大学学报》(社科版),2005 年第 1 期。

《白居易的赋论与赋作初探》,周安邦,第六届国际辞赋学术研讨会论文,2004 年。

《赋体文学分类的历史考察》,侯立兵、刘梦初,载《广西社会科学》,2004 年第 1 期。

《苏轼律赋析论》,石樱樱,第六届国际辞赋学术研讨会论文,2004 年。

《从文学标准化到文学程序化的发展探索》,王三庆,中国中世文学国际学术研讨会论文,2004 年。

《论〈赋话〉对〈律赋衡裁〉的沿袭与创新》,詹杭伦,第六届国际辞赋学术研讨会论文,2004 年。

《论"元祐学术"与"元祐叙事"》,沈松勤,载《中华文史论丛》,2007 年第 4 期。

《汤稼堂〈律赋衡裁〉与清代律赋学考述》，许结，载《浙江学刊》，2003 年第 6 期。

《清人选唐律赋之考察》，简宗梧、游适宏，《逢甲人文社会学报》，2002 年第 5 期。

《北宋馆职、词臣选任及文华与吏材之对立——以治平、熙宁之际欧阳修、王安石为中心》，陈元锋，载《文学评论》2002 年第 4 期。

《论北宋庆历诗风的形成》，马东瑶，载《文学遗产》，2002 年第 2 期。

《论律赋的文学性》，汪小洋、孔庆茂，《江苏广播电视大学学报》2003 年第 1 期。

《光风霁月：宋型文学的审美风貌》，郭英德，载《求索》，2003 年第 3 期。

《论宋赋的历史承变与文化品格》，许结，载《社会科学战线》，1995 年。

《论宋赋诸体》，曾枣庄，载《阴山学刊》，1999 年第 1 期。

《论宋代辞赋》，曾枣庄，载《清华大学学报（社科版）》，2003 年第 5 期。

《声律与情境——中古辞赋诗化论》，许结，载《江汉论坛》，1996 年第 1 期。

《论元代科举与辞赋》，黄仁生，载《文学评论》，1995 年第 3 期。

《论唐代赋学的历史形态》，许结，载《南京大学学报（哲学·人文·社科版）》，1996 年第 1 期。

《论后期“西昆派”》，祝尚书，载《社会科学研究》，2002 年第 5 期。

《巧心浚发，妙句云来——评范仲淹的律赋》，周兴涛，载《西南交通大学学报（社科版）》，2006 年第 4 期。

《论宋体律赋》，祝尚书，载《社会科学研究》，2006 年第 5 期。

《北宋"太学体"新论》，祝尚书，载《四川大学学报（哲社版）》，1999 年第 3 期。

《论宋代科举时文的程序化》，祝尚书，《厦门大学学报（哲社版）》，2005 年第 5 期。

《论南宋的四川"类省试"》，祝尚书，《四川师范大学学报（社科版）》，2003 年第 5 期。

《"举子事业"与"君子事业"——论宋代科举考试与文学发展的关系》，祝尚书，《厦门大学学报（哲社版）》，2004 年第 4 期。

《唐宋时文考论》，罗时进、刘鹏，载《文艺理论研究》，2004 年第 4 期。

《北宋古文运动的曲折过程》，曾枣庄，《文学评论》，1982 年第 5 期。

《欧阳修排抑"太学体"新探》，葛晓音，《北京大学学报》1983 年第 5 期。

《欧阳修对奇险风格的矛盾态度——兼论其对太学体形成的影响》，吕肖奂，载《西南民族大学学报》，2005 年第 11 期。

《试论北宋仁宗朝前期的士风与诗风》，秦寰明，《求索》，1993 年第 3 期。

《"太学体"及其周边诸问题》，朱刚，《文学遗产》，2007 年第 5 期。

《北宋"太学体"文风新论》，张兴武，《文学评论》，2008 年第 6 期。

《欧阳修排抑"太学体"发覆》，谢琰，《安庆师范学院学报》，2008 年第 10 期。

《南宋太学"乾淳体"新探》，陈光锐，《中国文化研究》，2011 年夏之卷。

《辨体与破体》，吴承学，《文学评论》，1991 年第 4 期。

《关于破体为文》,刘路、朱玲,《陕西师范大学学报》,1998 年第 2 期。

《论宋人破体为记》,曾枣庄,《中国典籍与文化》,2007 年第 2 期。

《北宋进士科考试与西昆体的兴衰》,张明华,《华南师范大学学报(社会科学版)》,2004 年第 4 期。

《试论秦观赋论赋作及其与词的关系》,徐培均,《中国韵文学刊》,1997 年第 2 期。

《试论北宋词发展的重要途径——赋化》,吴惠娟,《宋代文学研究丛刊》第 6 期。

《秦观赋论与诗词创作》,张丽华,《中国矿业大学学报(社科版)》,2004 年第 3 期。

《论宋代时文的以古文为法》,祝尚书,《四川大学学报》,2007 年第 4 期。

《庆历"太学新体"新论——兼论欧阳修对庆历"太学新体"的促进》,许瑶丽,《四川师范大学学报》,2008 年第 6 期。

《西昆文风在科场程文中的传播与影响考论——以科场律赋为考察中心》,许瑶丽,《西南民族大学学报》,2012 年第 11 期。